Alphabets of Sand

VÉNUS KHOURY-GHATA is a Lebanese poet and novelist, resident in France since 1973, the author of sixteen collections of poems and twenty novels. She received the Prix Mallarmé in 1987 for *Monologue du mort*, and the Grand Prix de la Société des Gens de Lettres for *Fables pour un people d'argile* in 1992, and she was named a Chevalier de la Légion d'Honneur in 2000. Her work has been translated into Arabic, Dutch, German, Italian and Russian, and she herself translates contemporary Arabic poetry into French. Her most recent collection of poems, *Les obscurcis*, was published in 2008 by Mercure de France, which also published her novel *Sept pierres pour la femme adultère* in 2007. Three collections of her poems and one novel, all translated by Marilyn Hacker, have appeared in English in the United States: *She Says* was a finalist for the National Book Critics' Circle Award in poetry in 2003.

MARILYN HACKER is the author of a dozen books of poems, including *Essays on Departure* (Carcanet Press, 2006), and of eight collections of poetry translated from the French, by contemporaries such as Claire Malroux, Guy Goffette, Marie Etienne and Vénus Khoury-Ghata. She received the Robert Fagles Translation Prize in 2007 for Marie Etienne's *King of a Hundred Horsemen*.

Also by Marilyn Hacker from Carcanet Press

Essays on Departure: New and Selected Poems

VÉNUS KHOURY-GHATA

Alphabets of Sand

Selected Poems

Translated with an introduction by
MARILYN HACKER

CARCANET

First published in Great Britain in 2009 by
Carcanet Press Limited
Alliance House
Cross Street
Manchester M2 7AQ

A CIP catalogue record for this book is available from the British Library
ISBN 978 1 85754 977 5

The publisher acknowledges financial assistance from Arts Council England

Typeset by XL Publishing Services, Tiverton
Printed and bound in England by SRP Ltd, Exeter

Contents

Translator's Preface

Vénus Khoury-Ghata was born in Bcharré, a village in northern Lebanon, also the birthplace of Gibran Khalil Gibran, in December 1937. She has lived in France since 1972. Raised in Beirut, she was not the child of the intelligentsia or the diplomatic world like many literary émigrés: she was born to a Maronite Christian family, one of four children of a bilingual policeman and a housewife she has described as 'illiterate in two languages'. It was the poet's younger brother who first aspired to a literary career; it was also her brother who was the tyrannical father's scapegoat, who turned to drugs in his teens and who was paternally immured in a mental hospital. This marking story was recounted lyrically by Khoury-Ghata in 1998 in *Une maison au bord des larmes* (A House on the Edge of Tears) – one of only two of her seventeen novels which eschews fictional invention for autobiographical material. This novel shares the counterpoint present in all of Khoury-Ghata's poetry, between the immediate lyric or narrative and the backdrop of contemporary history – the history of war-torn Lebanon. In the construction of the poet's personal myth of origins, it was the silencing of the gifted, vulnerable brother that gave his sister access to the written word. (In the same year as Khoury-Ghata published *Une maison au bord des larmes*, her sister, the writer and journalist May Ménassa, who stayed in Lebanon and writes in Arabic, published a novel on the same subject. Neither sister knew of the other's project before the books appeared.)

Khoury-Ghata's work bridges the anti-lyrical surrealist tradition which has informed modern French poetry since Baudelaire, and the parabolic and communal narrative with its (we might say Homeric) repetitions of metaphors and semi-mythic tropes of poetry in Arabic. There are many French and Francophone poets of Arab – and of Lebanese – origin: Georges Shéhadé, Salah Stétié, Mohammed Dib, Habib Tengour, Tahar Bekri, Abdelwahhab Meddeb; women poets such as Andrée Chedid, Nadia Tueni and Amina Saïd; but Khoury-Ghata's work is unique in its synthesis of the quotidian and the fantastic, its conciliation of the narrative and the lyric. She is the author of sixteen books of poems, most of which have for implicit backdrop the language and landscape of the poet's mother country. Though she was raised bilingual, her mother tongue was Arabic, and her earliest writings were in that language. She maintains the link as a gifted translator of contemporary Arabic poetry into French, and as a valued commentator on and promoter of modern writing in Arabic. She has written:

Nourished by the two languages, I write in Arabic through the French language – when my poems are translated into Arabic, they seem to be returning to their original language. For years, my first drafts were written in both languages, the Arabic going from right to left on the page and the French from left to right: they crossed each other's paths in the middle. Twenty-eight years in Paris haven't cured me of my mother tongue: when there's a problem, I take refuge in it, and am surprised when the people with whom I'm speaking don't understand!

As she oscillates between French and Arabic, Khoury-Ghata moves with equal fluidity between poetry and fiction and, in her poems especially, between life and death. Death becomes another mode of life, an ironic one carried on six feet below our surfaces, where the dead, according to the poet's own mythology, and not unlike Homeric shades, 'nourish themselves on the smell of our bread, drink the steam rising from our water, live on our noises'. According to Khoury-Ghata, even the word 'death' is a cornerstone of her work, making its way into several titles. This began for her 'in 1975 with the unbearable images of Lebanon drowned in its own blood. Cadavers were laid out on wooden planks to be shoved into ditches for common burial with the same movement as a baker putting bread into the oven.' Death: daily bread for the Lebanese.

I felt guilty about transforming the dead into words, lining them up like lead soldiers on my pages, but I was incapable of turning to another subject. Five years later, this collective death gave way to an individual death, that of my husband, the father of my daughter. Death which I'd picked up and examined barehanded blew up in my face.

Death has a double register in these poems. It is experienced on a personal level, the deaths of husband, mother, brother, but the collective specter of 200,000 people dead in Lebanon during the war that marked the poet's youth serves as a chorus to the intimate tragedy. It is a tragedy which had its reprise in the 2006 Israeli invasion that claimed more than a thousand mostly civilian victims.

Just as Khoury-Ghata's verbal imagination of the word, sentence, poetic line and balance of sound and sense function fluidly between two languages, so does her writerly perception travel fluidly between genres: poetry and fiction, with a constant intercourse between the two. Khoury-Ghata is an inveterate storyteller. Even in conversation, the account of a trip to the flea-market at the Porte de Clignancourt with her daughter or of a trip to Sénégal with an international writers' delegation becomes a multi-leveled tale with detailed descriptions of character and landscape, merciless satire of every kind of officiousness, unexpected asides that recoup the story, and, indeed, connect the flea market to the writers' congress. When her anecdotes deal with the past, the listener never knows if the end of the story will be someone's personal victory over obstacles – ill-starred love, childlessness, poverty, war, illness – or an act of violence, an unanticipated death. Her novels range from the historical picaresque (the varied fates of five Frenchwomen shipwrecked on the Algerian coast in 1802) to the familial (her brother's descent from emerging poet to addict silenced by electroshock in war-wracked Beirut), to the fantastic (a Mediterranean island where the dead cohabit with the living). They almost always deal, in some fashion, with a passage between Europe and the Middle East, and with the passage, equally two-way, between life and death. Her poems, composed for the most part in sequences, often have the quality of exploded narratives, re-assembled in a mosaic in which the reader has at least the illusion of being able to find a more linear connecting thread. But in the end, it is the design of the mosaic itself that is most memorable. The same themes which animate the fiction are predominant in the poems: the tension between movement/change and tradition/sources, with all that is positive and negative in both; the unceasing commerce between human beings and the rest of the natural world, and between the dead and the living; the independent, puissant and transcultural life of words.

The reference to a Thou who may be at once a god and a human beloved (an avatar of love) which one finds in Rumi, in Hafiz, in Ghalib, is absent from Khoury-Ghata's poetry, marked though it is by Arabic and even Persian poetic traditions. The *mythologos* here is of humanity, a meta-humanity at once more circumscribed and larger than life. In the village of Khoury-Ghata's poems, angels may converse with sign-painters and a pomegranate tree hang about a housewife's back door like a recalcitrant child. But just as Muslims, Christians and Jews unhierarchically cohabit the village of 'The Seven Honeysuckle Sprigs of Wisdom', neither the angelic nor the vegetable orders seem more powerful or prescient than the modest mother in 'Early Childhood' who puts the stars, clouds and seasons in their places. There is no apparent God: the dead have no more of an insider's view of the universe's workings than the living. Indeed, in 'The Seven Honeysuckle Sprigs of Wisdom', the dead co-exist and cohabit with the living. The village cemetery is more or less the wrong side of town, a *barrio* of the ultimately disenfran-chised, who triple up in their graves in hard times, and can disparage no one: 'the dead could only look down on someone more dead than themselves'.

Lyric poetry in English, since the Romantics at least, also often depends upon a 'fiction of the self' which is as much a narrative device promoting immediacy of identification as it is a response to any 'confessional' impulse. This trope is notably absent from much of contemporary French (and even Franco-phone) poetry, as widespread as it is in fiction. Khoury-Ghata's exuberant use of narrative in poetry – sometimes a *mythos* of the self, but more often narra-tive in all its inventive bravura – has been an affirmative return to poetry's tale-telling sources, as strong in French as anywhere, while her surrealist, or magic realist, imagery honors the verbal shape-shifting familiar to readers of poetry in, or translated from, Arabic. In Khoury-Ghata's poetry, the 'I', any speaker or figure, first-person singular or otherwise, whom the reader can interpret as standing for the poet herself, is a 'significant absence'(as Mallarmé called Rimbaud); this is certainly true in the sequences collected here. The enigmatic 'she' of the poem I have taken the liberty of entitling 'Widow' (untitled in French, though the sequences keep their original titles), is as close as a reader comes.

The point of view of the initially 'familial' sequence, 'Early Childhood', is that of a 'we', which at first seems to be the cohort of siblings, but which expands itself to include the children of an entire culture, or children in general, bemused and half-wild, bewildered and yet more in touch with the agonized universe in all its manifestations than their elders. (Several of the poems are dedicated to May Ménassa, the sister who shared Khoury-Ghata's real childhood.) But the numinous protagonist of 'Early Childhood' is a mother who partakes at once of the terrestrial, angelic and chthonic orders, who assumes herself on speaking terms with God and an assortment of angels. She ventures no further in her waking life than the cast shadow of a dining-room's lampshade, but wanders to the ends of the universe in her sleep. She has daily commerce with the dead, and if she has a lover, it is a poet she mistrusts deeply who has been defunct for a hundred years: is the child she fears he will engender her poet-daughter, or her daughter's poems? How unexpectedly and deftly, though, the sequence's focus changes as it nears its end, alternating the first-person plural of the children for a 'they' who have colonized the country, made pornographic usage of its trees, imposed a multi-colored but alien language.

'The Seven Honeysuckle Sprigs of Wisdom', in contrast, although not devoid of ominous shadows, seems an almost Arcadian *Cahier d'un retour au pays natal*, to a village which may or may not ever have existed. Religion is gently mocked from the opening (the priest has gone off in pursuit of a crow who cawed in biblical Aramaic), but the co-existence of Christians, Muslims and Jews is taken for granted. Authority is mocked as well, though we cannot but admire the conscientious schoolmaster who tries out the letters of the Arabic alphabet for practical use before imposing them on the children. The trees speak Arabic too, and may not answer to their names in French. Khoury-Ghata describes this sequence as being her fantasia on a venerable rural Arab tradition of public story-telling about the neighbors, inventing and embroidering more and more outrageous and poetic lies. (The composition in *patois* of slightly scandalous rhymed oral poems about the butcher's doings with the baker's wife and the priest's pheasant-poaching was also a savory feature of village life in France up through the first half of the twentieth century.) Khoury-Ghata has used this probably universal proto-fictional pastime to create a poet's vision of sources – not individual this time, but collective, with diverse names, ages, religions and genders, a source as multi-faceted and bilingual as the poet herself. 'The Cherry Tree's Journey' evolves like a single folk-tale with a pungent humor; ludic, but shadowed with tragedy (and the prescience of emigration and exile).

The sequence called 'Words' elaborates an often-playful mythology of words themselves, or of 'the word': neither the Logos nor only the words of French or Arabic, but of all languages. It is a myth of alphabets, of speech and writing, created simultaneously by human beings and by the natural world of which they are a part. Once attempted, this seems a natural, almost a requisite subject for a Lebanese poet: the first written alphabet is said to have originated with the Phoenicians, ancestors of the Lebanese. However, in Khoury-Ghata's's dawn of origins, the first words are not the tools of Phoenician sailors and merchants: they issue from and belong to birds, to stones, to children, to wolves, to the night sky:

I'll tell you everything   there were five pebbles
one for each continent
vast enough   to contain a child of a different color

pebbles which

        broke up into alphabets
ate a different earth   on each continent

Her fable of origins continues with in personifications of letters of the Arabic and Roman alphabets, contrasted with those unknown antediluvian alphabets

                              …which didn't survive the rising of the
waters   letters buried in their silicate vestments   become silenced
sounds in the silenced silt

(The alphabet of the Phoenicians survived, at least sufficiently for its tablets to be objects of our study and imagination in museums.)

'The Darkened Ones' was written during the 2006 war. Are its plural speakers generations of the dead once more, or are they displaced, refugees fleeing their calcinated villages, their no longer habitable city blocks? Are they Lebanese of past generations, 'welcoming' newcomers to an over-determined and perennial warscape? The poet has not written a text to be deciphered: it establishes its own dramatic parameters, with a chorus of women wringing out laundry providing commentary while their equestrian daughters escape to live another way:

> their daughters who ride the mountain bareback feel the heavy stones
> and storms rolling on the slope
> books, they say, are the children of sorrow
> the peelings of peelings of the forest
> it's better to decipher the sweat on the loins' stretched drum-skin
> and let a red mare's gallop resonate between your thighs

Vénus Khoury-Ghata's multiple poetic persona is at once the young woman riding away, the perennial washerwomen's chorus commenting on, and aggrandizing the quotidian, the also perennial mourner, and, above all, like the writer herself, the woman recreating the world in her book.

Marilyn Hacker

Widow

The first day after his death
she folded up her mirrors
put a slipcover on the spider web
then tied up the bed which was flapping its wings to take off.

The second day after his death
she filled up her pockets with woodchips
threw salt over the shoulder of her house
and went off with a tree under each arm.

The third day after his death
she swore at the pigeons lined up along her tears
bit into a grape which scattered its down in her throat
then called out till sunset to the man gone barefoot
into the summer pasture in the cloudy mountains.

The fourth day
a herd of buffalo barged into her bedroom
demanding the hunter who spoke their dialect
she shouldered her cry
shot off a round
which pierced the ceiling of her sleep.

The fifth day
footsteps of blood imprinted themselves on her threshold
she followed them to that ditch where everything smells of boned hare.

The sixth day after his death
she painted her face with earth
attacked the peaceful shadows of passers-by
slit the throats of trees
their colorless blood evaporated when it touched her hands.

The seventh day
stringy men sprouted in her garden
she mistook them for poplars
bit the armpits of their branches
and lengthily vomited woodchips.

The eighth day
the sea whinnied at her door
she washed her belly's embankments
then called down to the river's mouth
where men clashed together like pebbles.

The ninth day
she dried her tears on the roof between the basil and the budding fog
gazed at herself in stones
found cracks in her eyes like those in a church's stained glass.

The tenth day
he surged up out of her palm
sat down on her fingernail
demanded her usual words to drink and the almond odor of her knees.
He swallowed them without pleasure
on his journey he'd lost the taste for tortured water.

The Darkened Ones

for Claude Esteban

1

We had shut ourselves out of the air's shapeless space
for a ground eager to fill its hollows with
bones   rags   barking
We lost that mobility belonging to objects recognizable by their shape
we discolored ourselves

2

Equal when tasks were assigned and to avoid any protests
we were bound up in silent firewood-bundles   without knowing to what
    forest we had once belonged
with no access to our names set above us
to be read by the walls, standing on their single foot

3

The city's voices come to us mangled
untangling them takes a land-surveyor's skill
calls astride the echo stretch out to the deaf walls
unravel the air
and hang it in strips on the overturned hedges
sheet or shroud, what's the difference

4

Give me a matchbox to live in
two flower petals to feed myself
and let the world be ruled by a grasshopper

We were sliding
sliding with the planet
we were growing thinner to feed an earth starving for our flesh
no one has arms long enough to open the door to underground travelers
no one has the energy for molting from death into life
no one has found the forbidden passageway

5

We file down our sharpnesses to reassure those who mistake us for wolves
for instruments emitting the same bony sound
or crates full of clamor though we hold no one responsible for restricting our
    movements
floundering endlessly in our cases
sheet or shroud, what's the difference

6

The nostalgic seek their own shapes in evaporated garments
not knowing that grief doesn't keep linen and that watchful gardeners fold
    skin and bark in the same direction

7

The dreamers waited for firefly season to copulate
millions of wing-beats softening the sharp edges
we fit into each other
imitated intercourse
and let the ascetics bury themselves with their own hands
forgetting that they were buried already, and no one was more dead than
    they

8

Brought back to their thickness, the runaways are treated like ghosts
entitled to use only the sound of light
the shadow of noise
a door in a drawing

9

Freshly repainted
the newcomers ask us about what they've left behind
while they ought to let us know what we've become
tell us if we're vague or precise
wet or dry
they laugh to see us so thin while they lose weight each time the planet moves

when the top becomes bottom
dragging the horizon and the washing on clotheslines after it
sheets or shrouds, what's the difference

10

They say thinkable things which no one remembers
on cracked plates and umbrellas turned inside out by the wind
but they finesse November which closes its doors behind the last visitor and
    on the healthy ones who take over the alleys again

they say our houses are rented out to those who are more opaque than we
our roofs are for pedestrians
and we, fowl hopping like pebbles on the earth's left shoulder

11

We are homebodies like wild horses, like a yew grown out of a rock
who jump when a pebble rolls down the hill
three-dimensional noises are beyond our understanding
our preference goes to the steady over the rectangular, never to the circular
which beseiges us to keep an eye on us
They approach us tangentially so as not to scratch us
call us treacherous when we are harmless and have our walls rolled up in
    corners like the mattresses of the poor

12

In the tight space of our cages
without moving our hands, we write
the words which we lack, taken from disused books

die if you like, we say to the one who erases his outline
but clean your splinters up after you
die to be awakened when the rooster crows three levels above you

13

The passers-by who make use of us say our faces are closed up on great
    dissatisfactions
they are the ones who speak
we, the ones who listen
their rages brief as pine-tree fires follow us
we exchange our impressions with other darkened ones shut up in notebooks
walk without moving legs spread like a house built over a river
how to move forward when we have one foot in the water and one on the
    bank
how to express ourselves when we forbid ourselves to give objects a name
    and mistake a cartwheel for the sun

14

With stones on our heads
we gather up our shadows in a hurry to get to the city wall before we
    become obsolete
the flap of a sheet on a line recalls an unmade bed
the sound of a bowl is water crying out in a dry throat
the women who wring out tears and pillows take us for goose-down
    standing in the air
this evening
before sliding alongside the walls
they will decipher the scratches of our nails on their window-panes
then they'll say
let them scratch what reflects and what lives there at will, but don't touch a
    single hair of the oak tree

15

The wringers ask the same questions
why have you plucked out the yew tree's one white hair
why do you live alone when you could marry a whole forest
why do the women who open their walls to you give you a place between
    the axe and the hearth   and
why do the women who know you by hearsay read your names in times of
    snow and interrogation?

Seated at the city limits
the wringers shelter water and children in their pitchers
their gardens in their armpits' mauve vault
and the starving dead in the bread box
the narrow things they knit have the patience of late wool and the
    submissiveness of frozen flocks
but all it takes is a dropped stitch for them to begin lighting the same fire
not distinguishing between bread the moon makes rise and bread baked
    between two stones

They say the basil is bloodless   and the dead energetic
they say the basil is incapable of stopping the sea
the basil doesn't know how to write its name
doesn't know it's called basil

At the end of every storm of snow and splattered mud
when the skylights take themselves for suns
the wringers collect the cats walking on their clotheslines
stuff them in their many pockets to save them from the wells' gluttony
marriage and widowhood endow them with houses they give up willingly to
    passers-by
keeping for themselves only the puddle of water they need for the bird-bath

The wringers don't open to the tide which whips their walls and their blood
    each lunar cycle
they don't decipher the salt's angry handwriting on their panes
its translucent alphabet is only the gesticulations of water on a white path
    scribbled by the moon a short-cut for dead beggars

the lighthouse turns a deaf ear when young waves hug its knees
its responsibilty is to their straight-lined elders and to a horizon capable of
    tipping toward the wrong side if the earth decided to turn over

Up there

higher than our roofs
they praise the day at night
only the dead and newlyweds are carried aloft on their shoulders
the freshwater women stagnate in the wells' indifference
the same furrow runs from field to womb with the same cold odor of silence
while their daughters who ride the mountain bareback feel the heavy stones
    and storms rolling on the slope
books, they say, are the children of sorrow
the peelings of peelings of the forest
it's better to decipher the sweat on the loins' stretched drum-skin
and let a red mare's gallop resonate between your thighs
the girls who ride the mountain bareback don't know that the same lines
    cross our boxes and their bread
that we shake up the shadows so their odor can seep into all our cavities
that pursuing our bodies we mourn for ourselves in them while they think
    they mourn for us

Words

In those days   I know now   words declaimed the wind
besides pebbles, there were moons, but no lamps
the stars would emerge later from a brawl between two flintstones

I'll tell you everything   there were five pebbles
one for each continent
vast enough   to contain a child of a different color

So there were   five children but no houses
windows but no walls
wind but no streets
the first man wore a stone around his neck

He made an arrangement with the first tree
an oak if I remember correctly
the one who got there first could drink up the ocean

Language at that time was a straight line reserved for birds
the letter 'i' was the cleft of a female hummingbird
'h' a ladder with one rung necessary to replace a charred sun before nightfall
'o' a hole in the sole of the universe

Unlike the consonants with their rough garments
the vowels were naked
all the weaver's art consisted of humoring them
in the evening they counted each other to make sure no one was missing
in the rocky countries men slept without dreaming

Words
blind flight in the darkness
fireflies wheeling in on themselves
pebbles in the pocket of an absent-minded dead man
projectiles against the cemetery wall
they broke up into alphabets
ate a different earth   on each continent

Aleph breathes from right to left
to erase dunes and camel-drivers
who count the stars with their heads in the sand
twelve times in a row
Thus

It's in 'Ba''s basin that the moon's menstrual blood is washed
in the eternal copper
when women on nocturnal terraces make rash vows

'Tah' paces up and down land poor in grass and compassion
all that counts is the gesticulations of the shadow which
erases   writes
erases   writes steps and passers-by

There are country alphabets and town alphabets
Tell me what words you use I'll tell you   the number of your cattle

Where do words come from?
from what rubbing of sounds are they born
on what flint do they light their wicks
what winds brought them into our mouths

Their past is the rustling of stifled silences
the trumpeting of molten elements
the grunting of stagnant waters

Sometimes
they grip each other with a cry
expand into lamentations
become mist on the windows of dead houses
crystallize into chips of grief on dead lips
attach themselves to a fallen star
dig their hole in nothingness
breathe out strayed souls

Words are rocky tears
the keys to the first doors
they grumble in caverns
lend their ruckus to storms
their silence to bread that's ovened alive

How to find the name of the fisherman who hooked the first word
of the woman who warmed it in her armpit
or of the one who mistook it for a pebble and threw it at a stray dog?

What do we know of the alphabets of sand buried beneath the feet of
    caravans
turned into silica
shards of glass
venerated by the camel-drivers as star-debris?

Must we question those who strip the dunes
those winds   lawless and faithless   which unearth men's bones
then throw their chalk   at the moon which bleaches the tender and the dry
must we leaf through the cliffs' layers in search of the FIRST hunter
who fired the first number at a stone-thrower
shut him up in a cage
and taught him how to sing up to ten

His song lit the first candle
It's to that flame that we owe the first superstitions:
'Three lit candles mean there'll be a quarrel'
'Four tapers around a bed call death down'

Hunter and fisherman were rooted at that time
only time walked
those who didn't like dying shut a sun up in their wells
a man's fortune was measured by the number of his openings
a tuft of broom grew over the dignitary's cave
his life was measured by the number of women wrapped in his odor
his dust says so

The prudent man looped his family to his belt
that was the fashion
the moon was only a reflex of the sun which dived into the same well twice
the first time to wash itself
the second time to displace its weight of water and noise
the cold squeezed it to the size of an apple
one could pluck it merely by standing on tiptoe
summer stretched it from one horizon to another
the sky was its hammock turned upside down

Sun was the name of the first rooster
moon that of the first hen
bread within the moon's reach disappeared   according to the hunter
his rooster gone hoarse
he lost interest in the calendar
then time was written in a rough draft
they drew straws for the years
night   and day tossed a coin heads or tails
the basil decided everything

Language at that time opened fire on every noise
it paced up and down the pastures in search of sound-sprouts on which it
    grazed from right to left in order of their intonations
Never more than one pasture before the great seasonal migration to the
    peaks of the alphabet where speech is rare

The sugared odor of the honeysuckle attracted the young letters and the bees

B came back with its mouth bearded with blackberries
F was staggering from having smoked devils' weed
its ladder on its back, H pretended to have scaled the sound barrier

In cold countries the male letters were hairy
Water was the earth's meditation
its intimate thoughts revealed in the light of day
its pebbly dialect
The stream read itself out loud
the sea repeated the same sentence from continent to continent

There were words with horns and feathers
and properly dressed words
those driven from paradise for their lack of modesty were naked
They wandered in search of a mirror they could penetrate with its silvering's
    approval
their presence was signaled by a trembling of the light
by a jangling of glass when they lined up on the windows' guardrails
timid children call them the glassy ones
One marries the words of one's own language
to settle down
traveling is for the others
who borrow lines the way they take a train

What do we know about the alphabets which didn't survive the rising of the
    waters   letters buried in their silicate vestments   become silenced
    sounds in the silenced silt
what do we know about 'Aïn' which lit its lamp between two waves   about
    the womblike concavity of 'Noun'   of the putrescibility of 'Ha'   of the
    legendary weight of 'Tah'?

It was in a quadruple-knotted shroud   in a net of stone   that Aleph was
    fished up offshore from the old city of Tyr because only the kelp spoke
    at that time silence whitened the walls
'Dad' is my mother said the earth
'Sad' is my stepmother
They walked from the beginning of the alphabet in search of the letter ONE
    which they lifted like a gravestone to find the remains of the first
    language   the one mumbled by lips become crumbly from rubbing their
    voices against the flintstone

'Aleph' a magician's wand
a tramp translated into seven languages
a stick to train cats with and give the hummingbird's cage to the chastest one

'Sin' a slotted ladle
that scoops up stars from the bowl where the devil makes marmalade

'Ra' calls for help to the angels
who cross the Gospels on foot

'Kaf' a gaudy letter which
sows discord among the tribes
its club foot drags along old angers   come from a faraway alphabet

The words which spring up on the borders of lips retain their terrors
children dry them between the pages
head-to-tail like roses trodden by doves
the blood beating in their temples grieves the mothers who dry the walls out
    after the rains

books   the mothers say   become sad for no reason
they want dry words when it's the rainy season
the dampness shrinks houses and makes the laundry weep

Words, she says, used to be wolves
they lined up on the mountain peaks to tell the moon about the difficulty of
    climbing the slope
the complacency of the flocks
and the chaotic movements of migrating clouds

They placed their anger at the moon's feet when it turned the black book of
    night   went to sleep amidst the ranting of the pages which spoke of a
    golden country   where sleep   drops into the wells with its load of
    turbaned stars
But wolves   don't know the Orient

Words, she says, are like the rain   everyone knows how to make them
you only have to wring a cloud out upside down and Noah will write with
    both hands
It rains to teach the streetlights how to count
to sow disorder among the pigeons
raise the hackles of the laundry hung on clotheslines

It rains to rain
and make the dead think that the sea has moved to a higher place

Unlike the wind which speaks for itself
the rain has a spokesman   the mute fog
if only every man had his own drainpipe to discuss things with God through
    the clouds

It was there and nowhere else
on an earth girdled with winds
that the first words discussed the problems of water and a place in the sun

their mouths filled with blaring
they told of the mute dust and the cries of the rocks

their number was no greater than that of the living
one man one word
a man who died gave up his place to the tree of his choice

Man and oak shared the same bark
the same age inscribed in the sapwood
the same shadow
the tree above
the man below
and sometimes the other way around when the earth felt like turning over

The rain had few followers at that time
the gutterspouts ran only with rumors
and the troughs on the rooftops collected the sweat of the stars

Tired of wringing out dry laundry
women leaned on the air as on a sweetheart's arm

the houses had lost their doors along with their illusions
anyone who'd rush in   through a gap in the wall   won a pair of wings
    and a pair of scissors

they'd sharpen the bride to needle her into the man's sleep
the child born of their coupling had woolen hands in anticipation of the
    coming snow
a snow which would come up through the ground
a whole people's toes planted there

Guilty of repeated forgetfulness   words retreated over the cold ground to
    endure the ordeal of silence and chastise themselves for having
    overflowed their meanings in a language which admits no excesses

They lived in a white silence   hunted inaudible sounds   fished in the
    eddies of muddy marshes

Their form changed with the light   The evening which smoothed out
    angles transformed them into timid objects
Crammed together against the foot of the wall they watched for sleep which
    would find a place for them in dreams
the herbalist's sleep was peopled with aloes
hermits made brews of it which they drank with their foreheads pressed to
    the earth

There are words from poor people's gardens that crossbreed iron and thorns
Words of obscure origins which is the usual lot of words   Swift suns
send them yellow kisses   The silent yew chases the bees away from
them   Colorless words that sleep in the bread-box with the bread's
consent   wake up with the mirrors   dress up their echoes   venture
into the cities   cross mouths without looking both ways limp on both
feet   rot at the touch of lips   finish their journey in the gutter with
the moons which have used up all their matches

The Seven Honeysuckle Sprigs of Wisdom

My village has three waterfalls three churches but no priest
The last one went off after a crow that cawed in Aramaic

Time in my village is in such a hurry that women whelp litters in seven days
no skimpier than the ones you'd see elsewhere

My village's river turns back toward its source to avoid flowing through the
neighboring hamlet with its wealth of three cars and an embalmed saint
which attracts pilgrims

Mokhtar the shoemaker reads the upside-down newspaper protecting his
    head from the sun
Wahiba the beggar empties the carafe of communion wine into her false-
    bottomed trousers
Maryam the new widow makes love to all the trees that pass by

It's thanks to the crying chick that the fox finds the hen
says this selfsame Maryam who's been shelling pebbles since her garden got
    angry with the peas
the season's prime gravel simmers in her stew-pot
a seven-tailed stream sleeps in her bed

My village is endowed with two cemeteries
one cemetery open to the sky for the summer
another for the winter so large the dead can stretch out with their legs spread
    like pharaohs

In my village the sheep are so tall they graze on the bellies of clouds, chew in
the violets' shadows while slandering Mansour the wool-carder

In the beginning was the egg repeats Rahil morning and night and she breaks
her rooster's eggs on the ironsmith's anvil
Rahil who was a communist well before Lenin and Siberia won't judge
anyone
since her son slept with her she-goat and then bought her three necklaces
and a gold nose-ring

Sometimes silhouettes loom up on the highest hilltop
ibex or wolf it makes no difference
Rahil's ball of yarn dissolves and knits coats for anyone who's cold

One day when it was night two monks came through my village
with their bell and their smoking censer
Who was being buried at such a late hour?
Only the poplars along the road could see into the open coffin

Youssouf the cemetery caretaker accuses the dead of being sloppy
they eat the saltpeter off the walls and don't sweep up the crumbs
Behind that fence says the selfsame Youssouf, no one is at his best
you'd need someone more dead than you are to have something to boast
    about

Philomena has stopped sleeping with every male who passes by
ever since Marzouk the painter gave her features to a stained-glass angel
she's afraid of rumpling her wings

Philomena's thoughts are as narrow as her skirts
her soul as high as her heels which are tangled in timidity since she started
    knitting a vest for the ironmonger

Amine is so wealthy that seven different-colored salts stand in state on his
    table
The rainbow that sits at his table plunges its fingers seven times in a row in
    his jars before making a brief appearance on his balcony to the applause of
    passers-by

Sometimes Jacob sees horses galloping on the roof of the synagogue while
    the moon mocks them in crude words from the Kabbala
'Thank God it's only a dream' he stammers as he falls back to sleep
Jacob's daughter who had the misfortune of dreaming the same dream was
    turned into a stew-pot
spices and smoke were stirred together in her eyes

Mordecai the hairdresser has painted a devil on his door to ward off thieves
his left hand cuts hair in hiding from his right hand on the Sabbath
the knife gripped between his jaws
It's to cut into the bread of sorrow while curling the rabbi's hair

Mordecai is neither believer nor heretic but balsamic like the vinegar in
    which Rachel's duck simmers when she has her period

Rachel never closes her door for fear of wearing out the hinges and keeping
    happiness from entering her house
The milkman who's mad about her says she's so hairy that his donkey could
    graze in her armpits while he shot off his rifle and chewed on lupine
    blossoms

Roads which cross other people's dreams don't lead anywhere
says Massouda the wise woman while blowing into the stem of her *narguileh*
Her smoke-rings make the canary dizzy; he suspects the earth of speeding up
    its rotation to reach night more quickly, night which fades his mistress'
    beauty

Massouda's cards never lie
Three aces followed by three jacks mean a plague of locusts
A change of mayor is inevitable when three kings line up on the table
Massouda's counsels are listened to by the archbishop whose Mass she
    prompts by making her bench creak

Khalid who made a fortune selling oats buttons up his fly on his marble
    balcony within sight of his mare
She recognizes him by the odor of his sweat and by his whip which lashes
    the clouds during droughts to make them rain on his field

This selfsame Khalid had his head plunged in a basin of water perfumed with
    orange-blossoms when the bombing made his house crash to the ground
He regained his balance on a flagstone without spilling a drop of water

Maroun has quit his job in the brickyard to set up shop as a liar
He lies in winter especially when the wind busy howling in the gullies can't
    contradict him
Maroun claims to have downed a dozen quail with a stone
and to have started a storm by pissing in the wind
He surprised everyone by taking off for America with his coffee-pot
leaving his wife on the kitchen wall, hanging from a nail

The beggar Rassoul's mouth waters till it drips at the sight of Laouza
her belly is a white loaf blessed by the archbishop
her navel a cherry pecked by blackbirds

Laouza goes into town every month to have her back photographed
Pain cuts her in two ever since she fell from the cherry tree that grew more
    quickly than her ladder
Her ewe's milk has turned black since a lizard gave her the evil eye through
    the skylight

This selfsame Laouza's pot of gardenias doesn't cheer up her parakeets which
    come from India and which only smile at the postman who should bring
    them news from their cousins in New Delhi

The miser Mantouf divides his chestnuts between his pigs and the Armenian
    saint beatified for political reasons
The latter swallows them without pleasure and then excretes them in the
    holy-water font wrapped in paper from Armenia

The mayor forbids the goats to graze on the French alphabet
forbids the schoolchildren to sleep in their books before they clean their ears
forbids the plane trees on the village square to sit down on their own shade
though this might expose the fountain to sunstroke as it spurts like a
    spendthrift
spreading slander in front of the children

Maha the shepherdess traveled thousands of miles to reach Ali's dream
but he closed the door of his sleep in her face
Everything in its own time, he said
only darkness is permitted to wander around at night

This selfsame Mantouf has become even stingier since the devil pissed in his
    breadbox
obliging his mice to eat the neighbor's flour
and his chickens to peck in the devil's den

Mantouf was a schoolmaster before he inadvertently stepped over a toad
A wellspring of science and information
he spat knowledge right into the children's mouths
and paid the butcher with buttons he tore off his fly

Mantouf's wife has ears as tender as vine-leaves beneath the arbor
a neck as supple as a syringa leaf in the sun
A bottle of vinegar shares her bed since her husband started sleeping with the
    stream
He comes home at dawn
his two fists clenched on his chest turned into pebbles

The legs of this selfsame Mantouf have grown shorter since his wife washed
    his pants
With the extra fabric, she made three vests, a pair of trousers, and a bow-tie
    for the parish beggar

The priest the rabbi and the imam invited to the poor man's table,
brought him three tufts of their beards which he planted in his garden
The three upside-down trees which grew nine months later
cast their shade on the devil's house

The schoolmaster Farhoud is so conscientious that he tries the alphabet out
    on himself before using it on the children
The letter Aleph is unreliable
its back is so fragile not even a hair could ride on it
'Mim' is an ardent she-camel listening to the muezzin
'Ba' prefers jam to the dictionary
'Sin' is a coffee-pot with a pierced ear
'Zah''s axles creak since 'Tah' crushed its toe
'Tah' can only be learned lying down standing up is bad for him

Farhoud lived in geography for a long time before moving into grammar
Asia Minor he says is only Asia Major's younger sister
and the poles an invention of a bear with a bad idea

Farhoud can argue both sides of every question
in favor of the beggar on the square, promising him that after he dies he'll eat
    partridges at every meal
against his neighbor, saying that other people's bread doesn't fill your belly

Before he had a book Farhoud had a wife
whom he leafed through every morning in the direction of the sheets
from left to right as one speaks French
in the direction of the wind like Dutch windmills

Farhoud adopted three orphans with one month's salary
three raccoons who foraged from garbage cans in Montreal

Monsieur Antoun sleeps in his *tarboosh* to show his scorn of the French
    colonists
From far off you'd take him for a poppy with just one petal
He earned the medals which cluster on his pajama-jacket
he emerged victorious from a battle with a whole hive of bees after he
    rubbed the drone's nose

Antoun's wife isn't the same since a pigeon shat on her head
she makes eyes at the stained-glass saint
and asks the stream for a light for her cigarette

Antoun's sister Khaoula has marmoreal thighs
volcanic breasts
and the crotch of a sergeant with hair as straight as matchsticks

Khaoula didn't call the firemen when a fire broke out in her chicken-house
she put it out with her toothbrush-glass taking care not to wet the rooster's
    tailfeathers

The Christ in rags and tatters rummaging through the trashcan of Morcos the
    carpenter was looking for the fifth nail which once pierced his hip
The man who had walked in his death for two thousand years was chased to
    the church by dogs and bells;
there he knelt before a taper which wept its wax on the feet of a crucified
    man

The selfsame Morcos was renowned for the comfort of his custom-made
    coffins
the pencil behind his ear dropped of its own accord to note the height of the
    dead man's sorrow
and the place of the heart shrunken to the size of a walnut

Magida the novice prostitute has willed her lamp to the luna moths, her
    inkwell to the fountain
her bed to the lark whose sex is shut
The bones found before her door were from the apple tree's skeleton
and jaws of the grass which squats in afflicted houses

Those who have seen Magida divide the winter into zones with her lamp
say that she holds it up high to chase away the fog
and pierce with its ray the frozen eyes of the partridge
and of God
whom she errs in calling by his nickname
not realizing he might get angry

The fate of Wahiba's plum tree is linked to the country's independence
Will it be the same translated into French
and will it answer to a name that perhaps won't suit its branches used to
    conversing with the Arab wind which postpones autumn for a month so
    it can inventory its leaves

The schoolmaster Zakzouk is convinced that books have wings
which carry them high above the fountains
towards the twinkling alphabet of the stars which look like cumin seeds

Zakzouk who used to have his lectern beneath an olive tree abandoned
    arithmetic for singing exercises borrowed from the cricket

Two times donkey equals two
three times baaah equals goat
four times son means nothing since the mayor's Ford ran down a flock of
    schoolboys

The daily appearances of Saint Anthony in the well of Arbid the heretic
    provoke sarcasm from the clouds which double up with laughter when
    they see the halo floating on the water
and the priest blessing the crowd of cypresses as they fervently beat their bark

Arbid's donkey is a direct descendant of Pythagoras
his deep thoughts inscribe themselves in tough meat on his shoes
Divided between hay and oats his customs declarations contain only losses
which make the sum fall over on its back

Mounir who made a fortune in cumin
says he's the cousin of the camel which flew from Zanzibar
to Madagascar
leaving in a fold of the desert
a head of garlic
a clove
and the pit of a date once eaten by Mohammed

Wahiba never crosses her legs for fear of tangling up her thoughts
The snow, she says, falls just to cover the trail of wolves on their way to the
    monastery where the moon never enters
it's so afraid of being mistaken for a host

from

Early Childhood

for Alain Bosquet

A star
is the invention of a flame
The whim of a spark
the opinion of a lamp longing for eternity
a clandestine movement of God revealed by dictionaries.

My mother would lose herself in the puffing movements of her broom
battling the sand which she called desert
the dampness she called crumbled water
swamp

remote from the world her sweeper's hands
exhumed invisible corpses
pursued the least foundering of the wind
the slightest stain of darkness
she swept with so much self-abnegation
and burst out laughing in the worst storm
for fear of appearing ill-tempered

Mother you were so modest
you took no credit for the wind which blew just for your arms as they swept.

for May Ménassa

We were taught to mistrust voices which burst through the snow on a fixed
    date
and spoke to us from left to right
as if we came from the dark side of the earth
the underside of the alphabet

as if our walls had to shelter the outside world
defend the interests of the cold
protect the bare space of a person clothed in saltpeter

Unrecognizable, the seasons' faces pressed against our windows
They said they were held captive by our mirrors
spectators of our dumb-show

We threw them our old clothes
we gave them the leftovers of our evaporated meals

Everything was only style and pretense
the house was trompe l'oeil
its beams reflected street-lamps
and the chestnut tree repeated the same text confronting the wind
that dolphin, that glass-blower
Impression of decline which suited our mother's pallid linens
our father's inflamed speeches as he conversed with God through the skylight

Theater of delusion and false enthusiasm
only the pain of the Crucified One was real
as he came down from the wall at specified times
leaving on the plaster the indelible mark of his tortured arms.

We had explained our despair to the thorn bush and the juniper
our only cousins in that foreign language
we had cried on the shoulder of the pomegranate tree which bled on our
    doorstep every month

We had asked for an audience with the forest
and provided the testimony of two blackbirds who had seen us write the
    word 'goat' in both directions
we had vanquished the alphabet

Our shoemaker spoke Sanskrit
the priest and the stream spoke Latin

We were blamed for our ignorance of ornithology
although we knew every star's name, and its precise punctuation on the sky's
    page.

Our cries, she used to say
would scratch the moon's windowpanes
and scrape the corners of tombstones which milked the moon

My mother set the long slope of her back against us
to interrogate the walls' dampness
decipher saltpeter's crumbling alphabet
translate the symbols carved on the underside of the city
which she only knew in profile
since she never ventured further than her shopping-bag
rarely crossing the uncertain borders of her lamp
City which sent us its rejected rains
and sometimes a wheezy snow which hooked its flakes into the pomegranate
    tree's ears

The planet must be cleaned up
God must be cleaned up!
my mother cried, tying her apron.

I write Mother
and an old woman rises in the uncertainty of evening
slips into a wedding dress
stands on tiptoe on her windowsill
calls out to the hostile city
addresses the haughty tribe of streetlights
bares her chest to the clocks
shows them the precise site of her sorrow
disrobes gently for fear of creasing her wrinkles
and unsettling the air

My mother had her own way of undressing
as one would strip the medals from a disgraced general

A cold odor is in my mother's pockets
and three pebbles to break summer's windows
my mother's dress has drunk all November's snow
dead birds' cries have ripped holes in her hem

She chases them from her unconscious arms
insults them with the muteness of words
and the absence of echoes
within her walls knocked over
from within

It sometimes happens that despite the air's vigilance my mother gets up
arms herself with a spade
turns over great shovelsful of the earth which covers her
arousing the anger of taciturn neighbors who've turned their backs on the
    clocks
and broken off all correspondence with the grass
her chilled puffing and panting breaks through the soil down to that room
where, for lack of sun, she makes her knees shine and her tears sparkle.

My mother who recalled a blurred-over death
said that the light was stubborn
and embarrassed the crowd which turned its back on her

on the dim landing where voices bustled
her body plunged in grief separated itself from the bedding
the creaking of the floorboards revealed the movements of floor-buffing
    angels
tedious preparations for someone who barked as she chased her own breath
a sympathetic hand flung a stone at her across a sob

My mother had paired her basil with the forest oak
inviting it Easter after Easter to share the lamb's grass and bleating
and to verify against its height if we had grown along with the lamp
which pushed the sun back behind the hedges
when maternal fingers tucked up a lock of wavy hair

The shutters looked regretful
when my mother read the cards for the night
the king of hearts atop the ten of diamonds
meant moving
the jack of clubs who was afraid of dying
kept his distance from the queen of spades
whom he knew only by her profile

The house was on the edge of the road as if on the edge of tears
its windows ready to burst into sobs.

Tired of drying a dead man's muddy tears under glass
she turned toward her garden
stanched the sweat of the pomegranate tree
cleaned up the lime tree's droppings

The evening which blued her doorway delivered her up to the wrath of
    nettles
which reclaimed their share of her compassion and shade
and the protection of a wall monopolized by ivy which left on its plaster
the indelible mark of its pistil

In her dreams my mother made stacks
of houses without walls
of words without syllables
of dead stars which only shone for her sleep
keeping the gardens for insomniac nights
when it was imperative to convene the nightingales
to tell them her dream which they'd pass down from father to son

My mother opened her wardrobe to dead leaves that traveled far from their
    branches
folding them into the weave of her sheets
hems and veins dressed in the same darknesses
The key made a weird sound when a ragged forest appeared at the door
to claim its share of the linens' shade
leaving its soil–mark of shame on our doorstep.

Give me a star to light my lamp
some salt to preserve the shutters' tears
some oil to soothe the doors' wounds
two arms to bury the fear-frozen bread

Your voice, mother, addressing God through the skylight
made the soil bite the pomegranate tree

My mother wandered so far in her dreams
that we found her bed empty even of
sheets which she took with her to those lands trodden by her sleeping feet
where she lost her bracelets and her soul
all rediscovered under her pillow with the invisible guidebook of her slumber

My mother who would lose herself in the fire
gave our house over to the affliction of winter
and the shadow of the streetlight playing sextant

We had to look for her in the earth where she'd made her den
cry out her name among the stones
frighten our own voices and the echo which had seen my mother and the
        fire … pass by.

She used to throw her old crockery at the moon
which mends chipped plates
darns wedding sheets
and sorts lamplight-yellowed snapshots by degrees of sadness

The whole universe shared my mother's household chores
contrary winds blew into her bureau drawers
bargained between her shutters
and swept the dream-crumbs she nibbled in her sleep towards town

Negligent mother
clouds of a dubious whiteness dried out on your clothesline
provoking the nightingales' sarcasm and saddening the sun
you reported them missing to the police when the wind carried them out of
    the valley
called the wind a thief of sheets and cattle
then withdrew your complaint when the clouds came home to you, fog
    kneeling on your doorstep.

for Henriette Joël

The salt my mother tossed into her oven
unleashed flame-tongues
and stretched our bodies as far
as Lake Baïkal
the banks of the Euphrates
and the Amazon

We had brought back blue toucans in our hair
breadfruit trees between our teeth
we had eaten acid fruit which made the table screw up its face
chewed red grass which gave the walls hallucinations

In my mother's oven the rumor-bearing winds set on each other
the Amazon's rivers immolated themselves in the Atlantic
the bells of Tibet strangled in their own ropes

we listened to all their grievances
we sympathized.

Huddled between walls, we would talk
about the ones who lived out on the hill
with their lamps in a season of repeated snows
crying out their names when fires spread which could only be seen from the
    clouds
chasing whole families of yellow broom
The bleating of the year's dead goats was sour
the smoke of their quarrels and their brides' laundry were bitter
Our dreams about their women were shut tight
and the hearth was shut where reveries' white water kept boiling
our bread-boxes overflowed with silent bread

The world rocked itself back and forth when they stamped out their last fire
the wind which swept their doorstep was crying.

for Norma Bosquet

We knew an alphabet of the fields
which lost its breath going uphill
and zigzagged like a Mongolian train
Our alphabet spoke Aramaic so it could converse with the country's sun

We were crammed in between A and Z
We weren't on good terms with the accents
and we weren't gifted at gathering commas beneath the lines

All the same, we had come to an agreement with their birds
opened our doors to their winds which couldn't line up two words
and had to make do with crying within our walls.

We stole kisses from the holy pictures
hasty embraces from the cherry tree
plumes from the fog seated on our doorstep

We were highwaymen in the dry season
petty thieves in the rainy season when rivers climbed into our bedrooms
we had committed numerous pilferings with angel accomplices
stolen sticks of incense from the cypress
chalk from the dawn
tears from the cemetery walls

We were grandiloquent fabulists
we uprooted minutes from the clock
and recited our ages backwards.

All logic's order melted with the roof
we applauded the rain falling between our walls
fervently mended rips in the spider-webs

We were irreverent fetishists
my mother read the cards for mockingbirds
my father slapped the sand
slapped God
when the clouds bled
on the bent back of the sky

Our salvation came from nature
we would trap the rednesses of autumn
the destitution of winter
we would end up in tendrils
in bundles of firewood
to affront the brief rage of the conifers.

Clouds played no part in this story
their shadows on the roofs were not necessary for the unities of time and place
they served as simple landmarks for whoever taught algebra to the nightingales

The village was so spindly
you could reach it by leaning a ladder against a patch of sky

The poplar tree was spindly too
will it be the same translated into French
will it answer to a name that perhaps won't suit its branches used to
 conversing with an Arab wind which postponed autumn for a week
so they could finish inventorying their leaves.

Don't turn the pages backwards
said my mother
reversed words get dizzy
disrupted ink curdles like spoiled milk

The books we browsed in came from the forest that watched us read
from the peeled bark's shriek which continued under the pages' skin
We read in the darkness of August
when the galaxy disposed of its excess stars
when, without margins, night stretched itself out until night.

No use re-soling our books
our hands will grow into clogs
and our feet into toucan wings

We limped from always walking under the lines
squinted from making faces at the alphabet

Nature isn't fond of unleashed heartless children
who count stars on their bare fingers

We ran alongside walls which burst out laughing
and had long chats with the shutters we'd importuned

Still, a plane tree several moons old
explained that what shone in the sky was our scattered souls.

Tomorrow it will be winter, said my mother
her hands snatching up children and dead leaves left on her doorstep

to shelter them between the fruit bowl and the lamp

Time had turned itself upside down like an hourglass
we knew the exact weight of clouds on our eyelids

the air's precise content of tears and cries
how many minutes it took for the light to panic

No one was fooled by the season's maneuvers
we watched out for migrant birds
urged them to trample the sky which had broken its promises
and to announce with enraged wings below the horizon how they'd been
    done wrong.

A prisoner in the close circle of her lamp
she spoke to us of prairies paved by the moon
of hate-filled winds which stabbed each other beneath her windows
tousled the weathercocks' plumage
tore an equidistant tolling from the bells
dived into the olive tree
shouted from its branches
carried on their battle among its leaves
bloodying the wool of low-hanging clouds with their cries

My mother complained of insomnia
caused by angels chattering beneath her windows
they were arguing which path to take to Ursa Major
who was having her annual rummage sale of stars bought by dark countries
which would use them for streetlights.

Men and storks go their way
only the cherry tree stays put
repeated my mother

We ate the cherry-pits
and threw the flesh straight up at the evening star
making a wish to be reborn as cherry trees
with a natal stream
and names which could be read in darkness
so that we could squat at the road's edge
and talk until dawn with the stones.

It was the first of November
we unpacked our clothes to see if we'd grown with the streetlights
my brother the seminarian was as tall as his chasuble
my eldest sister gave her skirts to the laurel
my mother buried her bleeding laundry beneath the sycamore
squatted at its feet
rolled back its bark
drank its milk
soiling her blouse and the sapwood's wan belly

A day stuffed with incense and regrets
the fortunate ones who picnicked on the grass
hung their haloes on the tombstones.

She drove away her windows
stripped her shutters bare
invited the moon into her bed
warmed it between her thighs
brought down its milk

Laundry stained with black kisses dried on her roof
and disturbed the mourning doves
the down in the walls' niches came from the belly
of a woman who clutched the air so she wouldn't drop into its cry

My mother disliked the snow that spied on her through the windows
she preferred the fog whose cotton she pulled out
to wipe her mouth which had wept red in the pillow's hollows.

for May Ménassa

Years later
we have yet to explain the lime tree's muteness
and the well's determination to kill

We were all responsible for the day's rapid decline
for the cry which divided the waters
scattering children and larks

The little girl who didn't know how to hang on to the air
was a liquid sketch on the paving-stones
her knees useless pebbles
her yellow dress a stain of shame and sun

In the house open to compassion
the wind seated in front of the fireplace
received condolences and distributed tears.

My mother accused the poet who'd been dead for a century
of stirring her voice into his notebooks
of multiplying the winds in her corners
of torturing the snow of her belly
and swinging in violent arcs from her nut tree's one branch
The graveyard watchman bit the walls till they bled
so as not to answer the woman who swore at the dead man with her mouth
    to the earth
and refused him at night in her wide bed
for fear of conceiving a child come on foot from the next world.

They colonized the country at nightfall
beat back the trees with rifle-butts
made the fire flee.

Our smoke brought tears to their vowels' eyes
their consonants caught fire at the mere sight of a match
We had smoked their green language with cannabis
kneaded their white language in our bread-boxes
laid their red language down in our beds
drowned the blue one in our ink.

Their chilly language was hung in our attics when the rivers flooded
shaken out over the railings to scatter the last crumbs of silence
dried on our rooftops when it rained in their alphabet.

We made fires which licked the clouds' chasubles
and the Creator's footsoles

It was forbidden to play on the swings on Midsummer's Eve
the bonfires' smoke carried children higher than the angels
up where the universe is so deaf that it's useless to call out to it

At that time we coveted objects without contours
petrified water or mirrors we could penetrate with our flashlights

We wore the traces of invisible bodies
the marks of ancient tracks dissolved in the air's memory.

We had been placed on the earth
with glass tears attached to our eyelashes
and arms crossed on a faded odor

We had been taught not to count the stars
for fear of angering Hecuba who barks at the sky's iron gates
our dead had been taught not to move facing the sun
for fear of blurring the image of God.

Here there was once a country
fire withdrew from women's fingers
bread deserted the ploughed furrows
and the cold devoured all children who wore daffodils on their shoulders

Here there was once a wall
which reproduced itself in prosperous times
became rectangle square but never circle
so as not to humiliate the fountains
which held the rights to day's roundness.

Here there was once a hunter
who knocked down his house to go into the forest
and verify that his shots pierced the eardrums of the rocks

Here there was once a pebble
which turned into a gravestone at the mere sight of a passer-by

Here there was once an infinitely white night
an infinitely black tree
which pulled its bark up to its chin
when noon lengthened shadows down to the ravine

Here there was once the echo of another echo
and the horns of great cattle which melted when even a wing passed
    overhead.

The Cherry Tree's Journey

The cherry tree said its farewells to us this morning
It's leaving for America

★

Where can we tie up the donkey now, asked the mother
to the shadow of its trunk, the father answered

★

Nina, who was stirring up snow for supper
added three grains of cumin
stinginess be damned

★

The shadow is wasting away with love for the absent tree
noon shrinks it to a dark stain underfoot
the earth is opaque with untold sorrows
from what source do these tears spring?

★

The rain isn't the same since little brother died
says the mother
it used to come up from the earth
leaving the sky to the snow which melted in astonishment

★

What use is the snow?
asks Nina, diapering the pumpkin like a baby
it erases the earth to rewrite it correctly

★

The sun was thorny when the mother planted the child in the earth back at
    home
she dismantled the house
washed its walls in the river the way she did laundry
the seven pebbles hurled against the sky came back to her coated in their
    noise
A pebble on the tongue of the malicious wind
four pebbles to hold down the roof of the garden shed

83

leaning on his spade
the gardener is as solitary as the tree which looks at him

★

Rivers which flow in a straight line gather no pebbles
Nina picked up three that were all the same color
What's the weather like at the source? she asked them

★

The spruce tree prepares a mixture of six herbs
for mothers who stir soup in closed circles
dead children have only to come and sit at the table
cold-pierced hands will do the dishes
turn out the lights
then slam the door behind them with a rustling of wings

★

The mother arranges the marbles by size and sadness
the child will play with them when he's less dead
when the grass which grew on his bed is less white
beyond the horizon there's another horizon she says pulling herself up to the
    skylight
and that milky odor of waves which clap with both hands
when a little drowned child comes up to the surface
with a pebble on his palm

★

The sun's shadow on the path presages forgetfulness and consolation
the father draws its outline with a stick
which he plants in the middle of the circle

★

Grandfather goes over his dream backwards
to find his glasses which strayed in his sleep
he says:
closing your eyes doesn't change what happens in the darkness
old houses stagger in the night

★

We fold up your shadow in the evening, writes the father to Cherry Tree
we put it away near the cat who's had a litter

84

six soot-colored kittens
who'll be bleached by the snow
grandfather found his glasses in the chicken-house

★

Cherry Tree has made his fortune in America
at least that's what he says
his letter is weighed down with abundance and prosperity
he will marry a rich lady Cherry Tree, says the cat who's plucking a quail for
    supper

★

People in America sleep standing up like horses, according to Cherry Tree
like pencils
seen at night one would take them for splinters
cats wait for them behind their doors
they have to feed them and water the basil
I should have brought my shadow with me

★

It's raining on the winter of America
sparrows eat my cherry-pits
and throw the fruit-flesh over their shoulders
I'm alone to the right
alone to the left
why didn't I bring my shadow?

★

Draw your fear, the wind said to me
I drew an invasion of silent grass
what do they draw in countries that have no minarets?
asked a pomegranate tree come on foot from Anatolia

★

The people of America sharpen their trees like pencils
write their children to the north
their windows to the south
with walls attached to their belts
In the evening
they make the roads run with their dogs
The people of America draw God from right to left like the desert

85

with an empty belly like the olive tree
soluble in water like the willow
with his shadow preceding him
and sometimes the other way round when the earth gives him a taste for
    turning

★

Here is your prison the children said to me
drawing a circle around my foot
before going back into their book

★

How you've aged says the mother to the child
seen from above you look like a vine shoot
seen from below like a pine-needle
your cradle was taken apart and went back to the forest
Nina relies on the jug to keep the milk from turning

★

The father says:
contrary winds have crossed out the child
the mother is knitting a woolen baby as long as the year
round as a loaf of bread baked between two stones
try it on she says to Nina to see if it's same the shape as your lovemaking

★

The laundry on the line followed the wind
the mother called after it from behind the gate closed to keep out rabbits
the white silk blouse flapped its wings
the wedding sheet floated above the cemetery
Nina's heart and the shutters tore away from their hinges

★

The wind she says works in closed circles with its set of round objects
invisible saucepans
pierced umbrellas
pocket mirrors
its cries thicken the hedges where the female winds take shelter
why doesn't the wind have a house ?

86

★

Where are you going looking like that?
the door asked the mother
to bring the house home for the end of mourning

★

The week's seven moons are friends of the household
it's for them that the mother plunges cinnamon in boiling milk
that Nina shaves the blonde grass of her armpits
to honor them that the gardener circles around his broom

★

The moon he says is Mohammed's skylight
it's the Prophet who sharpened the cypress into a pencil to write with
he who ordered the papyrus to write the book of the dead
and gave to the oak men's sweat when
women raise their skirts to hold back the fire of the braziers

★

The father writes a letter as quickly as the wind
Nina, he says, is in love up to her eyes
You can see it in the way she skewers the peppers like kisses
Grandfather didn't close his eyes all night long
there was a cocktail party at the cemetery and open house in the pond
it seems that strayed souls and insects proliferate in stagnant water

★

Give me a pair of scissors to cut the camphor tree's hair
says the mother who has neither scissors nor camphor tree

★

Four walls had the house Nina would repeat
four sides the box of matches
and four children minus one who went to join the litter of kittens in the well

★

Come close to the window if you want to fool the air crouched on the
    ground
include the well in your mourning
free the cricket from the match-box
erase the child's imprint on the water

87

Damp odor of sobs
dry odor of the jug with its back against the door
on the threshold shrunk in the center
the cat is heavy with useless milk
evening weighs on her neck stiffened with waiting
the year, she says so herself, will be turned around

★

The same silence from the kittens and the well
the father's anger overturns the house
no one picks up the shards of the inkwell
the lamp no longer applauds with the fireflies
we are endowed with four walls
we don't share the moon with anyone
or console any cloud
A cloud is made for weeping

★

The moon is shrinking away before our eyes says Nina
it is pale and bloodless
I saw dogs lapping up its blood on the hillside
The postman stopped his rounds at the sight of it
tomorrow he will bring the red letter to the doormat
yellow grains to the blackbird
tomorrow he'll trade his old bicycle for a brand-new donkey

★

Where will we tie up the cherry tree's shadow
now that we have neither donkey nor cherry tree?
asks the mother

Los alcaldes y sus gentes se dirigen a las casas reales. Pasan de las diez de la mañana cuando el escribano José Lorenzo Cervantes lee de nuevo la carta. En la sala de cabildos vienen y van los murmullos. Tardan palabras e ideas. Fuman los principales de cada pueblo buscando razonamientos.

—Llegó el que esperábamos —dice un principal de Xala de Abajo.

—¡Tendremos Rey Indio como estaba anunciado! —festeja el alcalde de Xomulco.

—Debemos ir a Lo de Lamedo…

—Queda claro que hay que recibirlo.

Felipe Velázquez siente una íntima alegría al escuchar las respuestas. Él también es de la idea de acudir al llamado. Hace meses que se reúnen los viejos para hablar de un Rey Indio que había de llegar. Al ver que se cumple la profecía se llena de una satisfacción profunda. Por orden suya, el escribano ha leído la carta tres veces y con cada lectura crece el entusiasmo. El Rey Indio quiere verlos en Lo de Lamedo y ahí estarán los de su pueblo, piensa. De pronto la plática da un giro:

—Bien visto, esto tiene sigilo —advierte uno, de Xala de Arriba. Sus palabras caen pesadas, aplastando las sonrisas de muchos. Silenciosos, se ponen a considerar los riesgos y sus rostros morenos dejan ver preocupación.

—De sigilo es. Hay pena de azotes, de cárcel, de vida… —sentencia otro, y el silencio se alarga.

—No hay que alborotarnos, a lo mejor no es la señal, mejor lo miramos más despacio —aconseja uno más.

Felipe Velázquez siente miedo de que al analizar la carta cambien de opinión. Se ensimisman los ancianos mientras él aguarda expectante.

—¿Qué será bueno pensar? ¿Qué será bueno hacer? —pregunta uno de Xomulco.

Sin resistir más, Felipe Velázquez se levanta, llevado por un apasionamiento que ni él se conocía empieza a hablar de las conveniencias de estar con el Rey Indio y ayudarlo a entrar a Tepic. Él, y seguramente todos, están cansados de pagar tributo, servir sin paga a los gachupines y obedecerlos en todas las leyes que les imponen. Con este Rey las cosas cambiarán quizá hasta puedan recuperar las tierras que se les han quitado a cada pueblo, quizá hasta puedan correrlos, hacer que se regresen al lugar lejano del que vienen. Lo dice con palabras torpes y aún así, su apasionamiento perfora la indiferencia. Se sorprende al pensar que adentro del corazón, sin saberlo, ha llevado siempre una semilla que a la mención de un Rey Indio ha empezado a hincharse, a crecer, a sacar hojas tiernas. Los ancianos vuelven a analizar la situación.

—Tanteen que los gachupines no se quedan de manos cruzadas.

—Si Mariano es Rey de Indias y nos llama, sólo toca obedecer —reitera Felipe Velázquez.

—¿Y aluego?, ¿cómo procuramos que no nos maten?

—Si toca en nosotros, ni modo, ya era nuestra suerte, pero será malo si hacemos padecer a nuestras familias.

Las reflexiones provocan silencio. En medio de él se levanta el alcalde de Xomulco, Felipe Doroteo, que ha estado atento, mirándoles los labios, tratando de adivinar las palabras que su mediana sordera no le permite escuchar. Sus ojos están fijos en la luz que entra a la sala de cabildo por los dos agujeros que miran al poniente. Fuma, suelta el humo y dice con voz grave:

—Como treinta años hace, unos indios, ora difuntos, hablaron que llegaría el tiempo que se coronara el Tlaxcalteco. Yo no sabía de eso, pregunté, quise saber y dijieron que el Tlaxcalteco era un indio que se ponía máscara de oro pa guerrear sin ser reconocido, pero venía a ayudarnos a ser otra vez libres y dueños. Mi corazón se puso a dar brincos de loco y quise noticiarme más, pero nos oyó el señor cura y nos trató de necios. Dijo que por esa plática teníamos ganados veinte azotes, pero no nos acusaría con los justicias gachupines si le jurábamos ahí mismo que nunca más mentaríamos a El de la máscara de oro. Tuvimos miedo y lo juramos besando una cruz que él nos arrimó a los dientes. Yo me desanimé mucho, creí que el Tlaxcalteco era ilusión de viejos, pero ya estoy viendo que llegó y nos ocupa de su lado.

—Nosotros, los viejos de Xala de Abajo, aluego nos juntamos a platicar del Tlaxcalteco de la máscara de oro, a ver si alguien sabe si va a llegar o ya nos olvidó. No sabía que se llamaba Mariano, pero cavilo que si ya vino es porque nos ocupa de su lado.

—Nos ocupa, pero si lo seguimos nos matan los gachupines.

—¿Cómo procuramos estar de su lado y que no nos maten?

Vuelven a quedar en silencio, a fumar, a lanzar humo y mirar cómo se desvanece.

—¡No nos matan si nos hacemos mensos! Los gachupines nos miran como si no tuviéramos pensamiento, hay que hacerles pensar que eso es cierto, que nuestra dura cabeza no guarda ideas. Si vamos a Lo de Lamedo y nos agarran los soldados, decimos que no sabíamos de Mariano, que pensamos que íbamos a recibir al Rey de las Españas —dice el más anciano de Xala de Arriba. Su respuesta los entusiasma, les ofrece una salida, quita ligaduras a la esperanza. El silencio se llena de humo, de bocas que suspiran, de ojos que buscan otros ojos para encontrarse a sí mismos. Laten apresuradamente muchos corazones y poco a poco los labios se distienden en sonrisas.

—¡Es el tiempo del Tlaxcalteco! —exclama uno, sorprendido de descubrir una verdad tan grande.

—¡El Tlaxcalteco es el Mariano que ya llegó!

—Es hora de la guerra.

Felipe Velázquez aún está conmovido por las palabras de Felipe Doroteo. Una salada obstrucción en la garganta le impide hablar. Toma aire lentamente, cierra los ojos, masca el húmedo tabaco. Sus cincuenta años se están estremeciendo nervio a nervio. Tiembla, y no sabe si lo sacude la emoción o la debilidad. Mariano, el indio con máscara dorada, ese hombre joven incapaz de sentir miedo, le ha colmado la imaginación.

—Manden el papel a Juan Crisóstomo Domínguez, el alcalde de Ahuacatlán. Si él va, vamos todos.

—Aunque ése no vaya, irán nuestros tres pueblos —corrige Felipe Velázquez.

La sala de cabildo está llena de voces, de palabras que prenden y se apagan. Xala de Arriba, Xala de Abajo y Xomulco, son ahora tres pueblos hermanados en preparativos, que discuten sobre cómo y cuándo llegar a Lo de Lamedo.

—Hay que tener listas flechas, garrotes...

—Comprar manteca, hacer pinole, tortillas pal bastimento...

—Que mi pueblo ponga la caja y el pito —pide Felipe Doroteo tallándose el oído.

—Los de Xala de Abajo ponemos la bandera —se compromete Felipe Velázquez.

—Nosotros veremos lo que falta —promete Luciano Trinidad.

El más anciano de todos, un viejo de Xomulco, levanta el bastón de otate que usa para caminar, luego se incorpora lentamente. Quiere hablar y todos guardan silencio. Va buscando los ojos de cada uno y dice bajando la voz:

—Semos seguros mientras niún gachupín sepa la carta.

—Por nosotros nada sabrán esos jijos —se jacta el alcalde de Xala de Arriba; Luciano Trinidad.

Todos se miran, asienten, sonríen, hacen un pacto de silencio, sin saber que el movimiento ya ha sido descubierto.

Juan Crisóstomo Domínguez

9

Deslumbra el sol de mediodía. En el patio de su casa, Juan Crisóstomo Domínguez, el recién elegido alcalde de Ahuacatlán, avienta granos de maíz a sus gallinas. Las aves corren a picotearlos entre cacareos. Es viernes dos de enero y el pueblo descansa de la comida, la fiesta, los cohetes, las danzas, la borrachera con que se festejó el cambio de autoridades indias. Cuando las jícaras con tejuino y las prohibidas botellas de mezcal de agave se terminaron, Juan Crisóstomo Domínguez regresó con pasos inseguros a su casa y se tiró en su tapeixtle para olvidarse del mundo por unas horas.

—Los años no pasan de oquis —les advierte a las aves; ellas, sin escucharlo, se pelean los últimos granos. Él no sabe exactamente cuántos años tiene, pero intuye que supera los cincuenta y le disgusta sentir cansancio al realizar actividades que nunca antes le pesaron.

Le duele la cabeza y tiene sed, el remedio que le preparó su hermana no logra componerlo. Mientras lo toma a sorbos, sigue lanzando granos de maíz.

—Nomás me alivio y voy a las casas reales a buscar mi sombrero, seguro ai andará tirado —dice para sí mismo.

Los perros empiezan a ladrar, atraviesa el patio, se asoma por la cerca de varas y ve afuera a un indio que lo llama. Es un correo y trae una carta. El acalde no tiene ganas de salir, pero debe atender sus primeras responsabilidades. Quizá ese hombre traiga una carta de don Tomás Escobedo y Daza, el subdelegado de Ahuacatlán, español acostumbrado a mandar y ser obedecido, hombre de mal genio. El alcalde saliente le advirtió que cuando don Tomás envía órdenes, éstas deben ejecutarse de inmediato.

—Vengo de Xala de Abajo, me manda Felipe Velázquez, le doy su carta, pero ocupo recibo —informa el correo secándose el sudor del rostro con el dorso de la mano.

Juan Crisóstomo se acuerda de que está en su casa un obrajero que sabe leer y escribir. Le pide que le haga el recibo para ahorrarse el trabajo de llamar a José María Torres, su escribano.

Mira el sobre cerrado, sabe que debe reunir a los principales para leer el mensaje en cabildo. Llama a sus hijos, les ordena que vayan corriendo a avisar a los viejos principales y al escribano, que tienen junta en las casas reales. Para quitarse el aturdimiento, llena con agua una jícara y se moja muchas veces el rostro y la cabeza.

Son las cuatro de la tarde, en el hospital de las casas reales están reunidos en círculo cinco de los principales y el escribano, a quien Juan Crisóstomo Domínguez entrega el sobre. Conforme José María Torres lee la carta, en los rostros de los ancianos se va reflejando el desconcierto. Cuando termina la lectura, todos tienen los ojos cerrados.

—¡Se ha llegado el tiempo del Tlaxcalteco! —exclama uno de ellos

—Se tardó en venir el Máscara de oro —dice el más viejo y chupa a fondo su cigarro.

—Pero ya vino, y nos ocupa —aclara el primero.

Regresa el silencio. Juan Crisóstomo Domínguez observa a los viejos que lentamente sueltan el humo, lentamente respiran, lentamente se hunden en sus pensamientos. No entiende sus palabras, pero el tono en que las dijeron ha despertado su curiosidad.

—¿Quién es el Tlaxcalteco? —pregunta al fin.

—El que iba a llegar.

—¿A qué?

—A matar gachupines. Se ocupa peliar con él, coronarlo Rey Indio.

—Por eso nos está juntando.

—Por eso...

—¿Por qué le nombran el Máscara de oro?

—Sus cacles, sus collares, sus pulseras, su máscara, todo lo que trai encima es de oro fino...

—¡Rey con máscara de oro...! —exclama Juan Crisóstomo Domínguez e imagina a un soberano joven, ágil, enfrentándose al poder de los españoles, venciéndolos, sacándolos en cuerda de las comunidades de indios. Sonríe. A él le gustaría servir a un señor así de poderoso.

—Cuidado, aquí nos jiede el pescuezo a soga —advierte Juan Antonio Brígido, apoderado del pueblo. Sus palabras pesan, dejan claro que hacer caso a la invitación es arriesgar la vida.

—Hay que pensar despacio, ver si es la señal que esperamos —aconseja José Cristóbal de Jesús.

—El papel no trai firma ni fecha, así yo no me meto a nada —reitera Juan Antonio Brígido.

—Será de ayuda ir donde nos llama, juntarnos con él —se aventura a decir, ansioso, como esperando convencerlos, Juan Crisóstomo Domínguez.

Todos lo miran. Él entiende que no debió hablar, que lleva apenas un día en el puesto de alcalde y sus opiniones pueden molestarlos.

—El Tlaxcalteco nos está ordenando que váyamos —observa el más viejo.

—Hay que seguir a ese Rey así nos gánemos azotes. Ya estamos viendo que llegó, ya sabíamos que iba a llegar...

—No son azotes los que nos van dar si nos agarran, sino la horca —aclara Antonio Brígido, quien ha visto el interés que está despertando la idea de iniciar una rebelión y seguir al que quiere ser Rey de los indios y siente miedo. —Todos tenemos familia qué cuidar. Si los gachupines saben que hablamos esto, hasta con el pueblo acaban —advierte pensando en los problemas que tienen con los españoles, que pretenden convertir en villa el pueblo de Tepic y con eso quitarles tierras. Hace tres meses acompañó a

Juan Hilario Rubio hasta Guadalajara a pedir que Tepic siguiera siendo pueblo, y desde entonces se siente vigilado. La desconfianza lo ha hecho creer que el asunto del Rey Indio puede ser una trampa tendida por los enemigos para quitarlos de en medio y lograr sus fines. En los rostros de algunos empieza a reflejarse el desconcierto. —Pa qué nos ganamos males —insiste. Alguno se rasca la cabeza, otro da largas chupadas al cigarro y él intuye que es cuestión de insistir más. —Pa castigarnos, nos pueden llevar de esclavos a una mina, recuérdense que ya ha pasado eso —suelta la frase y observa el temor que siembran sus palabras. —Mejor no nos buyimos —propone. Algunos mueven afirmativamente la cabeza. —Somos apostólicos romanos, si hemos de morir traidores, mejor vamos muriendo leales —remata.

—Tiene razón Brígido, mejor que nadie se buyga —concluye el de más edad.

—Que nadie sepa que hubo carta —remata otro.

Juan Crisóstomo baja la cabeza, se mira los huaraches nuevos, se da cuenta de que se le ha ensuciado una correa. Lo desilusionan los comentarios de Antonio Brígido, en ese momento lo juzga comodino, sabe que platica mucho con el cura, con el dueño del tendajón, con el que alquila yuntas y semillas, españoles todos. La máscara de oro de Mariano lo ha ilusionado. Lo piensa un hombre con poder y se entusiasma. Quiere decir que es tiempo de seguir al Tlaxcalteco, pero le falta valor para plantearlo. Mira a su escribano, que es joven, quizá de veinticinco años, pensando que los jóvenes son de otra manera, le hace un gesto indicándole que opine, pero el escribano José María Torres mueve la cabeza en ademán negativo y se encoge de hombros. El alcalde se molesta, había olvidado que el escribano es sobrino de Antonio Brígido y siempre obedece al tío.

—Juan Crisóstomo, yo que tú, escondo ese papel onde nadie lo mire —aconseja el principal José María Andrade.

Cansan las miradas que van de uno a otro lado, las bocas cerradas, el humo que lo envuelve todo. Juan Crisóstomo Domínguez se pone de pie, dice que hay que pensar más y platicar después. Los cinco principales se despiden, siguiéndolos, va el escribano.

El alcalde regresa a su jacal, toma la carta y la esconde entre los cueros de vaca que cubren las varas de su camastro. Siente frustración. A él le gustó que llegara el mensaje del Rey Indio, mientras el escribano leía, él iba sintiendo ganas de sacar el belduque que oculta en el techo de palmas, para irse a Lo de Lamedo. Pero cuando hablaron de la máscara, los cacles, los collares y las pulseras de oro, él sintió necesidad de conocer a ese rey, de ofrecerse como su criado para ver de cerca tanto oro, para tocar su máscara y colgarse sus collares.

Vuelve a sacar la convocatoria, recuerda la advertencia de pasarla inmediatamente a otro pueblo. Según la cordillera, deberá mandarse a Suatlán y luego Mexpan, para que se enteren en esos pueblos, que seguramente han oído hablar del Tlaxcalteco. Que decidan ellos si van o no. ¿Y si la manda?, se pregunta, e inmediatamente piensa en las advertencias de Juan Antonio Brígido y en la respuesta negativa de los principales. Reconoce que Brígido influyó en el ánimo y la decisión de todos y siente coraje contra él. Fue el que habló primero y dijo de inmediato lo del ahorcamiento, quizá si hubiera hablado otro, si alguno metiera la idea de tomar las armas y recibir al Rey. Los principales ya sabían de la existencia de hombre de la máscara de oro, lo esperaban, ¿por qué tan rápido dijeron que no van? ¿Por qué negarse a ir a Lo de Lamedo?

Su única esperanza es que vuelvan a pensarlo, pero ¿cuánto tiempo les tomará hacerlo? Si al día siguiente convoca a otro cabildo, seguramente los ancianos seguirán diciendo que no se mueven. Si se espera, se acabará el tiempo porque quedan sólo tres días para obedecer al Rey Indio. Siente como si su cabeza fuera una gran olla de agua hirviendo en que borbotaran con furia sus pensamientos. Nunca pasó por su imaginación que al día siguiente de recibir el mando como alcalde, le tocaría vivir una situación tan difícil. Algo le advierte que no se comprometa y algo más fuerte lo jala a hacer caso a la invitación. Acaricia el sobre, toca la cera con que lo cerraron y se desespera.

Se está ocultando el sol y el alcalde no ha dejado de pensar en el Rey Indio y en su máscara de oro. ¿Qué se sentirá tocarla? ¿Qué se sentirá colocarla sobre el rostro y ver desde las ranuras de los ojos?, Si él se la pusiera se haría obedecer. ¿Cómo se vería él, Juan Crisóstomo Domínguez, con una máscara de oro y una corona? Le parece absurdo pensar que hay un rey que en secreto han esperado los de su pueblo, y que ahora que los llama finjan no escucharlo. Le llega un rumor de voces, su esposa y su padre vienen del patio. Rápidamente toma un pedazo de manta, envuelve la convocatoria y la coloca entre las pieles que cubren su cama. ¿Por qué no ir a recibir al Rey con el carcaj lleno de flechas y un belduque afilado? ...Coronarlo, hacer guerra, ponerse a su servicio para poder tocar sus collares, su máscara de oro.

Siente deseos de responder al alcalde de Xala de Abajo, de decirle que él está de acuerdo en ir a recibir a Mariano. Sin controlar el impulso, le habla al obrajero mulato que se aloja en su casa y le pide que por favor le escriba en un papel. "Recibí la noticia que tenemos mandada, avíseme cómo nos hemos de componer para nuestra ida". Durante mucho rato se queda con el recibo en la mano hasta que, decidido, llama a un correo y le ordena que lleve a toda prisa ese papel a Felipe Velázquez.

Pasan las horas, es alta noche y no puede conciliar el sueño. Está arrepentido de haber mandado el mensaje a Felipe Velázquez. ¿Qué va a pasar si lo descubren? ¡Cómo pudo mandar ese papel! ¡Cómo pudo el obrajero escribirlo! ¿Así paga el que lo haya recibido en su casa? Siente coraje contra ese hombre, mañana mismo le dirá que se vaya y nunca más vuelva a pedirle alojamiento.

Amanece, el sol se asoma trabajosamente a iluminar ese sábado tres de enero. Sentado a la puerta de su jacal, Juan Crisóstomo Domínguez mira la vereda polvosa que forma la calle principal del pueblo y que pasa a un lado de las casas reales y la iglesia. La angustia no le ha permitido dormir. Viene a caballo el español Juan de Espinoza, y a los tientos del animal trae atada una mula oscura. Se alegra ante la casualidad. De joven trabajó muchos años para ese hombre sembrándole sus terrenos, y sabe que es considerado e inteligente. Se levanta y corre a su encuentro.

—¿Su Mercé, me emprestaría una mula? —pregunta, olvidándose de saludar

—Ésta la tengo disponible, pero... ¿para qué la quieres, Juan Crisóstomo?

—Tengo apuración de ir a Xala de Abajo, por un papel recibo —dice, y la voz surge igual de seca que su garganta. Ha decidido hacer caso a los viejos principales, entregará la carta al subdelegado, pero antes tiene que ver a Felipe Velázquez, pedirle que le devuelva el mensaje que le envió y que lo compromete tanto.

—¿Es tan necesario que vayas? —pregunta el español.

Juan Crisóstomo Domínguez ya no puede resistir la angustia.

—Su Mercé se porta bueno conmigo. Hágame la caridá, vamos a una orilla del cerro, allí le enseño una cosa —dice bajando la voz. A Juan de Espinoza le extraña la cautela, pero acepta acompañarlo.

Lejos del pueblo, más allá del arroyo, a la sombra de unos árboles, el alcalde saca la carta de entre sus ropas, le quita la manta que la envuelve y se la ofrece al español. Juan de Espinoza la lee, la relee, lo mira a los ojos.

—Lo que esta carta dice puede tomarse como traición al Rey, don Carlos IV.

—Yo tanteo lo mismo. Me causa calosfríos, por eso ni dormir pude.

—Debes dar parte al juez.

—Sí, pero primero tengo que ir de urgente a Xala, a recoger mi recibo.

—¿Cuál recibo?

—El que me hicieron, onde digo que recibí ese papel

—¡Olvida el recibo!, te apresarán si no lo entregas inmediatamente al subdelegado.

Juan Crisóstomo Domínguez ya esperaba estas palabras, las siente como un veredicto y se llena de pavor. Él no quiere estar preso ni morir ajusticiado. Su angustia hace que olvide el mensaje que envió a Xala, y que considere que lo único urgente es entregar la carta a las autoridades.

—Debo ver primero a Antonio Brígido, el apoderado...

—Vamos por él —dice el español, tomando delantera. Trepado en la mula, lleno de temblores, el alcalde de indios lo sigue.

El viejo Juan Antonio Brígido ve venir a su alcalde acompañado de un español y siente miedo. Llama a gritos a su sobrino, el escribano José María Torres. Cuando se entera de que el español está al tanto de la situación, el miedo se convierte en pánico. Juan de Espinoza lo tranquiliza, aconseja a todos ya no enviar la carta por cordillera y notificar al subdelegado. No quieren, conocen el carácter colérico de Tomás Escobedo y Daza y se resisten. Para convencerlos, el español les refiere casos de personas que por sospecha de traición al Rey, fueron llevadas hasta el Santo Oficio y condenados a muerte. El corazón de los indios late amedrentado. Una voz íntima les grita que sigan al Rey Indio que viene a liberarlos, pero una fuerza extraña, quizá el destino, los arrastra a delatar la causa, exigiéndoles ese sacrificio.

Calienta el sol los techos de zacatón del barrio de indios de Ahuacatlán. Al dar vuelta a una calle, Domingo Andrade encuentra al alcalde que se hace acompañar por su joven escribano. Juan Crisóstomo Domínguez luce pálido, parece enfermo, le tiembla la mano en que lleva la carta.

—¿A ónde van? ¿Qué hacen? —pregunta.

—Vamos a darle al subdelegado, el papel de ayer —le responde el escribano.

—Es lo más bueno pa todos. Vamos, vamos los tres a avisarle a don Tomás.

Tomás Escobedo y Daza

10

Tomás Escobedo y Daza lee la carta anónima que le entrega Juan Crisóstomo Domínguez. El alcalde indio, su escribano y el principal son testigos del azoro que se refleja en su rostro, y también de la ira que le va apretando labios y mandíbula. Apenas y respiran. Con la vista fija en el papel, el español repasa cada línea, hasta estar seguro de lo que lee. Cuando ya no tiene duda de que se trata de una invitación para que los indios desconozcan al Rey Carlos IV y coronen a otro de su clase, se yergue, da un golpe sobre la mesa y suelta una maldición. Mira con rabia a Juan Crisóstomo Domínguez, lo mismo que a José María Torres y a José María Andrade. Los tres esperan sus palabras como si esperaran latigazos.

—¡¿Cuándo llegó esta carta?!, ¡¿quién la envió?!

—Vino de parte de Felipe Velázquez, el alcalde de Xala de Abajo —se atreve a responder Juan Crisóstomo Urbina.

—Carlos, pronto, mande guardias que detengan al alcalde Felipe Velázquez, hágalo sin que los indios lo noten —ordena a su asistente Carlos Partida, quien se apresura a cumplir la orden.

Regresa a donde está parado Juan Crisóstomo. Sus ojos grises y fríos escudriñan el rostro asustado del indio.

—¡¿Cuándo llegó la maldita carta?!, ¡responde!

—Ayer me la dieron.

—¿Cómo?, ¿la tenías desde el viernes y hasta ahora me avisas?

—No sabíamos qué hacerle, teníamos miedo de que Su merced se enojara —intercede el escribano.

—¿Son estúpidos?, ¿no entienden que cada minuto es importante? ¡Antonio!, encárguese de que pongan presos a estos tres, y llame al teniente de milicias. Necesitamos detener pronto esta conspiración —ordena, y se deja caer sobre la silla.

No entiende cómo es que los indios pensaron en rebelarse, si se les da buen trato, si se les permite tener un tipo de gobierno casi independiente. Ellos están bien con sus autoridades, con sus casas reales, su hospital y su cárcel, no molestan y arreglan pequeñas dificultades dejándose guiar por los consejos que dan los ancianos; aplican una justicia primitiva en los de su clase ordenando azotes, cárcel o cepo a los que infringen sus leyes, sin que los españoles se metan en sus resoluciones, pero es obligatorio que den cuenta de las mismas a los subdelegados. Un alcalde sabe perfectamente que debe obedecer todo lo que el subdelegado le ordene, sabe también que debe avisar en cuanto note conductas sospechosas que le hagan pensar en desobediencias contra el Rey, contra la Iglesia, o contra las autoridades españolas, entonces…, ¿por qué, sabiéndolo, dos alcaldes indios se han atrevido a recibir una carta en que se intenta desconocer al Soberano? Se han ganado un gran castigo, ojalá sea la muerte, para que sirva de escarmiento a los demás.

Hora y media después, regresan los guardias. Traen detenido al alcalde de Xala de Abajo. Felipe Velázquez enfrenta sin bajar los ojos la mirada dura de Tomás Escobedo y Daza. Sabe que todo está perdido y nada logrará con ruegos, enfrentará los hechos. El subdelegado le ordena que se hinque, que haga la señal de la cruz y por ella jure que dirá la verdad. Felipe Velázquez obedece. Siente temor al pensar que ha llegado el momento, que debe jurar en vano, hacerle creer a Tomás Escobedo y Daza que nada sabía del Tlaxcalteco, que la carta llegó sorprendiendo a todos y que la pasaron porque pensaban que iban a recibir al rey de España.

—Idiota, quién te envió esta carta —dice mostrándosela.

—Onofre... Onofre de los Santos, el alcalde de Tequepexpan.

—¿Cuándo?

—La noche del cambio de varas llegaron dos de sus gentes. Yo ya estaba acostado, me fueron a despertar.

—La leíste.

—Yo no leo, se la di a mi escribano, él lo hizo.

—¿Quién es tu escribano?

Felipe Velázquez calla. No quiere inculpar a José Lorenzo Cervantes, lo aprecia. Mueve la cabeza tratando de negar.

—¿No escuchaste?, pregunté cómo se llama tu escribano, ¡contesta!—exclama el subdelegado dándole un puñetazo en pleno rostro.

—Se llama José Lorenzo Cervantes —dice al fin, convencido de que el subdelegado lo averiguará de todos modos.

—¡Carlos!, ¡Antonio!, encárguense de que la guardia vaya inmediatamente a detener al escribano José Lorenzo Cervantes. Llenaremos la cárcel con todos los inculpados de esta maldita sublevación.

—Contéstame presto, ¿qué hicieron al leer la carta?

Felipe Velázquez se yergue, un rencor guardado desde hacía mucho tiempo aflora por fin. Mira con desprecio al subdelegado y dice con soberbia:

—Pensamos que era bueno llamar a los alcaldes de Xala de Arriba y Xomulco, con todos sus principales, hacer cabildo, ver el modo de obedecer.

—¡No me hables en ese tono, indio infeliz!, ya te bajaré los humos, ya te haré entender que no es bueno desconocer al Rey. Ustedes, ¡Antonio!, ¡Carlos! ¡Dispongan que los guardias vayan también por los alcaldes de Xala de Arriba y Xomulco!

Felipe Velázquez sigue mirándolo con desprecio, Tomás Escobedo y Daza tiene el rostro congestionado por la ira, sus ojos grises son más duros y penetrantes que un cuchillo. Su puño vuelve a estrellarse en el rostro del indio.

—Entonces, ustedes quedaron de acuerdo en estar prontos, en ir a Lo de Lamedo sabiendo que eran traidores al Rey, Nuestro Señor.

—¡No!, nosotros no apalabramos eso, nosotros nos aprontamos para ir a recibir al rey de las Españas, porque ése es el Rey que va a venir —responde el alcalde limpiándose la sangre que escurre de sus labios.

—No me mientas, hijo de puta, que estás bajo juramento. Ya les sacaré yo la verdad. ¡Eres tan idiota que no te das cuenta del delito que cometiste! —grita. Luego se dirige a su personal:

—Pongan preso a éste, pero antes, quítenle lo valiente a puñetazos y puntapiés. En cuanto traigan al tal Lorenzo Cervantes, llámenme para interrogarlo.

El coraje aflora en todos sus gestos y vuelve rígidos sus movimientos, Tomás Escobedo y Daza no quiere ver a nadie, se encierra en el despacho azotando la puerta. Le es difícil aceptar que sean ya cinco alcaldes los involucrados en la sublevación. Juan Crisóstomo Domínguez, Felipe Velázquez, Onofre de los Santos, Luciano Trinidad y Felipe Doroteo, todos ellos leyeron la carta y ninguno avisó inmediatamente, como era su deber, sino que decidieron aceptar la invitación de un indio con ínfulas de rey. ¿De qué pueden quejarse los indios? Siembran en las tierras que les presta su comunidad, tienen un espacio dónde levantar su casa, se les perdonan alcabalas, la ley contempla su carente razonamiento y les asigna personas de razón que los representen en sus problemas legales, se les catequiza instruyéndolos en la palabra de Dios y en sus obligaciones con la iglesia… ¿Qué más quieren? Si viven en la miseria y llegan a pasar hambres, es por su culpa; es debido a la flojera, a la idiotez y el conformismo que los caracteriza. ¿Para qué querrían muebles si no saben usarlos? ¿Para qué ropa digna si no saben portarla?, que se queden con sus calzones de manta y sus petates. Los pueblos de indios son sitios miserables que afean las orillas de los pueblos de españoles, si por él fuera, arrasaría esos lugares polvorientos que nada tienen que ver con las calles empedradas donde se alinean las casonas de dos pisos con patios y jardines. Los pueblos de indios son una sucesión de jacales hechos con varas y zacate, mugre y piojos donde a los naturales les gusta vivir. Qué bueno que estén aparte y no se les permita revolverse con la gente de razón.

A mediodía, en la plaza de Ahuacatlán hay un hervor de exclamaciones y rumores. La noticia de la sublevación de los indios aterroriza a las damas, y enoja a los caballeros. Repican las campanas de la iglesia, llamando a españoles y criollos. El río que divide al pueblo intenta reflejar sus largas zancadas y los rifles que aferran en las manos. Pálido, sin recuperarse aún de la sorpresa y la rabia, los aguarda Tomás Escobedo y Daza.

—Mandé tocar a reunión para hacerles saber la novedad: se ha descubierto una terrible conspiración de indios. Preciso es estar en guardia, destruirla —informa, y en su voz tiembla la indignación. —En documentos encontrados, los naturales dicen bárbaramente elegir rey, desconociendo a Nuestro Señor y Soberano Carlos IV, e ignorando la autoridad que les representamos —informa.

—¿Se rebela la indiada? ¿Cómo?, si esos imbéciles no tienen cabeza para algo así! ¡No en estas tierras!

—Pues lo han hecho. Ya se enterarán cómo los naturales pagan las consideraciones que les guardamos. Estaban prestos a coronar un rey indio.

—¿Rey indio? Qué estupidez —ríe uno.

—No es asunto de risa, planeado tenían sorprendernos. Me aterroriza asunto tan abominable —informa, y se da cuenta que está dejando ver su miedo a los indios. Calla un momento, toma aire, vuelve a ser el hombre enérgico. —Los observamos y parecen leales, obedientes, serviciales, pero desconocemos que dentro de ellos bulle la hipocresía. Sabiéndolo, debemos de estar alertas, enfrentarlos en caso de que intenten sorprendernos. Confío en ustedes, confío en que por sus venas corre sangre de nobles hidalgos. Esa sangre ordena defender a Nuestro Soberano, dar si es preciso hasta la vida por él. Somos caballeros, somos hombres de honor, impongamos estas virtudes sobre la perfidia de los traidores —dice. Sus palabras logran motivar a quienes lo escuchan.

—¡A acabar con los traidores!

—¡Muerte a los detenidos!

—¡Colguemos a los salvajes contrarios al Rey!

El subdelegado se da cuenta del rumbo peligroso que están

tomando los acontecimientos. Aunque los detenidos merezcan la muerte, él no puede permitir un tumulto. ¿Cómo lo justificaría ante el comandante general de la Nueva Galicia?¿Seguramente don Fernando Abascal lo tomaría como una falta de autoridad.

—Les pido tranquilidad. Más que la ira, usemos la inteligencia. Como personas de razón que somos, como vasallos fieles a Su Majestad, don Carlos IV, nuestro interés debe estar en prevenir o aplastar cualquier levantamiento. Supe de buena fuente que también están convocados los indios de Atenquique y envié un oficio al subdelegado de Hostotipaquillo para que los contenga. Actuemos evitando que logren sus propósitos —dice y observa a la multitud, complacido de que sus palabras surtan el efecto que busca.

—Señor subdelegado, díganos cómo podemos ayudar.

—Es preciso aprontarse con caballos y armas, formar rondas, estar vigilantes...

—Su Excelencia, muchos de nosotros poseemos caballos, concédanos el honor de estar en las rondas que se formen.

—Los que tenemos armas pedimos que se nos aliste donde usted considere.

—¡Así se hará! Tengan la seguridad de que defenderemos al Rey y a la tierra de que somos dueños y al honor de los hidalgos.

—¡En Ahuacatlán ningún indio se saldrá con la suya!

—Bien, veo que pueden organizarse. Den su nombre a los sargentos, ellos los integrarán a las cuadrillas y establecerán horarios de vigilancia. A cualquier toque de campana habrá que reunirse. Alertas, ustedes son los defensores de Ahuacatlán.

—¡Que viva Su Majestad, don Carlos IV...!

Prosiguen los gritos y el entusiasmo de los vecinos, pero también el temor que los incita a defenderse. Muchos sacan de sus casas monturas y fusiles. Satisfecho Tomás Escobedo y Daza recibe el informe de su teniente; son ciento ocho voluntarios con caballos y armas, se repartirán en nueve cuadrillas, de doce hombres cada una, con sus correspondientes cabos. Tres cuadrillas vigilarán Ahuacatlán desde las doce del día hasta la oración de la noche, otras tres estarán de guardia desde el toque de oración hasta la media noche, en que entrarán otras tres, atentas, hasta el amanecer y serán relevadas por tres más, desde el amanecer a las doce del día. Además, tres cuadrillas de a pie vigilarán las calles del pueblo.

Escoltado por veinte guardias cabalga Tomás Escobedo y Daza. Va ahora al pueblo de Xala de Abajo, donde le aseguró el escribano José Lorenzo Cervantes que los indios están muy alborotados porque se dieron cuenta del arresto de Felipe Velázquez. Son las cuatro de la tarde y el calor y el sol agobian. El subdelegado bebe agua de su cantimplora, se limpia la boca con el dorso de la mano y mira al frente: se han transformado en yerbajos secos y espinosos las plantas tiernas que en tiempo de lluvias pintaban de verde los caminos. De forma inconsciente, encaja las espuelas en los ijares de su caballo zaino. El animal se lanza a galope y a galope van, siguiéndolo, sus ayudantes.

Va a llegar al pueblo cuando salen a su encuentro los vecinos españoles. Alarmados, le cuentan que han visto a los indios merodeando en grupos. Hay quien los ha escuchado decir, que aunque hayan detenido a su alcalde, ellos se irán a Lo de Lamedo. Una señora le hace saber que los indios han estado comprando mucha manteca, mucho maíz, seguramente para hacer bastimento, como acostumbran para sus largas caminatas. El subdelegado promete protegerlos. Se reúnen en las casas reales. La única campana de la iglesia toca a reunión y en el aire de la tarde se desperdiga la alarma.

—Los naturales se han sublevado. Por cartas, se han pasado la voz de recibir a un Rey de su pueblo en Lo de Lamedo, de irse a Tepic en son de guerra, para coronarlo a la fuerza como Rey de los indios. Les pido que estén alertas, que no permitan que logren su traición.

—Su Señoría, yo les escuché conversaciones... uno de Xomulco aseguró que la infame cordillera había pasado a Ixtlán.

—Lo que usted dice es prueba de más pueblos sublevados..., el caso es de mayor gravedad. Los indios están muy dispuestos, pecho por tierra, a cometer el atentado. Júntense y acuerden quién se apronta con caballos, quién con armas. Pongan rondas por los cuatro vientos, dejen vigías en cerros y parajes, sólo así los atajaremos.

—Se hará, Su Señoría.

—En ustedes confío. Debo ir a Xala de Arriba y luego regresar a Ahuacatlán, tomar declaraciones, disponer encarcelamientos, pero dejo a uno de mis asistentes para que ayude a organizar la defensa del pueblo.

—¡Viva Su Majestad, don Carlos IV!

—¡Viva don Tomás Escobedo!

Larga jornada para el subdelegado de Ahuacatlán. A las diez de la noche, en su despacho, ayudado por muchas velas encendidas, continúa revisando las declaraciones de los alcaldes y escribanos. Para él, la traición al Rey es una gran madeja y mientras más hilos jala, más involucrados aparecen, aunque todos los que declaran aseguren que iban a recibir al rey de España. Tiene presos en lugares separados a Juan Crisóstomo Domínguez, Luciano Trinidad y Felipe Doroteo, por ser alcaldes, está en observación médica Felipe Velázquez, porque sufrió convulsiones después de la golpiza, pero escribanos y viejos principales se acuclillan esposados en patio y pasillos. A la débil luz de las lámparas de aceite alcanza a distinguir sus siluetas, el olfato capta sus olores, el oído escucha sus murmullos. Se impacienta. No quiere que hablen ni que se pongan de acuerdo antes de que les tomen la primera declaración.

—¡Sargentos!, ¡los autorizo a que den diez azotes a los naturales que sorprendan platicando! —grita, lo hace para que presos y vigilantes lo escuchen bien. Los indios callan, los vigilantes preparan el látigo.

Es media noche y aún busca maneras de aplastar el levantamiento. Va de un lado a otro de su habitación, piensa, planea, se sienta al borde de la cama y habla en voz alta:

—Mañana domingo iré a Ixtlán a indagar y practicar diligencias. Ahí quizá pueda aprontar a ciento veinte hombres, y formar con ellos diez cuadrillas de doce vigías. En ellas meteré a los indios del lugar, necesario es no perder de vista a esos hipócritas. Tres por cada cuadrilla, así estarán bien vigilados. Ordenaré a un teniente que les pase revista mañana y tarde. También iré a Suatlán y Mespan, parece que allá también llegó la carta. En esos pueblos se hará necesario pasar lista diariamente a los naturales y esto me distraerá algunos hombres. ¡Malditos!..., ¿cómo es posible que hayan conspirado tanto sin que lo notáramos?

Recuerda que debe hacer un informe y se pregunta con inquietud cómo tomará el comandante general de la Nueva Galicia, don José Fernando Abascal y Souza, lo sucedido. Siente como si una mancha hubiera caído sobre su reputación de buen administrador. Considera que cuando la noticia se sepa, muchos se sentirán con el derecho de señalarlo: "Pero mírenlo a don Tomás, tan estricto, tan puntilloso con su deber, y no se dio cuenta lo que los naturales de su jurisdicción tramaban". Le enoja pensar que de todas las subdelegaciones existentes en la Nueva Galicia, será la de Ahuacatlán una de las que peor va a recordar el Comandante General, el Virrey y quizá hasta el Rey.

—Qué estúpido voy a verme cuando explique a don Fernando que no me di cuenta de nada, que tuvieron que llegar tres indios a mostrarme el infamante papel de la sublevación, para enterarme de lo que tramaban, justo a poco de la nueva división de tierras —dice, golpeando con el puño su mesa de noche.

Juan José de Zea

11

JUAN JOSÉ DE ZEA, capitán de la Séptima Compañía de Milicias de la Primera División de la Costa del Mar del Sur y subdelegado de Justicia, Policía, Real Audiencia y Guerra de Tepic, termina las labores del día. Está cansado, no tomó descanso después del año nuevo, y se presentó al despacho jueves y viernes por tener trabajo pendiente. Este viernes dos de enero sólo tiene ganas de olvidarse de problemas y del calor que sofoca la oficina y echarse a caminar, para que el aire de la tarde lo refresque.

El subdelegado gusta de pasear, de olvidarse de la silla en que pasa sentado muchas horas. Piensa tomar el camino que sube hasta la iglesia de la Santa Cruz de Zacate y distraerse contemplando casas limitadas por huertas de ahuacate o mango. Pasar junto a grandes bardas sombreadas por árboles antiquísimos. Ver tras la reja protectora esa cruz de zacate tan bien formada a la que no destruyen ni las sequías ni las tormentas y siempre se mantiene verde. Surgió por un milagro y provocó la fundación de una iglesia y un convento. Mirar desde la loma el pueblo de Tepic, el curso del río que casi lo circunda y se pierde cerca del cerro de Jauja. Ansioso por disfrutar lo que queda de la tarde, despide a sus empleados. Va a cerrar el despacho cuando ve acercarse a un jinete que al jalar la rienda hace parar de manos a un sudoroso caballo y desmonta de un salto.

—Buenas tardes dé Dios a Su Señoría... Vengo de parte del subdelegado de Santa María del Oro, don Francisco de Lagos, a traerle esta carta —saluda extendiéndole un papel que Juan José de Zea, toma y deja sobre el escritorio. El hombre se ve agitado, pero no hace movimiento, como si aguardara algo. El subdelegado cree que espera el recibo, sin ganas, va a su escritorio, saca una pluma, la empapa en tinta y anota que recibió la misiva, firma y se la entrega. El correo sigue sin moverse.

—¿Qué más quieres?, ya te he dado el recibo, ¿por qué no te marchas?

—Su señoría ha de perdonar el atrevimiento, pero don Francisco de Lagos me recomendó que me asegurara de que usted leyera la carta de inmediato.

—Ya la leeré el lunes y le responderé con un propio.

—Debe ser ahora. He venido a galope, casi reviento el caballo por traerle esa noticia.

De mala gana abre Juan José de Zea la carta en que el subdelegado de Santa María del Oro lo pone al tanto de la rebelión descubierta, de lo que ha confesado Nicolás García y de las investigaciones que ha hecho para dar con los responsables de la conjura. Al final remarca: "Paréceme que todo el movimiento inició en vuestra jurisdicción. No estaría de más que Vuecencia hiciera declarar a su alcalde de indios y a su escribano".

—Di a don Francisco de Lagos que agradezco el informe y tomaré las medidas pertinentes —asegura, pálido el rostro.

—Traigo orden de regresar inmediatamente, con su permiso.

—Que el poder de Dios nos acoja.

Aturdido, Juan José de Zea sólo acierta a dejarse caer en el sillón de cuero negro y alto respaldo. Jamás imaginó una situación así. Se queda viendo hacia el ventanal. Lo que menos esperaba era una rebelión de indios. Tocan de nuevo, el ruido lo sorprende. Tiemblan sus piernas cuando se dirige a la puerta. Al abrir, encuentra a un hombre de la milicia.

—Buenas noches, Su Señoría, vengo de parte del teniente de Compostela, don Antonio Flores, me encargó que le entregue esta carta.

Otra carta, piensa, y toma con mano nerviosa el papel que

le extiende el correo. Sin preguntar nada le extiende un recibo. Abre la carta. Con letra escrita a prisa, el teniente le comunica que el alcalde indio de Mazatán le ha hecho saber, con el mayor secreto posible porque le va en ello la vida, que están citándose los indios para asaltar Tepic, haciendo guerra. Como prueba, le envía la carta que iba por cordillera y logró recoger. Juan José de Zea lee la convocatoria. Al terminar respira profundo, ha reconocido la letra del escribano de indios Juan Francisco Medina. Se apoya con ambas manos en el grueso escritorio.

—¿Te recomendó algo el teniente Flores?

—Sí, que me asegurara que usted leyera de inmediato la carta.

—Dile que le agradezco la información, que tomaré medidas.

—Se lo diré, pierda cuidado, Vuestra Merced.

Cuando el correo sale, él se sienta en su sillón de respaldo alto. Sin saber por qué, piensa en Fernando de Abascal y Souza, comandante general de la Nueva Galicia y presidente de la Real Audiencia de Guadalajara, a quien debe rendir cuentas y con quien se siente obligado porque él lo eligió para el puesto de subdelegado. Un pensamiento lo disgusta, ¿por qué precisamente en Tepic, en su jurisdicción, se ha dado lo que parece una rebelión de indios? ¿No están contentos de sus privilegios? Ingratos, si no pagan alcabala por los productos que siembran en pequeñas parcelas y pueden vender o cambiar sin que se les moleste. A disgusto por qué, si el tributo a que están obligados no es tan grande, además, por lo rústico de su pensamiento y su minoría, si tienen problemas legales se les nombra un curador español que responda por ellos. Viven en los grandes pueblos de españoles, agrupados dentro de sus barrios en que tienen sus propias reglas. ¿Qué más quieren? La forma de gobierno es buena, con autoridades españolas que vigilan a las autoridades indias, llevándolas casi de la mano para que todo marche bien. Mira hacia el ventanal, percibe que todo se está llenando de sombras. Se encima la capa y sale en busca del comandante de Marina y Armas.

Es necesaria una junta de guerra. Se reúnen con urgencia el comandante de Marina y Armas del Apostadero de San Blas y capitán de fragata de la Real Armada, Francisco de Eliza, el oficial de fragata Salvador Fidalgo, el capitán de la compañía fija, el teniente de navío, dos tenientes de fragata, los alcaldes de primero y segundo voto y un oficial del ministerio de Marina y Real Hacienda. El subdelegado Juan José de Zea ha recobrado el aplomo. Su voz es grave cuando explica:

—En cuanto vi la carta reconocí en ella la letra del escribano Juan Francisco Medina. Lo mandé apresar, junto con el alcalde de Tepic. Los dos señalan como el responsable del alboroto a un indio principal de este pueblo, llamado Juan Hilario Rubio, a quien ya he detenido. Quiero que los conozcan, que escuchen sus confesiones, los haré venir a esta sala para tomarles declaración. Aprovecharemos la reunión para someterlos a interrogatorio, conocer los hechos de primera mano y de acuerdo con eso, actuar —dice, y le satisface ver que los militares muestren un vivo interés por conocerlos. —Los entregaré después a usted, comandante de marina y armas, don Francisco Eliza —aclara.

—Bien, señor subdelegado, que traigan a los presos.

Hacen entrar a un indio de más de sesenta años, sin camisa, que muestra sus músculos correosos y ancho tórax.

—Señores, él es Juan Hilario Rubio —dice el subdelegado. Al escuchar su nombre el indio yergue la cabeza. Mira a los reunidos, luego fija la mirada al frente.

Los guardias que lo condujeron le ordenan que se ponga de rodillas y él obedece.

El subdelegado descuelga un crucifijo, lo toma en la mano derecha y se acerca al preso.

—Haz la señal de la Santa Cruz.

Juan Hilario se persigna con la mano derecha y levanta el brazo, la cruz.

—Por Dios, Nuestro Señor, por la señal de la Santa Cruz, ¿juras decir la verdad en todo lo que se te pregunte?

—Lo juro —promete. Sus labios reventados sangran al primer movimiento.

—Por qué estás preso.

Juan Hilario se había propuesto mentir, pero el juramento

hecho ante el crucifijo lo intimida. Perjurará si no dice la verdad, pero descubrirá un plan trazado con paciencia si la dice. ¿Qué hacer? El temor a Dios es grande, pero el temor de traicionar al Rey Indio que lo nombró su mensajero es igual de grande. Está detenido, pero esperanzado en que el indio Mariano lo libere en cuanto tome Tepic.

—Se te preguntó que por qué estás preso.

—Por mandar cartas a los pueblos, y que vinieran a la coronación de un indio, hijo del gobernador de Tlaxcala.

—¿A dónde dirigieron esas cartas?

Calla, sabe que irán por lo alcaldes que él nombre dejando a Mariano sin ayuda para coronarse. Trata de pensar con rapidez. Debe haber una manera de callarlo, de no…

—¡A dónde se fueron las cartas! —lo presionan. La pregunta llega acompañada de un chicotazo en la espalda, que se contrae por instinto. Juan Hilario se da por vencido, no hay manera de mentir, le piden nombres y tendrá que darlos. Pero, ¿si contesta a medias? ¿Si se guarda para él las reuniones de los pueblos, en que se planeaba qué hacer cuando llegara el Tlaxcalteco? ¿Le creerán si dice que los pueblos nada sabían y las cartas llegaron a despertarlos? ¿Con eso no será medio perjuro y medio traidor?

—¡Contesta, animal! —grita Juan José de Zea, y su grito viene acompañado de otra línea cárdena en la espalda.

—A Xalisco, a San Luis, también a San Andrés y Huaynamota, y a Pochotitán y otra se fue a Acatán.

—¿Cómo se llama ese hijo del gobernador de Tlaxcala y dónde lo iban a ver?

—Se nombra Mariano, pero yo le digo Tlaxcalteco y otros el Máscara de oro… Nos íbamos a juntar en Lo de Lamedo. Deveras que es Rey, lo sé porque lo vi. Hasta nos dijo que en cuantito llegara, debíamos hincarnos, llevarlo con danzas y ruido de cajas a que el guardia de la Santa Cruz le pusiera corona de espinas —confiesa Juan Hilario, queriendo impresionarlos con el poder de Mariano.

—Rey indio, qué absurdo, en otras condiciones me echaría a reír.

—Si quieren agarrarlo, vayan a Lo de Lamedo el lunes, amaneciendo —lo dice porque sabe que ya leyeron la carta. Los latigazos le siguen quemando la espalda, lo doblan, lo convencen de que nada va a salvarlo. Se considera perdido y habla con la ira que sintió cuando fueron a detenerlo, cuando lo golpeaban. Siente mucho coraje por lo que le está sucediendo, está enojado de utilizar un medio tan arriesgado como las cartas, para alertar a los pueblos de que el Rey Indio los necesitaba.

—Así que tú eres el que sedujo a la indiada, volviéndolos traidores al rey de España —acusa el capitán Francisco de Eliza.

—Sí, yo mismo soy, señor justicia —responde con una firmeza que no se conocía, orgulloso de hacerlos creer que la rebelión es una locura suya. Contesta a medias las demás preguntas. Los cansa.

—¡Llévenselo!

Los murmullos se prolongan mientras Juan Hilario es arrastrado fuera de la sala y el alcalde de los indios del pueblo de Tepic, Desiderio Maldonado, es presentado como otro de los más comprometidos. Marcas en rostro y espalda dejan ver la tortura a que lo sometieron. Vestido únicamente con su calzón de manta, tiembla de pies a cabeza. Después de hacerlo jurar, lo llevan de una pregunta a otra.

—¿Qué armas tenían, con cuánta gente contaban?

—Juan Hilario dijo que lleváramos garrote, flecha, cuchillo, machete…

—Hace rato dijiste que llevarían muchachos, para la danza.

—Sí, eso también nos pidió Juan Hilario.

—¿Por qué quisiste traicionar a Nuestro Soberano, el Rey Carlos IV?

—El Juan Hilario me tenía amenazado.

—Todo es Juan Hilario ¿Qué no tienes cabeza para decidir por ti mismo lo que es conveniente?, ¿no eras el alcalde de Tepic?

—Pena de vida si no ayudas, me decía el Juan Hilario, pero ya me arrepentí de hacerle caso, de causar tan grande mal —explica José Desiderio, queriendo desviar la atención de los españoles hacia la culpabilidad del detenido. Que se olviden de pueblos, cabildos y ancianos principales, Juan Hilario será el culpable de todo, ya sabía que habría sacrificio y con ello por lo menos el retraso de los planes españoles. Fija los ojos en el suelo y se limpia con el dorso de la mano la sangre que escurre de su nariz rota. No quiere mirar al subdelegado, sabe que en él se esconde la terrible águila de su pesadilla, con los mismos ojos azules y fríos, la misma nariz curvada y el gesto fruncido y duro del que va a castigar. Se siente menos que un zanate negro y lo único que quiere es apartarse de las garras que se curvarán para matarlo.

—Llévenselo y traigan al escribano— ordena Juan José de Zea.

Se miran los representantes de la ley, murmuran, intercambian ideas mientras el alcalde es conducido a la cárcel del cuartel. Dos guardias traen al último. Alto de estatura para su condición de indígena, delgado, luciendo en la espalda las líneas cárdenas que han dejado los azotes, se hinca, hace la señal de la cruz, y jura decir la verdad.

—Éste es el escribano, Juan Francisco Medina, el que se puso a hacer cartas que llamaban a sublevación. Yo, señores, lo conozco. Más de una vez lo he puesto en prisión por alborotar a deshoras. Cuando toma vino le da por salir a cantar a las calles —explica el subdelegado y se escuchan risas burlonas en la sala.

—Anda, Juan Francisco, di que eres alegre y paseador, ríete como lo haces siempre.

El escribano no responde, fijos los ojos en la pared que tiene enfrente. Su actitud es desafiante. El comandante de Marina y Armas se le aproxima para decir con burla:

—¿Qué me dices de tus cantos cuando remiendas zapatos?, pero sobre todo, ¿qué me dices de tu rey indio? ¿Vendrá a salvarte? A rescatarte a ti, su más fiel súbdito, capaz de escribir cartas en su nombre. ¿Crees que vendrá?

Juan Francisco Medina sigue con la vista fija y esto provoca el enojo de los reunidos, que se burlan de su arrogancia. El escribano los deja hablar, reírse. Contesta lentamente las preguntas, se escuda en que nada sabía, que no había escuchado hablar del indio Mariano, hasta que Juan Hilario empezó a mencionarlo.

—Juan Hilario mal aconsejó a mi alcalde y le llenó la cabeza de malas ideas, por orden de mi alcalde José Desiderio, yo tuve que escribir seis cartas. Vuestras mercedes alaban la obediencia, juzguen entonces que tengo la culpa de obedecer —dice con un dejo de soberbia. Sigue declarando, quiere llegar cuanto antes a un punto en que su sacrificio y el de Juan Hilario sean suficientes para calmar las iras.

—Llévenselo al cuartel.

Después de escuchar las declaraciones, los reunidos saben que son seis cartas las que van por cordillera y que apenas han interceptado dos; saben la fecha y el sitio de reunión, pero ignoran los planes y juntas secretas que tuvieron los pueblos. Su atención está fija en los indios que tomarán Tepic el día de Reyes. Hablan, intercambian ideas, discuten tácticas y estrategias. Con actitud petulante, el comandante de Marina y Armas, Francisco de Eliza, toma bajo su mando la defensa de Tepic.

Al quedarse solo, el subdelegado Juan José de Zea reflexiona en que Tlaxcala, el barrio de Colotlán de donde dice venir Mariano, goza de exenciones y privilegios por ser un asiento de familias tlaxcaltecas en alianza con españoles. Los principales tlaxcaltecas son lo más parecido a una nobleza india, ¿será por eso que los naturales de su jurisdicción dieron por hecho que un tlaxcalteca podría coronarse rey? ¿La sublevación se debe a que los indios están molestos porque los españoles pretenden convertir al pueblo de Tepic en villa sin tomar en cuenta su oposición? Puede ser una causa, porque el cambio dejaría en manos de españoles el control y posesión de tierras comunales.

¿Quién es ese hombre que habla de Independencia? Está vestido como sacerdote, es un anciano de largos cabellos blancos que con una mano toca mil campanas y con la otra sostiene un estandarte en que ondea la virgen de Guadalupe. ¡Mueran los gachupines!, grita, desaparece. Pero a un lado de él se encuentra otro sacerdote, él lo conoce, es el cura José María Mercado. Ambos tocan las campanas, ambos declaran la independencia de Ahualulco. ¿Qué hace él en Ahualulco? ¡Viva el padre don José María Mercado! ¡Viva Juan José de Zea!, grita el pueblo. Columnas de rebeldes a pie y a caballo llegan a un pueblo, ¿es Etzatlán?, ¡sí!, lo reconoce por su iglesia, su plaza, sus calles. Él, junto con José María Mercado y cientos de indios toman Etzatlán y se siguen corriendo hasta Tepic. Galope, carrera, galope-carrera, galope-carrera, caballos que de un salto libran barrancas y apoyan las pezuñas en Tepic. Con seis cañones toman el pueblo, los fogonazos se parecen a cohetes de feria que suben y revientan iluminando rostros y calles. El cerro de San Juan intenta ponerse en pie, el cerro Sangangüey se coloca en posición de alerta. ¡Viva la Independencia de México! Corren las multitudes por Tepic, toman la Loma, la iglesia de la Santa Cruz. El río de Tepic los refleja llevando antorchas, lanzando antorchas que incendian mansiones. ¡Viva la Independencia! ¡Viva Juan José de Zea! ¡Viva José María Mercado! Indios, pueblo en harapos, que los sigue, que los obedece. José María Mercado da un salto largo y cae en San Blas. Él se ve en Tepic, repicando campanas y lanzando vivas a la Independencia. ¿A qué horas lo apresaron? ¡Está en la misma cárcel en que amontonó a los indios que quisieron coronar al Tlaxcalteco! Resuenan los tambores y marcha a ritmo rápido. Quisiera liberar sus manos, huir de los soldados realistas que lo escoltan y lo llevan a la muerte. Plaza de Tepic, qué enorme es el patíbulo. Su cuerpo cuelga en vilo de una cuerda, sus pies patean el aire, su garganta…, qué tremendo dolor en la garganta… Despierta, grita, se incorpora, se toca el cuello que aún palpita y arde. Nada, ni un rasguño, cuello intacto y manos libres para tocarlo y convencerse. Fue una pesadilla, dice la esposa. Juan José de Zea se tranquiliza. No piensa visitar a José María Mercado, no conoce al anciano del estandarte… ¡Pesadillas!, miedos y angustias que se desvanecen al encender la lámpara de aceite. Juan José de Zea está en su casa, con su mujer, descansando en su mullido colchón de plumas… Pesadillas…, ¡tonterías!, nada es verdad en los sueños.

Francisco de Eliza

12

—PERO…, ¡esto es de no creerse! ¿Cómo es que los indios se prepararon para recibir a un rey de su clase en Tepic y nosotros no lo sabíamos? —exclama indignado el comandante de Marina y Armas del apostadero de San Blas y capitán de fragata de la Real Armada, Francisco de Eliza, ante la convocatoria que le muestra el subdelegado Juan José de Zea.

—La suerte permitió que don Francisco de Lagos interceptara una de sus cartas, comandante. De acuerdo con los planes de los naturales, el Rey que procuran entrará a Tepic, y ellos lo apoyarán con armas, desconociendo nuestra autoridad.

—Esto es ridículo, señor de Zea… ¿Qué pueden contra nuestros fusiles y cañones sus piedras, garrotes y lanzas?

—No hay que confiarse, comandante de Eliza, en estos casos, la multitudes son incontrolables, arrasan, no dejan piedra sobre piedra.

—Esos imbéciles que forman la indiada se han atrevido a desafiarnos.

—La indiada ha desconocido a Nuestro Soberano, por lo tanto, también nos ha desconocido a nosotros y a todas las autoridades que lo representan.

—Esos salvajes han incurrido en traición al Rey y lo pagarán caro. Despacharé inmediatamente un correo extraordinario a San Blas, a fin de alertar a las reales fuerzas. Haré la misma diligencia con las compañías de Acaponeta, Paramita, Sandovales, Sentispac y Compostela. Hay que ponerlos sobre las armas. Ya verán estos traidores a quién se enfrentan —alardea el comandante Francisco de Eliza mientras camina nerviosamente por su oficina.

—Comandante, debo decirle que el subdelegado de Santa María del Oro sospecha que de aquí partieron las cartas anónimas. Vea la convocatoria, aquí reconozco la letra del escribano Juan Francisco Medina. Ya lo mandé detener, junto con el alcalde Desiderio Maldonado, ellos nos ayudarán a dar con los principales responsables.

—¡Magnífico! Encárguese usted de esos asuntos. Yo ordenaré al teniente de la División que acuartele inmediatamente las tres compañías de milicias y la caballería. Hay que revisar armas y municiones, trasladar la pólvora de la Casa de Mata al cuartel, para que no caiga en manos de enemigas. A usted, subdelegado Zea, le pido que con los españoles residentes forme una compañía, que ellos apresten armas, caballos, recuas, gente de servicio y campo.

Juan José de Zea observa al comandante de Eliza que, nervioso, impaciente, no ha dejado de caminar alrededor de la pieza. Su largo rostro está contraído, sus labios se aprietan en un gesto rabioso.

—Lo haré, comandante, pero no olvide que también hay que dar parte al comandante general de la Nueva Galicia...

—No lo he olvidado, hoy mismo don José Fernando Abascal será enterado de la novedad —contesta de Eliza, molesto de que el subdelegado le recuerde sus deberes.

En el apostadero de San Blas, todo es movimiento. Obedeciendo órdenes, un teniente de fragata y un alférez salen del lugar con cuatro cañones y ciento cincuenta hombres armados. Tirados por mulas y bueyes vienen los cañones, a paso rápido avanzan las caballerías y los de a pie, es urgente salvar leguas y leguas de distancia para llegar a Tepic, y defenderlo del ataque inminente. Su paso causa alarma entre los residentes del puerto que se asoman a puertas y ventanas. Desde sus jacales, a través de las varas que forman las paredes de sus casuchas coronadas por techos de zacatón, los indios ven pasar al apresurado contingente y perciben en el aire candente de esa tarde de sábado, el sudor que delata el nerviosismo de los soldados españoles.

En la junta de guerra celebrada esa noche de sábado en Tepic, el comandante de Marina y Armas, Francisco de Eliza, da a conocer los planes para proteger Tepic de un posible ataque. Oficial y tenientes de fragata, el teniente de navío, el capitán de la compañía fija, los alcaldes de primero y segundo voto, al igual que el subdelegado, están de acuerdo en que las medidas son las apropiadas, y hacen comentarios en que exaltan la capacidad del comandante. Esta exaltación envanece a Francisco de Eliza: piensa que es la oportunidad que buscaba para mostrar a todos su talento militar.

—Mi fidelidad y amor al soberano Carlos IV me permitirán trabajar sin descanso hasta detener la insubordinación —alardea.

—Mandé apresar al escribano y al alcalde de Tepic —interrumpe el subdelegado. Los dos señalan como el mayor responsable del alboroto a un indio principal de este pueblo llamado Juan Hilario Rubio, detenido también. Quiero que los conozcan, que escuchen sus confesiones. Los haré venir a esta sala y aquí se les tomará declaración. Aprovecharemos la reunión para someterlos a interrogatorio —dice, y le satisface ver que los militares muestren un vivo interés por conocerlos.

Francisco de Eliza mira a Juan Hilario Rubio, lo imaginaba joven, le es difícil aceptar que un anciano de más de sesenta años haya sido quien impulsó el movimiento de todas sus tropas. No ve en el hombre nada en particular a no ser porque su torso descubierto muestra aún músculos duros y una espalda erguida. Le han dicho que se dedicaba a hacer adobes y tejas, y piensa que lo ha mantenido fuerte el trabajo de mezclar lodos.

Escucha con interés la declaración del indio y no entiende cómo, si se le considera un viejo sabio, Juan Hilario pudo creer, según dice, las chifladuras del tlaxcalteco que tanto menciona. Luego ve entrar a José Desiderio Maldonado, es un indio joven, que no llega a cuarenta años. No sabe si es por miedo o enfermedad, pero durante todo el interrogatorio no ha dejado de temblar. Siente desprecio por él, por su espíritu pusilánime. El alcalde indio no se cansa de repetir que fue obligado por Juan Hilario a hacer algo de lo que está arrepentido.

—Ya le enseñaré a este infeliz a portarse como hombre —murmura al oficial que tiene al lado.

Cuando el alcalde es llevado al cuartel, entran dos guardias con el escribano Juan Francisco Medina. El comandante de Marina y Armas lo conoce, además de escribano es remendador de calzado y más de una vez le llevó a componer sus botas. Llamó su atención que Juan Francisco Medina cantara mientras pegaba suelas, clavara tacones o ponía remiendos a las puntas de algún zapato. Le molestaba su canto y su alegría, le parecía ridículo que un indio sin aspiración alguna viera hermoso el cartucho en que vivía, y se atreviera a decir, sonriendo, que había nacido para ser alegre y cantador.

—Canta ahora, hijo de puta —pronuncia entre dientes, mientras se aproxima.

—¿Qué me dices de tus cantos cuando remiendas zapatos, Juan Francisco?, pero sobre todo, ¿qué me dices de tu rey indio? ¿Vendrá a salvarte? ¿A rescatarte a ti, su más fiel súbdito, capaz de escribir cartas que llaman a la rebeldía a los de tu nación? ¿Crees que vendrá? —pregunta con sarcasmo y siente rabia al ver que el indio sigue con la vista fija en la pared, ignorándolo delante de todos.

—¡Me encargaré yo de tu arrogancia! —amenaza. Sus mejillas han enrojecido.

Pasan de las once de la noche cuando termina la junta de guerra. Los rostros de los militares muestran preocupación.

—Desde las ocho de la noche he puesto a mis hombres a vigilar las orillas del pueblo y los caminos que acá llegan, dentro, rondan muchas patrullas. Señores, recuerden que somos españoles, superiores en todo a estos naturales que no cuentan ni con las armas ni con la inteligencia para enfrentarnos. Por nuestras venas corre sangre de caballeros, de conquistadores, de héroes. Si hay guerra, la ganaremos fácilmente al primer enfrentamiento, no entiendo el por qué de su inquietud —reprende el comandante a sus subordinados.

Íntimamente, Francisco de Eliza está contento, la suerte le está dando la oportunidad de demostrar su talento militar y lograr con ello un ascenso. Piensa en los indios con lástima, ¿cómo se les ocurrió conspirar contra el Rey don Carlos IV?, pobres, tendrán que pagar las consecuencias. Era de esperarse: los indios nacen con tan pocas ideas, que eso los vuelve incapaces de entender órdenes o realizar trabajos que les compliquen el pensamiento. Por ésa y muchas más razones es que los indios no tienen derecho a entrar a las milicias. La leva para engrosar tropas sólo aplica a los mal entretenidos, a los sin oficio que andan por las calles o se ponen a platicar en las esquinas, hasta a los vagabundos toca, pero jamás a los indios. Los militares tienen que ser españoles, criollos y hasta castizos, nunca de esas castas inferiores que se multiplican lo mismo que las cucarachas y viven contentas entre la pobreza y la suciedad. Ser militar es un honor que ni indios, mulatos, coyotes, cambujos, saltapatrás, lobos o negros se merecen. Los pueblos indios tienen sus soldados, es cierto, pero sólo están para resolver pequeños problemas de sus comunidades, hay que dejarlos que sigan aprendiendo a tocar tambores y soñando que sostienen la disciplina. Los indios están demostrando que no razonan al lanzarse como carne de cañón a una guerra tonta. ¿Quién los seduciría? ¿Por qué han creído que pueden independizarse? ¡Miserables hipócritas!, al fin se han quitado la máscara de subordinación y obediencia que cargaron siglos, pero los hundirá su falta de ideas. Está seguro que si un solo día se les dejara en las manos la organización del pueblo de Tepic, quedaría todo sin pies ni cabeza.

Algunos de los oficiales se miran entre sí. No comparten la confianza del comandante. Después de escuchar las declaraciones de los tres acusados y saber que falta interceptar cuatro cartas que andan en cordillera alborotando pueblos, después de pensar en lo aguerridos que son los pueblos asentados en el Nayarit, se les ha ido la tranquilidad.

—Tengamos calma. También está lista la compañía de españoles blancos voluntarios, Tepic está resguardada y los sublevados sacrificarán su vida en caso de intentar tomarla —abunda el subdelegado Juan José de Zea.

Gallardo, el comandante de Marina y Armas y capitán de fragata de la Real Armada, Francisco de Eliza, se dirige a su casa. Ya es domingo, en cuanto amanezca mandará revisar todas las tropas, a media mañana publicará un bando para que se enliste todo individuo español que no lo haya hecho, a medio día verá los medios para resguardar los reales intereses y el arsenal, con patrullas de hermandad y marinería, en la tarde aprontará los útiles de la guerra en individuos de fiar. Antes de la oración de la noche, el pueblo de Tepic debe estar totalmente resguardado, pero, en caso de necesidad, cuenta con los ciento cincuenta hombres que llegarán de San Blas y dentro del cuartel, la compañía veterana dormirá sobre las armas. Todo está en orden.

El aire nocturno es frío y lo siente bien en el rostro. Lo mejor vendrá el lunes cinco de enero, al amanecer, en que saldrán del cuartel capitanes y tenientes con la compañía de caballería y las tres milicias montadas, al rumbo de las higueras de Lo de Lamedo a apresar a todos los indios que se atrevan a llegar, también a los que intenten acercarse. Ése es un encargo que le hace José Fernando Abascal y Souza, el comandante general de la Nueva Galicia y pondrá especial atención en ello. Nunca imaginó que estaría tan en contacto con ese hombre casi tan importante como el Virrey. Le enorgullece su trato con gente importante. Apresura el paso, necesita descansar unas horas para afrontar, con cabeza despejada, la invasión que pretenden los indios del Nayarit y de la costa.

Se yerguen las fogatas que ordenó encender el subdelegado en las orillas de Tepic. Obedientes, los pobres de los alrededores han hecho arder troncos de árboles y breña. Cuelgan de las entradas de las mansiones y bailan al ritmo del viento los quinqués alimentados con aceite. Sus llamas, protegidas por cristales, intentan iluminar las calles empedradas. Es necesario que en cada casa, en cada esquina haya una luz que haga visibles las sombras de los indios que quizá intenten tomar el pueblo, para ofrecérselo a un tlaxcalteco que pretende ser coronado Rey.

Juan Bautista Rodríguez

13

—¿Su Mercé es el alcalde de Huaynamota?, porque le traigo un papel.

—Sí, lo soy, ¿diónde lo mandan?

—De Tepí, pero quieren recibo —dice el indio entregándole una carta.

—Déjame llamar mi escribano —responde Juan Bautista Rodríguez, alcalde indio de Huaynamota que, al no saber leer ni escribir, requiere de quien lo haga por él.

Cuando el correo se aleja, el alcalde pide a su escribano que lea la carta. Después de escucharla, está confundido, no entendió bien la parte del que nombrándose Rey de Indias, los llama el día de Reyes para que entren con él a Tepic. Pide que se la lean dos veces más, hasta que le queda claro que se trata de un rey de indios que los cita en las higueras de Lo de Lamedo con bandera blanca, lanzas, flechas, palos y piedras para que lo ayuden a coronarse. ¿Será ése el Rey de indios del que hablan los viejos? Juan Bautista Rodríguez no sabe qué resolver.

—¿Será pa guerra? —pregunta al escribano.

—Pa guerra parece. Y piden que la carta se envíe pronto y con mucho sigilo a otro pueblo.

—Pues mándala orita a Mecatán, al alcalde Manuel Antonio, a ver él qué resuelve. Si los demás están cabales de obedecer ese Rey, también nosotros obedecemos. Encomiéndale al correo que les diga que luego la pasen a Xalcocotán.

—¿No hará cabildo para recibir consejo?

—No, y nada de esto debes contar a los principales —ordena secamente.

El indio correo de Huaynamota llega a Mecatán, pregunta por el alcalde Manuel Antonio de la Cruz y le avisan que no se encuentra. Busca entonces a su escribano y a él le entrega la carta, pidiéndole recibo, y recomendándole que después de leída, la pase al pueblo de Xalcocotán.

José Pascual Ramos, el alcalde de Xalcocotán, recibe la carta que le envían de Mecatán, con la recomendación de que después de leída la regrese a Huaynamota. Llama a cabildo. Aún se sienten los estragos de la fiesta con que se celebró el cambio de autoridades. Reunidos los principales y el alcalde, el escribano lee la carta. Nerviosos, dos de los viejos principales piden que vuelva a leerla.

—"...Que para la entrada al pueblo de Tepí, los espero el día cinco de enero, del mes primero, del año..." —repite el escribano. El alcalde José Pascual Ramos está atento a los gestos de los principales.

—"...Sin ninguna excusa, con citación de todos los indios viejos y mozos, para la campaña de mi entrada a Tepí y que soy Mariano, el Rey de Indias..." —el escribano detiene la lectura y observa que todos los principales han cerrado los ojos, como si sólo quisieran tener abiertos los oídos para no perderse una palabra de la carta. Retoma la lectura enfatizando las frases. Cuando termina de leerla, en el rostro de todos hay preocupación.

—¿Qué hacemos? —pregunta uno de los principales.

—Pensar, ver si ya es el tiempo de comprometerse —responde otro.

—¡Vamos a Lo de Lamedo!, la carta es la señal que queríamos para hacerle guerra a los gachupines. Nada malo es —dice con entusiasmo el alcalde.

—Nada malo es, alcabo nomás nos agarrarán pa matarnos —le contesta Miguel Eustaquio, quien, al contrario de los demás, tiene miedo a la idea de la rebelión y de un posible sacrificio. —Si tanto quieres, ve tú solo, José Pascual, vete sin comprometer tu gente.

—A niuno comprometo. Seremos muchos: montones y montones de indios contra los gachupines, en esa revoltura, de niuno verán nombres ni caras. Tanteen por cuántos pueblos pasó ya la carta.

—Sería bueno hacerle caso a la señal de Mariano —dice otro, y sonríe y cierra los ojos. Queda inmóvil, como si se hubiera dormido y soñara que los indios todavía son dueños de las grandes extensiones de tierra, de las montañas y valles que ahora detentan los españoles.

José Pascual Ramos se alegra del giro que está tomando la reunión. Quiere ir a Lo de Lamedo, llevarse a su pueblo, pelear para que ahora el Rey sea indio. Los ancianos piden silencio y fuman largo rato. Inmóviles, con los ojos cerrados se pierden en razonamientos y emergen del humo como estatuas de tierra. Sigue la discusión que ahora es a favor de asistir. El principal Miguel Eustaquio ha aceptado que se participe y hace la última recomendación:

—Hay que ver si Juan Bautista, el alcalde de Huaynamota, nuestra cabecera, se anima a ir. Lo que él haga, haremos. Bueno sería que hablaras con él, José Pascual.

La carta regresa a manos del alcalde de Huaynamota, la mira, se queda pensativo unos momentos, luego la hace pedazos. Ha decidido que los de su pueblo estarán en la coronación del Rey de Indias. Ni hizo cabildo ni mostró a los principales la carta porque al terminar la misa de año nuevo, el párroco le dijo que debía ir a Tepic ya que lo necesitaba el subdelegado, Juan José de Zea. El plan de Juan Bautista Rodríguez es simple: irá a Lo de Lamedo y peleará contra los españoles para lograr la coronación de Mariano. Si las cosas salen bien, obedecerá en adelante a un Rey Indio y ya no necesitará dar explicaciones a españoles, pero si las cosas salen mal, podrá justificar su presencia cerca de

Tepic diciendo que atendía al llamado que en nombre del rey de España le hizo el subdelegado.

—¡Miguel, José Isidro, José María!, ocupo que ustedes que son topiles, traigan ora mismo a los hijos del pueblo —ordena, y los cuidadores del orden salen a buscarlos.

Poco a poco se va llenando la casa real. Indios que estaban pescando, levantando cosecha, o preparando la tierra para la próxima siembra, son traídos ante su alcalde por los encargados de hacer cumplir la ley.

—Los junté por avisarles que preparen talega de bastimento y aprontation garrotes, cuchillo, flecha o lo que tengan, porque el domingo nos vamos a Tepí.

—¿Y eso? A qué vamos allá —rezonga uno.

—Me avisó el cura párroco que nos manda hablar el sudelegado. Ha de ser que ya quiere lo del tributo. No lo tengo todo, pero tanteo que al sábado lo acabo de juntar. Ya hablé con el cura párroco, nos hará favor de hacer misa más temprano, por que nos váyamos bendecidos.

—Tá bueno eso, pero pa qué ir todos, si cuando vas usté con el sudelegado sólo jalas unos cuantos —le recuerda José López, un muchacho de dieciséis años, al que le parece extraño que todos los del pueblo deban ir hasta Tepic.

—Es que ora quiere vernos todos, por eso ya mandé llamar los que están en Pesquería y en la villa de San Blas.

—¿Y pa qué quieres usté que llévemos arma? —vuelve a preguntar José López. El alcalde lo mira con fastidio, no esperaba dar tantas explicaciones.

—Después lo sabrán. También aprontation bastimento, no olviden la caja y el pito, que yo llevaré bandera —ordena Juan Bautista desesperado de que los más jóvenes no entiendan que ha llegado el momento que los mayores estaban esperando.

José López frunce el seño. Para mostrar a su alcalde que no está de acuerdo con su actitud, exclama.

—¡Que vayan otros, yo no puedo!

—¡Ni yo...! —lo secunda Miguel Huerta mostrando su pierna enferma.

—Pena de veinticinco azotes y un mes de cárcel al que no

vaya —dice con determinación el alcalde. Sus ojos se clavan en los que lo cuestionan. Hay tal fuerza en ellos, que comprenden que cumplirá la amenaza. Veinticinco azotes en la plaza pública y un mes preso, por desobedecer, son humillaciones que ninguno quiere pasar. Juan Bautista Rodríguez no ha dejado de mirarlos. Sonríe al darse cuenta de que será obedecido.

—Apronten bastimento, traten que su arma no se deje ver, y el domingo, saliendo de misa, agarramos camino.

Cuando el alcalde de Mecatán, Manuel Antonio de la Cruz, regresa a su pueblo, se encuentra con la novedad de que hacía dos días había llegado una invitación para ir a Tepic a recibir a un rey el día de Reyes y solicita la carta.

—Ese papel ya lo mandamos a Xalcocotán. Pero ya se les está avisando a los del pueblo porque el domingo vamos a juntamos con los de Huaynamota por irnos todos juntos a Tepí —le informa el escribano.

Manuel Antonio de la Cruz no comprende bien la situación. El escribano le explica que de Huaynamota, la cabecera, les mandaron decir que los llama el subdelegado de Tepic. Muchos del pueblo ya lo saben, se les avisó en nombre del Rey que estuvieran preparados y llevaran armas. Al alcalde de Mecatán le quedan muchas dudas. Va con el alcalde de Huaynamota para que le explique.

—Nos llama el subdelegado, es en nombre del Rey, seguro quiere que le entréguemos pronto el tributo —miente Juan Bautista Rodríguez, miente pensando que si dice la verdad, el alcalde de Mecatán podría negarse a acompañarlo, miente sabiendo que el joven alcalde, que no llega si siquiera a treinta años, será fácil de convencer.

—Háblame con verdades, Juan Bautista. Mi escribano me contó de una carta que pasó por cordillera onde se busca coronar un rey.

Juan Bautista Rodríguez entiende que debe decirle la verdad. Después de todo, el alcalde de Mecatán es responsable de su pueblo y puede tomar una decisión.

—Es cierto lo del Rey Indio, ya no es el que vive en la plática de los viejos. Éste es vivo, se llama Mariano, llegó a Tepí y nos llama con cartas a Lo de Lamedo, quiere hacerles guerra a los gachupines y coronarse Rey. Ya llegó el tiempo del Tlaxcalteco que se pone máscaras de oro, ya llegaron las señas de la guerra —dice con tono grave.

Un escalofrío recorre la espalda del alcalde de Mecatán. Ahora entiende por qué su gente está afilando machetes y cuchillos, por qué las mujeres tuestan y muelen mucho maíz con canela y azúcar en el metate: están haciendo pinole para el bastimento, para que, cuando se les acaben las tortillas untadas de frijol o las tostadas, sus maridos tengan el consuelo de llenar el estómago con pinole. Tiene miedo, pasó tres días en la sierra, en los altos picachos, visitando a un compadre enfermo.

Al amanecer, la aurora se anunciaba con luces que incendiaban el horizonte. Pero no eran de color de rosa ni dorado ni naranja, como siempre. No, esas luces eran del color de la sangre. Amanecer de un rojo encendido, y sobre tanto resplandor, quizá como presagio, nubes negras. Preguntó a una hechicera qué tenían que ver esos colores, y ella le dijo que era un aviso del sol: le estaba anunciando que viene un tiempo de muerte, de sufrimiento, de muchas lágrimas.

—No iré, tampoco irá mi pueblo.

—Tu pueblo ya está avisado, sabe a lo que va, se está preparando... ¿Tienes miedo?

—Sí.

—Quítatelo, esta guerra no tendrá la resulta de que nos agarren, somos muchos, pero si te llegan a hacer preso dirás que cuando la carta llegó a tu pueblo tú no estabas. Que después yo te dije que nos llamaba el sudelegado y a eso veníamos.

—Bueno, contaré eso —dice sintiéndose reconfortado.

—Mira, Manuel Antonio, ya arreglamos que mañana domingo, muy temprano, tu pueblo y el mío se junten a la salida de Huaynamota. Diles que traigan un garrote, o sus flechas o sus lanzas. Ya quedé que con los de Xalcocotán que nos encontramos de camino, los tres pueblos vamos juntos.

—Cuenta con que mi gente tá alborotada y con gusto. De

todos modos, hoy en la noche los junto, y les digo que en nombre del Rey hay quir a Tepí.

Sonríe el alcalde Juan Bautista, el pueblo de Huaynamota, su pueblo, no irá solo a Lo de Lamedo.

Apenas saliendo de Huaynamota se encuentran los dos pueblos. Cruzan juntos el río, atraviesan con cuidado las huertas que se nutren de sus aguas. Cuidan de no pisar las pocas guías de calabazas y melones, las plantas de chile y maíz que los sustentan, los frijoles que fuera de temporada enredan sus flores coloridas en varas puestas a propósito. Dejan la frescura del río y toman caminos secos y polvosos en que el sol mina las fuerzas. Entre los montes retumba el eco de sus voces, los toques de corneta, el compás de los redobles. El alcalde de Huaynamota va platicando con el de Mecatán.

—Vamos con derechura a la coronación del Rey.

—Que sea lo que Dios quiera —responde Manuel Antonio de la Cruz, sintiendo que el temor sigue revoloteando en la boca de su estómago.

Manuel Antonio de la Cruz no puede desprenderse de la sensación de miedo. La blanca bandera que iba ondeando es ahora pesada y él ya no siente gusto por llevarla. Van hacia la guerra, hacia la guerra, se repite. Por la palidez que muestra su rostro, uno de los fiscales se acerca a preguntarle si se siente enfermo. Aunque lo niega, le brinda una mula. Monta en ella sin que cambie de actitud, sin que el camino siga pareciéndole escabroso.

Duermen a cielo abierto. Basta tirarse boca arriba para distraer los ojos con el temblor de las estrellas. El aire nocturno se cuela entre las ropas.

En cuanto empieza a amanecer vuelven al camino. El alcalde de Mecatán trepa un cerro para ver los colores que lanza el sol, le reconforta ver que son otra vez rosas y dorados. Recobra el aplomo cuando ve que José Pascual Ramos, el alcalde de Xalcocotán, los está esperando, cerca de El Trapiche, con todo su pueblo. Las filas engruesan, se multiplican los pequeños grupos. Manuel Antonio de la Cruz calcula que son más de ciento cincuenta, más de doscientos indios los que los siguen.

Se distingue el cerro de San Juan. Saben que al otro lado de él queda Tepic y se alegran al pensar que casi llegan. En Lo de Lamedo, los reciben enormes higueras de extendidas copas que dan sombra al paraje. Indios de tres pueblos descienden la barranca en busca del arroyo que abajo corre blandamente. Lugar de ojos e hilos de agua, sitio en que enormes raíces de higuerones se afianzan a las orillas líquidas. Paraíso para lavarse el rostro, para zambullir los brazos mientras se llenan los bules de agua, para arrancarse el cansancio en la frescura de los manantiales. Huele a hierba fresca y a tierra húmeda. Al levantar la vista, se contempla un techo de verdes hojas por el que logra colarse la claridad del cielo. Han llegado al fin y es tiempo de buscar un lugar dónde sentarse y almorzar.

Prenden fogatas y ahí calientan algunos de los tacos de frijol que sacan de los bordados morrales, tuestan tortillas adornadas con chile, asan las iguanas o los pájaros que tuvieron la mala suerte de cruzarse en su camino. Llenan sus jícaras, y allí sueltan puños de pinole. La aguada mezcla de maíz tostado y molido con canela y azúcar, los reconforta. No necesitan más para sentirse felices. Crece la mañana, los rumores, las voces y las fogatas. Nada queda sino esperar al indio Mariano, al tlaxcalteco de la máscara de oro que quiere coronarse Rey...

—¡Los soldados!, ¡vienen soldados gachupines! —grita un indio que llega corriendo y se sigue de largo.

—En segundos se ponen de pie. Toman sus morrales, sus banderas, sus armas, y corren hacia la barranca.

Salvador Fidalgo

14

EL CAPITÁN DE FRAGATA Salvador Fidalgo sale del cuartel de Tepic a las cuatro de la mañana. Es lunes cinco de enero. Van con él cuatro compañías, tres son de infantería y forman parte de la División de Milicias y una es de Caballería. El viento de la madrugada es fresco y le alborota el oro viejo de sus cabellos. Pretende salir de Tepic sin ser notado, pero lo delata el golpe de las herraduras contra el empedrado de las calles principales.

Colgando de las paredes, cercanas a la puerta principal, en los balcones o en las ventanas, tiemblan las mechas encendidas de las lámparas de aceite que por orden del subdelegado se han puesto en cada propiedad. También, a las afueras del pueblo chisporrotean las lumbradas que como obligación tuvieron que encender los indios. Sombras de caballos y soldados de a pie se alargan en banquetas y paredes.

—Haga saber a los responsables de las compañías que iremos al Lince. Los vigías informaron haber visto a más de cien indios armados en ese paraje —ordena el capitán de fragata al teniente Francisco Real.

—Así lo haré capitán —responde el oficial y hace girar su caballo hacia la retaguardia.

En el Lince no encuentran enemigos. La luz del amanecer ya permite la búsqueda, y los soldados se afanan tratando de localizar rebeldes en barrancas y arroyos laterales. La tarea es infructuosa. De pronto el capitán Fidalgo encuentra huellas al margen de un arroyo.

—Estas huellas indican que pasaron por aquí, ¡son muchos! —se emociona el capitán. —Teniente Francisco Real, subteniente Antonio Valdés, partan con las precauciones que requiere el terreno y busquen en las barrancas que hay en las faldas del cerro de San Juan —ordena con ansiedad. —Yo daré una vuelta por las higueras del paraje que llaman Lo de Lamedo —informa.

Se dividen las compañías en la búsqueda tenaz. El sol cobra altura y fuerza. Salvador Fidalgo busca con empeño a indios rebeldes. Desde que escuchó noticias de la sublevación, se imaginó que él podría atrapar indios, muchos, para que su audacia y fidelidad al soberano español fueran conocidas y reconocidas por el capitán de armas Francisco de Eliza, y por el capitán de la Séptima Compañía de Milicias y subdelegado de Justicia, Policía, Real Audiencia y Guerra, Juan José de Zea, también por el brigadier de los reales ejércitos, comandante general de la Nueva Galicia y presidente de la Real Audiencia de Guadalajara, don Fernando Abascal y Souza. Sueña, piensa que si logra detener a los traidores, sus acciones bien podrían recibir el agradecimiento del Virrey, don Félix Berenguer de Marquina y, por qué no, del mismísimo Rey don Carlos IV.

Le preocupa no encontrar a los que busca. Anoche, unos informantes fueron al cuartel a decir al capitán de armas que por la tarde de ese domingo habían visto casi doscientos indios, armados y con banderas, por el rumbo de El Trapiche, otro hizo mención de que los vio a un lado de Los Ahuacates y uno más notificó que se veían luminarias por el cerro de San Juan, seguro eran indios calentando su cena. ¿A cuál creerle?

—Capitán Fidalgo, regresan los que fueron a las barrancas del cerro. Nada encontraron.

—¡Capitán Fidalgo, mire usted hacia la cañada, allá por Lo de Lamedo!, ¡note que se divisan humaredas! ¡Seguramente los indios están ahí!

Salvador Fidalgo logra distinguir el humo.

—¡Rápido! Dispongan la tropa en dos trozos. Bajen unos al plan, para que los otros, por el lado opuesto, les corten la huida.

Al llegar al plan, sólo encuentran lumbres encendidas, piedras entre las que arden varas en pequeños carbones.

—Estas lumbreras dan indicios de que apenas se han retirado. Sigamos el rastro hasta alcanzarlos.

La mayoría son huellas de pies descalzos que se confunden con pisadas de caballos.

—Teniente, las huellas se dividen en dos caminos, tome el que se dirige a la embocadura, que yo seguiré con el subteniente Valdés por el otro.

Pocos minutos después Francisco Real lo alcanza. Ha aprehendido a dos indios y los han hecho confesar el rumbo que tomaron sus compañeros. Sin pérdida de tiempo, Salvador Fidalgo trepa con su compañía un cerro y desde las alturas ve al grupo fugitivo.

—¡Allá está el cuerpo fuerte de los indios! Son muchos, tal vez doscientos. Subteniente Valdés, cérquelos por retaguardia, nosotros nos adelantaremos para que ninguno escape.

Los indios quedan rodeados. El cerco de soldados se estrecha, obligándolos a replegarse al centro, a una pequeña planicie. Cuando ya no tienen escapatoria, el capitán Fidalgo les advierte:

—¡Hey, ustedes, decidan si quieren entregarse pacíficamente o quieren experimentar los rigores de la guerra!

—Estamos de paz —grita uno de los indios levantando los brazos.

—Que sus capitanes vengan a hablar conmigo —ordena.

Salen del grupo Juan Bautista Rodríguez, alcalde de Huaynamota y Manuel Antonio de la Cruz, alcalde de Mecatán. Se acercan con las manos en alto.

—Bien. No les haré daño, llamen a sus pueblos, conmigo estarán seguros.

Los alcaldes llaman a su gente, le piden que se acerque poco a poco, que baje las armas y las banderas, que se hinquen para que no les hagan daño. Los indios obedecen, el capitán Fidalgo desciende del caballo, se acerca, se confunde con ellos. Entonces da la orden.

—¡Estrechen el cerco, que ninguno escape!

El movimiento se realiza con velocidad.

—¡Ustedes son prisioneros, entreguen las armas en nombre del Rey! —grita Fidalgo.

Al verse cercados, los indios se incorporan, intentan romper el cerco, huir.

—¡Desármenlos!

A punto de cumplir esa orden, se escuchan al lado contrario disparos y gritos. Los rendidos se lanzan contra el cerco y logran romperlo. Los que traen flechas disparan, otros sacan el cuchillo o hacen uso de sus garrotes. Las hondas giran impulsando las piedras mientras muchos corren hacia la barranca. Los alcaldes Juan Bautista Rodríguez y Manuel Antonio de la Cruz se defienden a garrotazos de quienes quieren atraparlos. La tropa dispara. Se enfrenta el miedo contra la pólvora.

—¡No disparen! ¡Ordeno que dejen de disparar! —se desgañita el capitán. Nadie lo escucha, los cercados forcejean con los cercadores. Para los indios, lo único importante es escapar. Surcan el aire piedras, flechas y balas. El olor de la pólvora llena el paraje y ennegrece la mañana.

—¡Dejen de disparar! ¡Obedezcan! —grita inútilmente Fidalgo.

—¡No disparen, ya no disparen! —ordenan los oficiales.

—¡Teniente Real, subteniente Valdés!, ¡bajen de sus monturas y entren con algunos de sus hombres al cerco!, al verlos dentro, la tropa dejará de disparar —ordena Fidalgo.

La estrategia resulta. Con grandes esfuerzos la milicia logra reducir a los rebeldes, poco a poco caen al suelo garrotes, flechas y piedras. Son muchos heridos los que se revuelcan entre el zacatal. El capitán de fragata recorre el sitio, ve a los dos alcaldes que, heridos, se han tirado al suelo. Se detiene a observar a un indio con la cabeza reventada por una bala, que abre los ojos y boquea como un pescado al que hubieran sacado del agua. Más adelante está otro, al que la sangre le mana del pecho y el cuello. Una mujer y un muchacho heridos se quejan junto a unas piedras. Los soldados tienen rodeados a los rehenes. Molesto, Fidalgo avanza a grandes pasos. "La tropa no debía haber disparado, porque yo no lo ordené. ¡Carajo!, esto es el resultado de una milicia bisoña. Los heridos morirán y su muerte empañará el mérito que representa para mí haber apresado a casi una centena de traidores", piensa.

Regresa donde están los agonizantes.

—Coloquen a estos dos juntos. Déjenlos solos mientras mueren.

—¡Capitán Fidalgo! ¡Escuché disparos!, ¿qué ha pasado…? —pregunta a gritos, sofocado, un sacerdote que se acerca corriendo. Fidalgo reconoce en esa figura alta y delgada al presbítero de Tepic, Agustín de la Peña. Pero ¿qué hace el religioso ahí? ¿No se supone que la salida fue secreta? El religioso llega resoplando, con gesto de extrañeza lo recibe el capitán de fragata.

—Me di cuenta de vuestra salida…, y por ver si podía ser útil…, he venido en vuestro seguimiento —explica, e inmediatamente, olvidándose del capitán, se arrodilla junto al tiene el disparo en la cabeza y le toma las manos.

—Hijo mío, hermano mío, ¡Dios ha querido que yo llegara a tiempo para salvar tu alma!

El herido quiere hablar, pero su voz es apenas un susurro, el sacerdote acerca el oído y escucha las palabras que poco a poco se van a apagando. Le cierra los ojos, reza, lo persigna y dice a los que observan.

—Este infeliz ha muerto, pero sus faltas han sido perdonadas y las puertas de la gloria se han abierto para él.

El otro moribundo lo llama. Se incorpora con rapidez y va hacia él.

—Bríndele también auxilios espirituales a ése, padre, se nota grave —aconseja Fidalgo y piensa que, aunque fue una intromisión del sacerdote, estuvo bien que llegara tan oportunamente. Anotará en su informe que los heridos a muerte alcanzaron consuelo espiritual y la falta se verá menos grave. Deja de cavilar cuando ve que sus hombres hacen esfuerzos por contener a los aprehendidos:

—¡Quiten los cabrestos a la caballada, y con ellos amárrenlos de dos en dos. Compañía de caballería, hágase cargo de todas las armas que traían los detenidos.

A otra orden de Fidalgo, la tropa forma un cuadro y mete a los detenidos en el centro. La masa morena, asustada y quejumbrosa aún se revuelve queriendo escapar. El capitán de fragata los mira, sólo de verlos sabe que pasan de cincuenta, pero posiblemente no lleguen a cien. Eran más, eran más, está seguro, los vio desde el cerro, eran como el doble de los que apresó.

—Capitán Fidalgo, los indios proceden de Huaynamota, Mecatán y Xalcocotán, de esos tres pueblos son los traidores al Rey. Los alcaldes de Huaynamota y Mecatán están heridos, pero dicen que el de Xalcocotán logró escapar —informa el subteniente Antonio Valdés.

—Señor capitán, el indio al que auxiliaba también ha muerto, ¿hay más heridos que requieran de confesión?

—Por allá hay dos mujeres, una de ellas con un balazo en el hombro, socórralas usted.

El capitán sigue esperando la cuenta de los detenidos. Es seguro que logre la felicitación y condescendencia del comandante de armas don Francisco de Eliza, que en algún parte militar comunicará al presidente don Fernando Abascal lo realizado, y el señor Abascal, a su vez, deberá trasmitir la noticia al Virrey. Sonríe por fin, una felicitación del Virrey provocará reconocimientos y quizá, un ascenso.

—Las mujeres ya están tranquilas, ¿hay más heridos?

—Hay más heridos, padre de la Peña, pero como Vuestra Merced observa, están de pie —responde Fidalgo dando a entender al religioso que su labor ha terminado. Su atención está puesta en el subteniente.

—¿Cuántos son de cada pueblo?

—Diecisiete de Huaynamota, veintiuno de Mecatán y treinta y seis de Xalcocotán. Muchos escaparon, pero contando muertos y heridos, son en total setenta y cuatro.

—Setenta y cuatro…

—Sí, Su Señoría, entre ellos están los alcaldes de dos pueblos, son Juan Bautista Rodríguez, y Manuel Antonio de la

Cruz. Dicen que venía también el de Xalcocotán, llamado José Pascual Ramos, pero logró escapar.

—Traidores, merecían haber muerto.

—¡Capitán Fidalgo!, sus juicios ofenden a Dios, recuerde que según sus divinas leyes todos somos hermanos, y a un hermano no se le desea la muerte —predica el sacerdote. El capitán de fragata lo mira, en sus ojos verdosos no hay ira, ni siquiera molestia por la intromisión; él divaga, piensa en los que pudieron escapar, ¿cuántos serían? Pero él atrapó a setenta y cuatro enemigos del Rey, y con eso logrará un reconocimiento. Imagina su llegada a Tepic, tocando clarines y tambores para que los vecinos se asomen y vean a los detenidos debidamente escoltados, imagina las caras de asombro y beneplácito de los que le harán valla, el repique de las campanas que anunciará el triunfo de las fuerzas reales. Está seguro de que la aprehensión será comentada por mucho tiempo en verbenas y balcones.

—Cuenten las armas que traían.

—Ya lo hemos hecho, capitán. Son diecisiete belduques, dos lanzas, treinta y cuatro garrotes, una escopeta, seis hondas, ocho carcajes llenos de flechas, un frasco de pólvora, dos banderas blancas hechas con manteles de iglesia, un pito, tres tambores, un caballo alazán, otro rosillo y otro tordillo, dos mulas coloradas, una tordilla y una parda.

—Bien. Que una partida de tropa se quede para conducir a los heridos. Subteniente Valdés, hágase cargo. Formen al centro una cuerda con los revoltosos, hay que llevarlos bien custodiados hasta el cuartel —ordena.

Fray Ignacio Villalobos

15

EN LA IGLESIA DEL PUEBLO de Santa Fe, el padre fray Ignacio Villalobos oficia la misa especial del seis de enero, fiesta de la Epifanía, adoración de los Reyes Magos. Ese martes, mira satisfecho a los indios de San Juan Bautista, indios flecheros del Nayarit, que están ahí, fervorosos, de rodillas, escuchándolo. Limpias las lacias melenas y la ropa, algunos descalzos, otros con plumas y taparrabo, han venido hasta la cabecera de Santa Fe, atravesando cerros y barrancas, porque así lo aprendieron de los padres misioneros y han fusionado la festividad religiosa a sus costumbres.

Lee, en el *Evangelio según San Mateo*, el pasaje referente a los Reyes Magos y la adoración del niño Dios. Pone especial atención en la historia de unos reyes de Oriente que, vestidos con oro y sedas, se arrodillaron humildes ante un niñito pobre. Quiere que ellos se asombren por ese niño que a pesar de la pobreza es adorado por poderosos. Quiere sembrar en sus conciencias la imagen de un Dios lleno de humildad, como lo son ellos. Canta con los brazos levantados mientras observa el gesto plácido de los indios. Sabe que gustan de la música y los cantos y los utiliza como recurso para atraerlos a misa.

Terminada la ceremonia, muchos se acercan a besarle las manos. Indios sonrientes dejan la iglesia después de persignarse. Satisfecho, fray Ignacio Villalobos va a entrar a la sacristía cuando por la puerta entreabierta se meten voces alteradas y gritos. Corre a ver qué sucede y se encuentra con que en el cementerio, instalado en el patio de la iglesia, los indios de San Juan Bautista son encañonados por una compañía de la milicia.

—¡En nombre de Su Majestad, ordeno que ninguno se mueva! —grita el teniente Simón Valdés.

—¿Qué sucede? —exclama alarmado el sacerdote.

—El justicia nos quiere llevar presos, padrecito —explica el indio Juan Dionisio, viejo alcalde de San Juan. Hay miedo y coraje en sus ojos pequeños.

Fray Ignacio Villalobos se interpone entre el teniente y los indios y mira con dureza al militar. No está dispuesto a permitir que se los lleven. Los conoce a todos, vienen cada domingo a misa, aunque eso implique tiempo de camino, dejan por momentos sus ídolos de madera y piedra para venir a hincarse ante un crucifijo. Este martes han caminado mucho por cumplir con la fiesta de Epifanía. Encara al teniente Simón Valdés.

—Teniente, ¿por qué se atreve a profanar la casa de Dios Nuestro Señor?

—Padre, no intervenga, tengo órdenes de llevarme a estos indios.

—¿Llevarlos? ¿A dónde?

—A la cárcel, ¿dónde más? Son culpables, están implicados en la sublevación que se dio en Tepic.

—¡Cómo puede afirmar eso! Me consta que estaban en misa —aclara el sacerdote, a quien le han llegado rumores sobre las detenciones que se están dando en Tepic y pueblos cercanos desde el inicio de año, sin que nadie pueda explicarle la causa. No permitirá que hagan lo mismo en Santa Fe.

—Sí, padre, hoy estaban en misa, pero antier que fue domingo, salieron de San Juan Bautista armados, con la idea de desconocer a Su Majestad y coronar a un rey de su casta. Se regresaron ayer, creen que nadie los vio, pero el delito existe —aclara el militar.

Todos guardan silencio. El alcalde Juan Dionisio tiene presente la carta que llevó a su pueblo un indio de San Diego. Se la dio a Pedro Álvarez, para que la leyera ante todos. Los citaban al recibimiento y coronación de un nuevo rey. Todo fue excitación, prisas y preparativos. Enterado, la envió a San Pedro de Acaponeta y después hicieron cabildo. La decisión de los viejos principales se inclinó por que el pueblo fuera a Lo de Lamedo con armas, porque daba inicio el tiempo de guerra. Mariano, se llamaba Mariano el tlaxcalteco que habían esperado años. No llegó respuesta de los de Santa Fe y decidieron que pasarían por ellos. Se irían los dos pueblos a encontrar al Rey Indio. El capitán de guerra del pueblo, el indio Antonio Pablo, los reunió, les ordenó que hicieran bastimento y el domingo los hizo salir a compás de un tambor rumbo a Tepic. Llegaron a los cerros de Santa Fe y los de ese pueblo no salieron a encontrarlos. Algo pasaba, algo estaba mal y él, como alcalde, no podía arriesgar a su pueblo. Quizá era falsa la señal. Detuvo la marcha y los hizo regresar aún con la oposición de Antonio Pablo. En el camino encontraron a unos arrieros. Ellos les contaron que estaban deteniendo a muchos indios en Tepic y era mejor no moverse. Regresaron, pero estuvieron atentos, si el Tlaxcalteco llegaba, ellos lo alcanzarían en Tepic. Tuvieron cabildo. Aconsejaron los viejos que convendría hacer como si nada hubiera pasado; aconsejaron que fueran a la fiesta de los Reyes Magos, para que fray Ignacio nada sospechara, para que los soldados vieran que San Juan Bautista seguía con su vida de todos los días.

—Los conozco a todos, son buenos cristianos y fieles al Rey. Jamás intentarían lo que usted dice —rebate fray Ignacio extendiendo a los lados ambos brazos, en ademán protector.

José Mariano López, indio joven, mira al sacerdote, quiere agradecerle que los proteja, pero tiene ganas de decirle que sí, que sí se fueron hasta los cerritos de Santa Fe y se regresaron por lo que les contaron unos arrieros. Él estaba en su labor cuando fue a buscarlo uno de sus hermanos mayores.

—Tá sonando la caja, tú eres soldado flechero, apróntate pa que veas a qué te ocupan, le dijo. —Ya en el pueblo, Antonio Pablo, su capitán de guerra, le ordenó que preparara su arma para ir a Tepic. Afiló su cuchillo y salió el domingo, iban formados, tocando el tambor, como lo ensayaban cada sábado. Cuando se enteraron que había guardias en Cuyutlán y en Santa Fe. Dejaron de tocar tambores y regresaron sigilosos a San Juan Bautista.

—Padre, no se interponga. Tenemos detenido a Antonio Pablo, el capitán de guerra. Él nos dio los nombres de los indios que lo acompañaron. Iban a reconocer a un rey distinto a Nuestro Soberano y eso es traición, crimen nefando. Si no quiere ser acusado del mismo delito, apártese. No me gustaría faltarle el respeto a sus hábitos —advierte el teniente.

El alcalde Juan Dionisio y el regidor José Bartolo se miran, dudan sobre si instruyeron a todos para que cuando los hagan declarar, digan que fueron, sí, porque tenían la idea de que ese rey había sido mandado desde España, porque ya había rey para los españoles, pero faltaba uno para los indios.

—Soy testigo de que ellos son respetuosos de las órdenes del Rey y los mandatos de la Santa Iglesia: vienen a misa, se confiesan, son obedientes, hacen penitencia —menciona el sacerdote, protegiendo con su espalda a Agustín Mereciano, un muchacho de apenas quince años.

—Si Su Merced no me permite tomarlos presos, tendré que utilizar la fuerza.

—Ellos son ajenos a toda sospecha de conspiración.

—Eso es lo que usted cree, padre, yo tengo otra versión.

—Vea usted, ninguno de ellos trae armas.

—Ahora no, pero el domingo traían cuchillos, garrotes, piedras y flechas.

—¿Es verdad eso, Juan Dionisio? —pregunta el sacerdote. El viejo alcalde asiente con la cabeza. Desarmado, el sacerdote no sabe ya qué decir. Lentamente se hace a un lado. El teniente Simón Valdés aprovecha para volver a encañonar a los indios.

—¡Dense presos en nombre de Su Majestad, el rey de España! —ordena.

Los indios, al escuchar esas palabras, se hincan. Han aprendido que cuando un español con autoridad los conmine en nombre del Rey, deben bajar la cabeza, ponerse de rodillas y obedecer lo que se les diga.

—Todos los que obedecieron al indio Antonio Pablo, colóquense junto a ese naranjo —ordena el teniente. Dóciles, todos se incorporan y en silencio van a colocarse a la sombra del árbol señalado.

A fray Ignacio Villalobos le pesa ver tanta sumisión. Ahí están sus fieles, bajo el ramaje, de nuevo hincados. Los que traen sombrero lo retuercen entre las manos. El alcalde Juan Dionisio y el regidor José Bartolo se han colocado al frente de los demás, como respondiendo por ellos. Se acerca el teniente y uno a uno van diciendo sus nombres. Cristóbal Salvador es tartamudo y al hacerlo provoca las risas de la milicia. Indignado ante las burlas, el sacerdote y vuelve a interponerse entre los indios y el teniente.

—Me opongo a que los saque de la iglesia.

—Padre, ellos ya se han entregado.

—No los sacará de aquí mientras no me de una caución juratoria.

—Fray Ignacio, tengo órdenes...

—No me interesan sus órdenes, usted está dentro de mi iglesia. Proteste, bajo palabra de honor, que me la dará. Pienso reportar esto. Haré una certificación en que jure *In Verbo Sacerdotis Etcaétera* lo que ha sucedido. Necesito la caución juratoria.

—Le doy mi palabra de honor que en una semana la tendrá.

—No, teniente, debe ser ahora mismo. Vamos a la sacristía para que la elabore, ahí tengo papel y tinta.

El teniente Valdés se deja conducir. No importa lo que haga el fraile, él no soltará a los doce indios que dejó al resguardo de sus soldados. Quiere demostrar a sus autoridades que sabe cumplir con su deber, y que sus actos reflejan su amor y fidelidad al rey de España.

Con mandíbulas apretadas, el sacerdote es testigo de la aprehensión de sus fieles. Juan Agustín, Julián Pascual, Pedro Pablo, todos colocan las manos atrás para que se las amarren y luego echan a caminar hacia la cárcel de las casas reales, escoltados por los hombres del teniente Valdés. Le preocupa que José Albino, José Mauricio, José María, Cristóbal Tomás, estén acusados de traición al Rey, porque eso implica severos castigos. Buscando la manera de ayudarlos, se le ocurre que hará una carta explicando lo sucedido.

—Juan Dionisio, José Bartolo, les prometo que haré una carta, diré que estaban en mi iglesia cuando los detuvieron, algo habrá de ayudarles lo que yo diga —grita.

Al escucharlo, Juan Dionisio y José Bartolo voltean, lo miran, sonríen y le agradecen moviendo afirmativamente la cabeza, luego siguen su camino.

En la blanca pared del altar, un Cristo crucificado mira al sacerdote con ojos de vidrio oscuro, húmedos de angustia. Él esquiva esa mirada triste. Secretamente, fray Ignacio Villalobos se reprocha haber enseñado a los indios tanta mansedumbre.

Benito Antonio Vélez

16

EL CURA VICARIO DE TEPIC, Benito Antonio Vélez, junto con otros cuatro religiosos, recorre a lomo de mula los pueblos cercanos a Acaponeta. Lo hace por mandato del obispo de Guadalajara, Juan Ruiz de Cabañas y Crespo. Va protegido por militares vestidos de rancheros y ayudado por sirvientes indios. Juntos exploran planicies, barrancas, bosques y ríos, se internan en montes umbrosos, en busca de los indios que, según informes, se están reuniendo en esos sitios para, envalentonados por su gran número, atacar Tepic y liberar a los indios que llenan a tope las cárceles.

El padre Vélez, va tranquilo, piensa que Cuyutlán, San Diego, San Juan, Santa Fe y tantas pequeñas comunidades perdidas en parajes inhóspitos, quedaron vacías no porque los indios se hayan decidido al ataque, sino porque temerosos ante persecuciones y arrestos, han huido buscando la protección de su entorno.

Para las autoridades españolas, el que los indios hayan huido habla de su culpabilidad. Debido a la alarma que causó el descubrimiento de la conspiración para coronar a un rey indio, sumado al arresto de alcaldes, escribanos y viejos principales, cualquier reacción de ellos significa la preparación del ataque.

Convencido de que los indios sólo buscan refugio, el sacerdote y su pequeña caravana, recorren los sitios que puedan servir de albergue a los prófugos. Leguas y más leguas recorridas a lomo de mula los desesperan. Pasan Las raíces, sin encontrar rebeldes ni emboscadas en los hondos arroyos laterales. Después de mediodía, cruzan el vado del Guamúchil y llegan maltrechos al paraje de Venado. Ahí, el dueño los alarma al asegurar que hace días pasaron más de cien sublevados, con armas, formados de cuatro en cuatro y dirigidos por indios de morrión encarnado. Eran tantos, que al encontrar la Compañía de Sentispac, le hicieron frente, hiriendo a algunos soldados. Ante tal número de atacantes la compañía se retiró y los salvajes se escondieron, pero quizá ahora estén cerca de Tepic…

La información preocupa al padre Vélez. Creía conocer a los indios, estaba seguro de que se ocultaban en inhóspitos barrancones y cañadas, temerosos del maltrato y que más que atacar, se defendían para no ser apresados como los que estando en sus pueblos vieron llegar los piquetes de soldados.

Continúan la marcha encontrando sólo parajes desiertos. Qué tristes ve los ranchos miserables sin los indios que siempre le salían al paso. Tienen que encontrarlos, decirles el motivo de su apostólico viaje. En un cerro descubren a varios fugitivos, el padre Agustín de la Peña baja con rapidez de su montura para hablar con ellos. Busca persuadirlos, les hace ver los beneficios de seguir bajo la obediencia de un soberano que tanto ama a sus vasallos.

—Regresen a sus pueblos, que su ejemplo llame a los demás —invita. Parecen tener prisa, como el sacerdote no deja de hablar, se hincan pidiéndole su bendición y luego echan a correr hasta perderse de vista.

—Hasta de nosotros desconfían, padre Agustín —suspira el padre Vélez.

Llegan al vado del río San Pedro, no tan caudaloso en esas fechas, pero sí fresco y lleno de árboles sombrosos. Es un sitio que invita a la contemplación y el descanso.

—Por caridad, hermanos, hagamos mediodía aquí —pide el padre Francisco Rojas, encendido el rostro por tanto sol que su pequeño sombrero no alcanza a cubrir.

—No es posible que la indiada nos tenga en estos trabajos —se queja el padre Zúñiga mientras se apea.

—Hay que entenderlos, fueron seducidos por las palabras de criminales que aprovecharon su ignorancia y no saben cómo arreglarlo —explica el padre Francisco Rojas.

—¿Cree usted que atrás de ellos hay otras cabezas? —pregunta el padre Agustín.

—Claro que sí, estos infelices no poseen ideas propias. Quiera Dios que la angustia que viven les ayude a entender la desgraciada resulta que con su proceder se acarrearon.

—Por eso es que debemos hablarles con palabras mansas, persuadirlos, como lo aconsejó por carta nuestro querido obispo, con la mayor dulzura, con el modo más acomodado a su comprensión —comenta el padre Vélez— Por cierto que aquí traigo esa carta —recuerda, y busca en una valija hasta encontrarla. Lee partes de ella. "Al escuchar la noticia de la infidelidad de los indios, sentí horror y lloré el sucedido. En cumplimiento de lo que debo a Dios y al Rey, encargo a todos los eclesiásticos de Tepic que recen al Dios de la Paz y al Padre de la Consolación, para que no permitan que el Rey se turbe con los acontecimientos. También les pido que salgan a los pueblos indios o donde estos se escondan, a predicar la fidelidad, subordinación, obediencia e inviolable lealtad al Rey, inspirados en el Santo Evangelio y en las epístolas de San Pedro y San Pablo, donde hay verdades importantes que los indios están obligados a creer, como verdaderos discípulos de Cristo y fieles vasallos". Los que lo escuchan suspiran, fortalecida ya su decisión de hacer regresar a los indios a los pueblos desiertos.

Cuando llegan a Cuyutlán, los recibe el padre Pedro Pablo Pintado. Nervioso, los conduce a la casa cural. A la mesa, mientras saborean el caldo de gallina y las tortillas recién hechas que les preparó la india encargada de asistirlo, el padre Pintado comenta:

—Me alarman los rumores que llegan de todos lados: la indiada está en pie de guerra. No concibo cómo hicieron este criminal levantamiento, cuando no he dejado de hablarles de mansedumbre.

—Hay lobos ocultos entre el rebaño, padre.

—Más bien pienso que los indios fingían ser ovejas y se cansaron del disimulo.

—Es su rusticidad la que los hace soñar con ser guiados por Rey de su nación.

—No los considero ignorantes, sino hipócritas, padre Vélez, no hay que fiarnos de la cara de idiotas que ponen cuando se les regaña. Aunque regresen a sus reducciones, lo harán de mala fe, sólo porque no les salió bien la idea que procuraron, pero ya verá usted que continuarán con su idea del rey indio que viene a gobernarlos.

—No lo creo padre Pintado, ellos son dóciles, si se hubieran rebelado los del Nayarit, esos flecheros que se vuelven azote cuando bajan la sierra, no tendría dudas...

—Estos hipócritas están solapados. Personas dignas de verdad, me contaron que unos indios les cerraron al paso para decirles que harían esfuerzos hasta rendir a los soldados, y si no ganan ahora, lo harán después, cuando vengan los indios de Río Colorado y de la costa que han mandado llamar para su entrada a Tepic.

—¡La indiada no tiene ese entendimiento! —exclama el padre Rojas.

—Vuestra Merced ya ve que sí y no se apearán de ese modo de pensar.

—Son almas sencillas —insiste el padre Agustín.

—No, don Sebastián, el tendero, cuenta que platicó con algunos. Les preguntó por qué querían poner rey, si el de España los trataba bien. Le respondieron que de nada servía el buen trato, si les habían quitado su reino contra todo derecho. Que era como al que le quitan el sombrero y le dan chocolate. Ni el chocolate le hará olvidar lo que le quitaron.

—¡Válganos Dios, la situación es grave!

—Falta contarles lo sucedido a la viuda de don Joaquín Alvarado. Venía doña Emerenciana del pueblo de Ixcatán y fue el caso que cabalgando entre unos peñascos oyó una voz que repetía chi, chi, chi. Volteó y vio sobre las piedras a multitud de indios rayados en la cara y plumajes en la cabeza, en son de guerra. Por el susto, se orinó y no pudo hablar. Dejó ir el caballo a su voluntad, mientras la seguían sus burlas. Llegó llorando, diciendo que si el caballo no la hubiera sacado de ese sitio, estaría muerta.

—Seguramente vio indios coras, gente del Nayarit realizando una de sus endemoniadas ceremonias.

—O quizá se alistaban para la guerra. Tal vez estaban esperando a más naturales.

—Pueden ser los que enfrentaron a la compañía de Sentispac. No les extrañe que esos embijados tomen Tepic, liberen a los presos y nos enfrenten.

—Sería una calamidad. Pero para eso estamos aquí, para hacerles ver que el Rey, Nuestro Señor, los ama y busca su bienestar.

—Quiera el Señor que logremos convencerlos.

Continúan su recorrido y llegan al pueblo de San Juan. La calle principal, la que lleva al pequeño templo ubicado frente a una plaza de tierra, está desierta. Jacales de puertas abiertas como a propósito, para que vean que ya nadie los habita, muestran su desnudez interior. Buscan a uno y otro lado hasta que logran distinguir a una pareja de ancianos que los espían. El padre Vélez se apea con la prontitud que le permite el cuerpo regordete y va hacia ellos.

—¿A dónde han ido todos, hija mía? —pregunta a una anciana que intenta cubrirse los cabellos cenizos con un trapo raído.

—Tán juidos, Su Mercé, metidos a los agujeros de los montes —contesta la anciana, que se hinca a besarle la mano. El anciano la imita.

—No tengan miedo. Si ustedes no son de los rebeldes, nada les pasará.

—Los justicia no ven eso, nomás llegan a los pueblos y arrían con todos.

—Nuestro amadísimo Rey, nuestro querido Virrey, son de dulces sentimientos. Los han perdonado y quieren que regresen a sus pueblos. Si los que están ocultos vuelven, tendrán indulto.

—Indulto... —susurra el viejo.

—Se perdonará a los que regresen. Venimos a darles esa buena nueva, nos fatigamos en estos caminos del Señor buscando que se pacifiquen.

—No stamos de guerra, padre, nos escondemos pa que no nos den castigo —aclara el anciano.

—¡Gracias al cielo que es por eso, hijos! Avisen a los demás que habrá misa, en ella hablaremos del perdón de Su Majestad —les pide el padre Vélez.

Cansados, los sacerdotes llegan a la casa cural, a disponer lo necesario para la ceremonia. El sirviente del padre Vélez, un indio llamado Francisco Gavilanes, va de un lado a otro, bajando bultos de las monturas, limpiando el recinto, preparándoles alimentos. Una hora después, en el pueblo de San Juan se escucha la única campana. Tañe, y con metálica urgencia desparrama el llamado que intenta volar media legua a la redonda, trepar los montes, entrar a cuevas disimuladas con zacatal y descender al fondo de las barrancas.

El padre Vélez inicia la misa, tras él, sentados en sillas dispuestas en semicírculo, están los demás sacerdotes que miran hacia la entrada e hincados, de frente al altar, los dos ancianos que encontraron en el pueblo. Conforme avanza la ceremonia, van llegando con lentitud, con desconfianza, indios jóvenes, hombres de edad madura, mujeres con hijos a la espalda, niños que se tiran a jugar en el piso de tierra. Los sacerdotes fingen no ver el gesto receloso de los que entran para postrarse ante un crucifijo y la imagen de la virgen de Guadalupe mientras hacen la señal de la cruz y se quedan atentos a las palabras del rollizo sacerdote. A la mitad de la misa el templo está completamente lleno. El oficiante considera que es el momento oportuno para el sermón.

—Ejerciendo mis santas funciones, vine hasta acá para decirles que nuestro amado Rey y nuestro querido Virrey entristecieron al enterarse de que sus amados hijos, los naturales de estas tierras, dejándose llevar por la negra voz de la infidelidad, aceptaron el infame proyecto de coronar a un rey de su nación, olvidándose de ellos. Yo, tras conocer la funesta noticia, estoy aún sin darle crédito, los sabía montaraces y necios, pero nunca traidores. ¿Qué demonio los poseyó? ¿No se dan cuenta de que no existe soberano más noble y benigno que el que Dios ha escogido para estas tierras? Negar al Rey es como decirle a Dios que no aceptamos sus designios. ¿Se dan cuenta de la soberbia que representa querer poner un rey de su casta? ¿Olvidaron que ustedes sólo tienen dos reyes, que son Dios, Nuestro Señor, y nuestro amado soberano, don Carlos IV? —pregunta el padre Vélez mientras sus ojillos azules escrutan, como si quisieran encontrar ahí mismo al causante de la rebelión. Los rostros inmutables de los indios soportan la mirada.

—Procedieron miserablemente. Los disculpo porque sé que actuaron seducidos por la astucia de otros. ¿Qué lograron? sólo llenar cárceles y hospitales o enlutar hogares. Hay cientos de mujeres solas, cargadas de hijos hambrientos, porque sus maridos se apeñuscan en prisiones. Sus pueblos están desiertos, sus familias errantes en ásperos bosques, en montes plagados de alimañas. ¿Querían esto? ¿Acaso no creen en Dios, Nuestro Señor? —pregunta señalándolos con el dedo índice.

El silencio es absoluto. Son ahora los ojos de todos los indios los que se posan en su rostro. Por momentos, el padre Vélez cree ver en ellos maliciosos brillos, trata de mirar hacia otra parte, pero donde quiera hay ojos que parecen enfrentarlo. Sonríe, busca tranquilizarse tomar el hilo de la conversación, pero no puede. Tras él, los demás sacerdotes deciden entonar el aleluya. El padre Vélez considera inútil su prédica, sabe que lo han escuchado, pero que siguen y seguirán reuniéndose en la oscuridad de las cuevas, en lo escabroso de las montañas para dedicarse con toda libertad a sus ritos, y brindar ofrendas al sol, a la tierra, a las nubes, al mar. Hace poco, en el jacal de un indio cora moribundo a quien fue a confesar, encontró colgado un Cristo al que le habían puesto sobre el rostro una rueda de papel dorado, detalladamente decorada, de la que salían multitud de rayos, representando al sol. Ofendido, tiró al suelo el papel. Un hijo del moribundo le explicó, sonriendo, que Jesucristo era Tayó, el Padre Sol, pero disfrazado, para que no todos lo conocieran, y tranquilamente volvió a colocarle el símbolo sobre el rostro. Con huicholes, encontró que Cristo resultaba un héroe menor, encargado de rectificar o aprobar los actos de sus dioses creadores. Ha terminado el canto, le ha regresado la voz para decir:

—Pero contamos con un Virrey magnánimo. A pesar de la abominable traición, Su Majestad decidió perdonarlos. Si regresan y dan obediencia a las leyes, serán indultados. ¡Vayan!,

¡vayan en busca de los prófugos, cuénteles de este perdón! Dios los bendice dándoles un Virrey cuya bondad no merecen.

Los observa, en los rostros de algunos ahora se transparenta la angustia y se pregunta si es por el miedo de haber ofendido al Dios crucificado o es porque se dan cuenta de que deben dejar para después la idea de coronar a un rey suyo. Antes consideraba que sus palabras penetraban hasta lo más hondo del rústico entendimiento, pero ahora intuye que en la imaginación de muchos, el Rey Indio, con pectoral, rodilleras y cacles de oro, se ha sentado en su cómodo equipal esperando otra oportunidad.

—Cuando adviertan otro intento de sublevación, ustedes, como hijos de Dios, tienen la sagrada obligación de avisar a su cura o al justicial más cercano lo que saben, lo que han visto, lo que les han contado —concluye. Los indios asienten con la cabeza y él interpreta ese movimiento como una burla, pero sonríe y su sonrisa arranca suspiros de alivio entre quienes lo escuchan. Los hace rezar tres Padres Nuestros y da por terminada la ceremonia.

El pueblo de San Juan es otro, por su única calle bullen los niños seguidos de sus perros. Hombres y mujeres regresan del monte arriando puercos, gallinas y guajolotes que tenían escondidos en cuevas. Las chozas se llenan de barullos, por sus techos de zacate asciende el humo que indica que la lumbre está encendida y las mujeres preparan alimentos.

En la gran mesa del curato, contentos con el resultado, los sacerdotes anotan nombres de parajes, trazan rutas y se distribuyen los pueblos a los que irán el domingo a oficiar la misa: el cura Benito Antonio Vélez lo hará en Acaponeta y San José, el padre Guardián y el padre Zúñiga irán hasta San Blas, San Buenaventura, San Diego, San Pedro, Santa Cruz y Salsoca, el padre Agustín de la Peña oficiará en Huajicori y cinco pueblos cercanos, mientras el padre Madrid, se irá a Sayulilla y Pueblo Nuevo y el padre Francisco Rojas se encargará de Tecuala y de Olita. Confían en reducir a los indos por medio de exhortaciones y afianzar en ellos la fe. El padre Benito Antonio Vélez no es tan optimista, da por hecho que en los indios, generación tras generación, se mantiene intacta la fe de sus mayores.

José Pascual Ramos

17

El indio alcalde de Xalcocotán, José Pascual Ramos llega a su coamil, y siente tristeza de verlo abandonado, sobre la ladera en que está su tierra abrupta hay hierbajos, largas hojas y cañas resecas de maíz que quedaron tiradas después de la cosecha.

—Hoy te compongo —le promete a la milpa que tiene en la pendiente un cerro.

Un cielo azul y sin nubes le anuncia calor y sed. José Pascual Ramos se pone a cortar los tallos ásperos de las plantas de maíz. Sin buscarlos, muchos recuerdos se le amontonan causándole intranquilidad. Como si fuera ayer recuerda el lunes cinco de enero en que cerca de El Trapiche, acompañado por los de su pueblo, vio llegar a los alcaldes de Huaynamota y Mecatán con toda la gente que habían logrado reunir. Iniciaba la mañana y con esa luz calculó que eran más de cien los indios armados con garrotes, flechas y cuchillos, que se unían a los suyos. Se sintió fuerte: ahora eran tres pueblos y más de ciento cincuenta hombres dispuestos a ayudar a que Mariano se coronara Rey de Indias. Cambió la ansiedad que sentía en la boca del estómago por la esperanza, sintió alegría y al mismo tiempo urgencia de llegar a Lo de Lamedo para ver cuántos pueblos más estaban esperando al Máscara de oro.

Sentía orgullo de que su pueblo hubiera podido llevar la bandera grande y blanca con que lo habían comprometido; bandera cosida y ribeteada apresuradamente por María Crisanta, su mujer. Sentía orgullo de ver ese pabellón ondear en lo alto de un largo palo, sin importarle mucho que estuviera hecho con los dos manteles que había tomado de la capilla del hospital del pueblo.

Se limpia el sudor, sigue quitando abrojos, acomodándolos en la parte central del coamil para luego prenderles fuego. Piensa en su mujer, en María Crisanta, que ayer se puso a llorar. No la miraba desde hace más de veinte días, desde el domingo en que salió de su pueblo para irse a Lo de Lamedo. La percibió abrumada por el embarazo casi a término. Esperan al quinto hijo. Anoche, apenas lo vio llegar, ella se le fue a los brazos.

—Cuánto tiempo sin tantear ónde estabas usté. No te vi con los que agarraron, te soñé muerto —dijo, secándose las lágrimas.

Él tuvo que contarle que andaba huyendo, que se había escondido en una cueva de la sierra y ahí pasó días y días, con miedo de asomarse, con miedo a los soldados del Rey. Un día eso no le importó tanto y se echó a caminar. Se acercó a pueblos, a ver, a escuchar lo que decían. Quería saber si el Tlaxcalteco ya tenía corona de Rey y todos los pueblos eran libres. En lugar de eso, supo que los soldados estaban deteniendo a muchos indios, que las cárceles estaban llenas y... María Crisanta le cubrió la boca con una de sus manos.

—No quiero saber eso, nomás como estás usté.

Él la acostó sobre el tapeixtle y la tuvo abrazada toda la noche. Le acarició muchas veces el redondo vientre sintiendo que tocaba al hijo por nacer. Entre sueños, el cuerpo cálido de María Crisanta lanzaba suspiros. Él sólo pudo dormitar. Le parecía un sueño estar en su casa, dentro del abrigo de cuatro paredes, con su mujer, cerca de los hijos pequeños que dormían sobre petates y cueros de vaca.

Sus manos arrancan varejones, tallos aferrados a la tierra con la fuerza de sus raíces rígidas. Suda. Los rayos del sol calan, traspasan la protectora manta de su camisa y le calientan la piel morena. José Pascual Ramos vuelve a pensar en el cabildo que se hizo en el pueblo. Vuelve a pensar en la noticia que les despertó el asombro, porque no esperaban que el Tlaxcalteco llegara en esas fechas ni esperaban que la señal fuera una carta que puso nerviosos a los ancianos principales. El escribano tuvo que leerla dos veces más para que todos tuvieran la certeza de que el Rey Indio había llegado al fin y los esperaba —sin importar que tan viejos o jóvenes fueran— en las higueras de Lo de Lamedo. Recuerda cómo los principales cerraron los ojos y fumaron y parecían dormidos mientras pensaban en lo conveniente. Vienen a su memoria las palabras de Miguel Eustaquio, cuando le dijo que si tanto quería, fuera él solo, sin comprometer al pueblo. ¿Por qué no le hizo caso? ¿Por qué habló tanto defendiendo la idea de ir al encuentro del que los requería? Poco a poco prendió la sonrisa de los viejos, el gusto por saber que al fin terminarían con los abusos de los españoles y acabaron decidiendo que los indios de Xalcocotán harían caso al llamado. José Pascal Ramos no entiende por qué sentía tanto entusiasmo, tanta ansiedad por participar en la rebelión y por qué esa ansiedad lo hizo amenazar con pena de muerte a los que dijeron que no iban. Lo obedecieron todos y salieron del pueblo armados con garrotes y cuchillos, entre la angustia de las mujeres, la diversión de los niños, el redoblar de un tambor y ondeando una bandera hecha con dos manteles blancos.

Varas y yerbas secas forman un montón en el centro de su coamil. José Pascual Ramos quisiera olvidarse de que era todavía domingo cuatro de enero cuando llegó a Los Ahuacates y ordenó descanso. Su gente descansaba cuando pasó un indio y se les quedó mirando. Él le preguntó de dónde venía.

—Mejor estaría que se vayan, por el camino real andan muchos soldados —le dijo casi en secreto y sin esperar respuesta siguió su camino. Él quedó desconcertado. Fueron minutos en que no supo qué hacer. Al fin decidió enviar a un muchacho a Tepic.

—Anda la voz de que hay guerra, ve a Tepí, mira qué pasa y ven a decirme.

Anochecía cuando pensó que era mejor regresarse. Los de su pueblo encendieron lumbradas y calentaban las tortillas y tacos que serían la cena. Había gusto por platicar sobre la guerra y sobre cómo iban a matar gachupines.

Amaneció. José Pascual Ramos, debilitado por el insomnio, ordenó la marcha con la secreta esperanza de encontrar pronto al que había mandado a informarse. Se quedó a esperarlo en El Trapiche y ahí vio llegar a los alcaldes de Huaynamota y Mecatán con toda su gente. Al verse rodeado por tantos, al calcular que eran tres pueblos y más de cien hombres armados, olvidó por un rato la angustia.

—Guerriamos a los gachupines, los matamos, y ya nomás manda nuestro Rey —dijo uno de Huaynamota a los suyos, brillantes los ojos y los dientes, enarbolando el garrote que llevaba como arma.

Esperando al informante, José Pascual Ramos se fue retrasando. Adelante, muy adelante iban los tres pueblos y los dos alcaldes, atrás él, caminando con un grupo de sus hombres. Un indio les dijo desde atrás de unos árboles.

—Bájense del cerro, andan cercas las patrullas de gachupín.

A todos se les heló la sangre.

—No está bueno esto. Mejor descosan la bandera, guárdenla y vámonos en derechura pal otro cerro —ordenó tomando una vereda que descendía. Sus hombres lo imitaron. Sigilosos, continuaron la marcha por caminos apenas insinuados entre el herbazal. Los alcanzaron dos indios, uno de Huaynamota y otro de Mecatán.

—De parte de nuestros alcaldes, que bajen al camino real, pa juntarse con los pueblos —le dijo el de Mecatán.

—Díganles que nomás arreglamos una necesidá, y vamos —mintió José Pascual y los informantes corrieron a alcanzar a sus alcaldes.

—Yo espero al que mandé a noticiarse. Ustedes váyanse a Xalcocotán, cuidando que no los agarren —aconsejó a quienes lo acompañaban. En cuanto ellos se perdieron de vista, él echó a correr hacia un cerro donde conocía unas cuevas.

El sol casi llega al cenit y le picotea en la espalda. A machetazos, José Pascual Ramos ha limpiado más de la mitad del coamil. Con el dorso de la mano se limpia el sudor de la frente, de la sombra de un árbol descuelga un bule, lo pega a su boca y bebe ansioso el agua con que María Crisanta lo llenó. Agua de tinaja, traída del río, frescura que reposó toda la noche en un recipiente de barro del que tomó el sabor. Satisfecho, se sienta bajo el ramaje y siente nerviosismo sólo de pensar en todo lo que ha peregrinado.

Después de varios días dejó la cueva y buscó refugio en las barrancas. Ahí encontró a los que cuchicheaban que Tepic estaba lleno de soldados que hacían rondas mañana y noche, al que parecía indio y lo encontraban merodeando, lo amarraban para llevarlo a la cárcel. En estos tiempos, ser indio es delito grave, caviló un anciano. José Pascual se acercó para escuchar mejor. Sintió un aguijón en el pecho cuando hablaron de lo ocurrido en Lo de Lamedo:

—Les echaron bala a los que allí staban, sin que valiera que fueran viejos o señoras. Hubo montón de muertos y muchos heridos, dizque eran de Huaynamota, Mecatán y Xalcocotán. Agarraron a los dos alcaldes que hicieron frente, pero el de Xalcocotán se juyó y lo andan buscando —informó un muchacho. Él se alejó antes de que lo reconocieran.

Se internó en los montes buscando lugares seguros, sobreviviendo con agua de arroyos, con frutos, semillas y raíces de arbustos silvestres. No sabe cómo, haciendo caso a rumores y esperanzas, se fue hasta el río del Bejuco. Quería encontrarse a los cuatrocientos indios de taparrabo que, formados de cuatro en cuatro y armados con lanzas, flechas y cuchillos, hicieron frente a una compañía de soldados españoles, causándole muchos heridos y la huida estrepitosa; quería verlos, ver los penachos de plumas rojas que llevaban los que los dirigían, ser testigo de las lluvias de flechas que propiciaban, oscureciendo al sol; estar cerca, oler su sudor y su rabia, escuchar sus salvajes aullidos triunfales. No los encontró.

La ansiedad lo hacía buscar los caminos hacia Tepic, necesitaba saber qué había pasado con su pueblo, a cuántos conocidos habían apresado y de dónde eran los muertos. No recuerda la fecha, sólo que estaba oscureciendo cuando pasó por el rumbo de Xalisco. Iba a seguirse de largo, acercarse lo más posible a Tepic, cuando vio que de allá venían muchos soldados a caballo. Se escondió entre los arbustos y alcanzó a escuchar.

—En cuanto oscurezca, divididos en cuadrillas, vamos a las casas de los indios que traigo en lista, para tomarlos presos. Procuren hacerlo pronto y que ninguno escape.

José Pascual Ramos siguió a los de a caballo hasta la entrada del pueblo de Xalisco y ahí esperó, oculto del gran grupo de guardias y vecinos españoles armados. Podía escuchar los caracoleos de sus caballos y las voces con que imponían el silencio. En la iglesia del pueblo repicó la campana indicando el término de la oración. Como si sólo aguardara esa señal, el contingente rodeó el pueblo. Desde el montículo en que estaba podía distinguir las columnas de antorchas que iban de un lugar a otro. La incertidumbre no le permitió descansar. Amanecía cuando vio pasar la columna que regresaba a Tepic. Flanqueados, en medio de dos hileras de guardias y vecinos, iban amarrados muchos indios. Algunos no llevaban encima más que un taparrabo. Su corazón latía desesperadamente. Quiso contarlos y perdió la cuenta, pero sí supo que eran más de cuarenta.

—Aprenderán a ser fieles al Rey antes de que los ahorquen —les dijo el que iba al frente del grupo.

El miedo le hizo meterse al monte, correr desesperadamente hacia las montañas. En las barrancas encontró a indios que le contaban de la detención de alcaldes, escribanos y principales. Muchos hablaban de pueblos desiertos. Llegó la luna llena y él sintió ansiedad por ver a su mujer y a sus hijos. Dejó de importarle que lo detuvieran, sólo quería verlos, saber que estaban bien, y por eso anoche regresó.

—¡Pascual, Pascual! —grita María Crisanta, interrumpiéndole los pensamientos. Levanta la cabeza y la ve corriendo: se bambolea el gran abdomen mientras llega hasta él.

—¡Te buscan!, ¡vete! —alcanza a decirle.

—¿Quién?

—Un sargento, quesque te entriegues. Oí decir de guerras, vete Pascual, vete lejos, lejísimos —dice ella, jalándolo hacia el camino.

El alcalde la mira, no sabe cómo decirle que está cansado de huir, de esconderse, de recorrer cerros y cerros siempre escuchando una voz interna que le reprocha haber dejado a su gente sola. Contarle que de noche no puede dormir imaginándose a los hombres de su pueblo presos, confesarle que se arrepiente de haber amenazado a tantos con veinticinco azotes si no obe-

decían al Rey Indio. Niega con la cabeza la posibilidad de huir.
No, el ya no quiere hacerlo, piensa que es mejor enfrentar lo que
hizo y ser apresado, estar en las mismas condiciones que los de
su pueblo, sentirse uno con ellos, saber quiénes son los muertos.
Abraza a la mujer que gime y siente cómo en el dilatado vientre
se agita el hijo.

—Tanteo que mejor me doy preso.

—¡No!, ¡mejor júyete!

—No siento gusto así, soy de delito y tengo que pagar.

—¡Te van a matar!, ¡júyete! —grita, gime ella jaloneándolo.
Él la mira, se da cuenta que tanta angustia puede hacerle daño
y la abraza.

—Si me entriego, lo contarán a mi favor.

—¿Te pondrán libre?

—Tanteo que sí.

—¡Mejor júyete! —dice ella casi sin fuerzas, sabiendo que
miente.

Sosteniéndola, José Pascual Ramos la lleva hasta la casa.
Hace que se recueste en el camastro y le dice al oído que lo ha
pensado bien y ha decidido escapar. No debe preocuparse, por-
que regresará cuando pueda a conocer a su hijo. María Crisanta
sonríe al fin. Él se incorpora y sale. Ella agita la mano diciendo
adiós y mira la mañana que entra por el rectángulo de la puer-
ta, sin importar que la silueta del esposo ya haya desaparecido.

José Pascual Ramos corre, quiere llegar a su destino antes de
que le gane el arrepentimiento, quiere olvidar que apenas va a
cumplir treinta años, que siempre le han dado miedo las cárce-
les, los cepos, las enfermedades, todo lo que aprese o maltrate el
cuerpo. Salta un arroyo, baja una loma y avanza a la sombra de
muchos platanares. Al fondo del camino distingue una casa lar-
ga. Desde la cerca empiezan a ladrar algunos perros. Un hom-
bre de barba oscura sale rifle en mano.

—Alto o disparo, ¿por qué entras a mi propiedad, indio sin-
vergüenza?

—No desconfíe Su Mercé, busco el rancho de García.

—Éste es, ¿qué diablos quieres?

—Busco al sargento José García.

—Yo soy, para qué me buscas.

—Yo soy José Pascual Ramos, el alcalde de Xalcocotán que andaba juido, supe que Su Mercé me busca y vine a darme preso.

José Fernando Abascal y Souza

18

JOSÉ FERNANDO ABASCAL y Souza, caballero de la Orden de Santiago, brigadier de los Reales Ejércitos, comandante general de la Nueva Galicia, presidente de su Real Audiencia y gobernador intendente de la Provincia de Guadalajara, revisa los informes que le han llegado de Tepic. Frente a su gran bufete de madera labrada los lee uno a uno. Queda pensativo, con la vista fija en el estante de fina madera en que se guardan libros de gruesas pastas rojas. La habitación es amplia. Un sol radiante entra por los ventanales para resaltar los brocados que visten las paredes, las mullidas alfombras que cubren el piso. Se levanta, sale al balcón que da a la calle y mira las cúpulas de las iglesias, los edificios de dos pisos que se alcanzan a ver desde su gran casona.

Le preocupa el informe en que le avisan que el teniente Simón Valdés, buscando a los que merodeaban el paraje de Rosa Morada, encontró junto al río del Bejuco a más de cuatrocientos indios armados. Les pidió que se rindieran en nombre del Rey y ellos, en respuesta, dispararon flechas hiriendo a muchos de sus hombres. El teniente llevaba menos de cincuenta soldados y al ver que no podía enfrentarlos huyó. Le preocupa, porque el dueño de un rancho los vio también, lo mismo que un correo que se dirigía a Acaponeta. ¿De qué pueblos son éstos que atacan y desaparecen? Han de ser de los ásperos pueblos de la sierra del Nayarit. Indios indómitos a los que pudo dominarse hasta que pasaron doscientos años de conquista. Son pocos, muy pocos estos ochenta años que han podido controlar a estos indios flecheros con los que no hay que meterse y a los que se les dispensa el pago del tributo.

Otra de sus preocupaciones es el que se hace llamar Mariano. ¿Quién es en realidad? Leyó copia de la declaración de Juan Hilario, en que lo describe barbicerrado cuando los indios son lampiños. ¿Quién es el que se disfraza de indio menesteroso? El indio Mariano no es la invención que él pensó. Existe, lo vieron Juan Hilario, una mulata vieja y su nieto. ¿A quién vieron? ¿A quién obedeció Juan Hilario? ¿Será verdad que un aristócrata, dueño de enormes extensiones en Nueva Galicia, se valió de los indios para mostrar su inconformidad contra el Virreinato?

Se distrae por momentos mirando las cúpulas de la catedral, pero regresa a sus cavilaciones: ¿cuál es la verdadera causa de la sublevación de Tepic? Sus consejeros le recordaron ayer que los españoles buscan a toda costa que Tepic se convierta en villa, pero han encontrado la cerrazón rotunda de los indios, enterados de que si eso sucediera, perderían muchas de las tierras comunales. Le recordaron que por octubre vino a Guadalajara una comisión de indios entre los que se encontraban Juan Hilario Rubio, a pedir que Tepic siguiera siendo pueblo. Entonces, ¿algún español aprovechó la leyenda del Tlaxcalteco y se disfrazó de indio para hacerlos cometer traición al Rey y así librarse de alcaldes y ancianos del cabildo que se oponen a la creación de la villa de Tepic? ¡Cómo le gustaría saber la verdad!

Un lacayo de cámara entra y lo interrumpe.

—Su Excelencia, el coche está listo —informa haciendo una profunda reverencia.

José Fernando Abascal y Souza va a reprenderlo, pero mira el alto reloj y se da cuenta de la hora. El presidente de la Real Audiencia pertenece a la nobleza de Oviedo, España, está acostumbrado a mandar y sus labios nunca dejan el rictus enérgico. Esto lo sabe el sirviente, que espera temeroso la reprimenda.

—Bajaré en un momento —responde. El criado hace otra reverencia y se aleja.

Ayudado por dos criados, sube a la negra carroza que lo

aguarda. Desde el pescante, un cochero deja caer débilmente el látigo en las ancas de los caballos, para que éstos avancen con suavidad por las empedradas calles de Guadalajara: no quiere reprimendas, sabe que a su pasajero le molesta que el vehículo vaya dando tumbos.

José Fernando Abascal y Souza continúa pensativo. Mira el forro de terciopelo negro en que resaltan incrustaciones de carey, se contempla en el espejo que tiene al frente y constata que en su complexión robusta han dejado huella los casi sesenta años de edad: la amplia frente presenta arrugas, su nariz aguileña parece más crecida, sus ojos azules casi se pierden en los párpados hinchados. Sus cejas negras se fruncen ante la luz repentina del sol, que le da en el rostro, iluminando su blanquísimo cabello. Abre el cartapacio y encuentra una misiva que llegó de México, en ella está el Real Acuerdo, en que el Virrey y los oidores de la Real Audiencia de México, le agradecen el tino y prudencia con que ha procedido.

El comandante general de la Nueva Galicia recuerda la larga noche del tres de enero, cuando a matacaballo llegó un correo a darle la noticia de la sublevación de Tepic. Revisó los documentos que le enviaban. Todos eran prueba de que los indios conspiraban contra la legítima soberanía de quien él considera el mejor de los monarcas. Respondió a los subdelegados y al comandante Francisco de Eliza aprobando de antemano las disposiciones que tomaran para la defensa. Les encargó aprehender a todos los que asistieran a Lo de Lamedo, e impedir a toda costa que las cartas llegaran a los indios del Nayarit y a la frontera de Colotlán. Ordenó que se desbaratara a la fuerza todo grupo de indios que quisiera formarse. Dispuso que marcharan inmediatamente hacia Tepic ochenta hombres del Batallón Provincial, con oficiales, sargentos, tambores y, además, diez Dragones del Rey, que tenía a su disposición. También previno al coronel de Dragones de Nueva Galicia, y a los escuadrones cercanos, que fueran a Guadalajara. Al día siguiente, a las siete de la mañana reunió al regente, oidores, alcaldes y escribanos en la Real Audiencia. La sala de Justicia se llenó de exclamaciones que hablaban de sorpresa, incredulidad o indignación.

Encuentra en el cartapacio un informe del comandante Francisco de Eliza

—¡Vaya con ese comandante de armas! —exclama, arrugando el papel.

Le disgusta pensar en el comandante encargado de la seguridad de Tepic, que le ha mandado tantos informes, lo mismo que al Virrey, agrandando más la tensión. Recuerda con fastidio sus diarios de operaciones, suscitó la alarma al informar que había aprehendido a dos indios coras, y que éstos habían declarado que todos los pueblos de indios iban a Colotlán, a coronar a un rey de su clase, dando por ciertos los rumores de que ascendían a treinta mil hombres los que obedecían al Tlaxcalteco. Ante esto, él pensó que la sedición había llegado hasta los incontenibles y fieros indios del Nayarit y alertó al gobernador de Colotlán. Se enviaron vigías, y se cercó Tlaxcala sin que nada pasara. Siguieron llegando partes en que el comandante de armas mencionaba que tenía informes de que venían a apoyar a los sublevados miles de fieros indios yaquis, acompañados por los del Río Colorado y Durango. Pero colmó las exageraciones cuando informó que un mulato encontró a tres jinetes, un español, un mulato y un indio, acompañados de sirvientes y guía, que le preguntaron si ya habían hecho preso al Tlaxcalteco y ahorcado al alcalde y al escribano y también si ya habían aparecido en San Blas las catorce embarcaciones inglesas. Cundió la alarma en Guadalajara y México. Estaba en su apogeo la guerra entre Inglaterra y Francia por el control de las rutas marítimas; España, como aliada de Francia, también participaba y los piratas ingleses atacaban los puertos que las autoridades españolas no alcanzaban a reforzar militarmente. El temor constante de que Inglaterra invada a Nueva España, creció. Fueron días de planear arduamente la defensa y pedir desplazamiento de tropas.

Viendo la emergencia, el Virrey le aconsejó que pusiera sobre las armas al Batallón de Milicias Provinciales de Guadalajara, al Regimiento de Dragones de Nueva Galicia o Aguascalientes, a la Primera División de la Costa Sur y a la tropa de Colotlán. Como comandante general, José Fernando Abascal y Souza esperó con los músculos tensos. El Virrey le extendió un poder para que los administradores de rentas de alcabalas, tabacos, pólvoras, naipes y todos los pertenecientes al real erario, le entregaran el caudal que él les pidiera, porque la defensa era una acción prioritaria. Sintió rabia al darse cuenta de que los informes del comandante de Tepic sólo se basaban en rumores. Molesto por las exageraciones de Francisco de Eliza, le envió un formulario para que de acuerdo con él informara, anotando sólo disposiciones, providencias y resultados. Le dejó bien claro que escribiendo menos, informara más.

El carruaje llega a la Real Audiencia, la institución encargada de ejercer la justicia en nombre del monarca. Dos mozos lo ayudan a descender, dos guardias lo escoltan hasta la sala de Justicia, donde ya se encuentran el regente, los oidores y los alguaciles. Todos lo saludan con una gran caravana. Después del Virrey, él es la persona más importante en la Nueva España. Le reconocen talento militar y político, lo demostró al tomar parte en la defensa de La Habana, frente a los ingleses, quizá es por eso que el rey Carlos IV lo eligió comandante general de la Nueva Galicia. Toma asiento. Uno de los secretarios lee el Real Acuerdo que enviaron desde México, firmado por el fiscal de lo civil, don Francisco Javier Borbón:

—Haciendo míos los pareceres de los ocho maestros del Real Acuerdo, siendo cierta la sedición, no hay duda del movimiento de los indios. Pero hay que aclarar que las leyes dictadas a principios del siglo XVI, sobre sedición, alboroto, y levantamiento de indios, que en ese entonces eran bárbaros e incultos, no se pueden aplicar a este siglo, en que ellos están conquistados, catequizados y civilizados, y no obran por rusticidad o barbarismo, sino con mentalidad delincuente. Ahora no pueden regir las mismas leyes que prescribían suavidad para con ellos, por mirarlos bárbaros. Ahora tienen religión y, algunos, hasta pensamiento. Por esto deben castigarse severamente, de otro modo, en el Virreinato se caerá en inercias y falta de poder.

Al escuchar la conclusión, José Fernando Abascal sonríe. Está convencido de que los indios deben castigarse y este Real Acuerdo le facilitará el hacerlo. Los castigará a pesar de las recomendaciones del virrey Félix Berenguer de Marquina, quien le pide proceder sin perder de vista las leyes que de alguna manera favorecen a los indios. Le molesta que el Virrey siempre busque un trato benigno para los delincuentes, están bien sus buenas intenciones, pero su actitud lo hace ver como alguien carente de energía para el buen gobierno. Le desilusiona también que el fiscal de Borbón se haya reblandecido. En la carta que le envió una semana atrás, decía que además de lo que resolviera el fiscal del crimen, él pediría que se castigara ejemplarmente a los culpables y a los que estaban atrás de la sublevación para que recibieran un escarmiento; además solicitaría que se asegurara al indio tlaxcalteco que se hacía llamar Mariano. De ser posible su aprehensión, debía quitársele la vida para sofocar a sangre y fuego el conflicto; que a estilo de guerra se mandara ahorcar, azotar y castigar a cuantos reos fuera posible, para llenar de horror y ejemplo a los demás.

La sala se llena de murmullos, algunos jueces comentan el Real Acuerdo, pero al presidente Abascal, que escuchó lo que quería, ya no le interesan los comentarios. Sigue preguntándose quién está atrás de la sublevación, piensa que tal vez un español nacido en los contornos, celoso de los privilegios de que gozan los españoles nacidos en Europa. Alguien con poder y dinero suficiente se valió de los indios para expresar su inconformidad porque los llegados de España ocupan los mejores puestos, dejando para los nacidos en Indias puestos de segunda categoría. Íntimamente, espera a que llegue un correo desde Tepic, a matacaballo, a decirle que capturaron al indio Mariano, pero nadie trae la noticia y su curiosidad crece. Anda por calles, tertulias y saraos el rumor de que fue el conde de Miravalle el que urdió el movimiento. Ya lo investigan. Está seguro de que una persona de razón propició la rebeldía.

José Fernando de Abascal y Souza se siente desgastado por los acontecimientos que se han dado durante todo el mes de enero. Les reconoce a los subdelegados el trabajo de tomar declaración a uno por uno de los sublevados. Los imagina tensos ante las respuestas simples de los indios. Tomás de Escobedo y Daza en Ahuacatlán, Francisco de Lagos en Santa María del Oro y Melchor de Arantón en Sentispac, se han encargado de las declaraciones de casi cien indios. Pero el trabajo más fuerte lo ha realizado el subdelegado de Tepic, Juan José de Zea, que, apoyado por sus alcaldes ordinarios de primero y segundo voto, toman declaraciones y arman los expedientes de más de doscientos.

Piensa enviar reconocimientos a quienes han aprehendido a más rebeldes, tomará en cuenta al capitán de fragata, Salvador Fidalgo, por los setenta y cuatro que apresó en Lo de Lamedo; al capitán de milicias, Leonardo Pintado, por los treinta y tres que capturó en la laguna de Tepic; al teniente Simón Valdés, por los doce indios que detuvo al salir de una iglesia; a don Melchor de Arantón por once; al teniente de Compostela, Antonio Flores, que detuvo a quince; al subdelegado de Tepic, que mandó detener a treinta y cinco indios de ese pueblo, y ordenó a Matías de los Ríos la detención de cuarenta y seis indios de Xalisco. ¡Cuántos indios! La sublevación tiene a reventar las cárceles.

Ahora, en la sala de Justicia se lee la carta que envió el obispo de Nueva Galicia, don Juan Ruiz de Cabañas y Crespo:

—En respuesta a vuestra petición, de que mandara a mis clérigos para que con exhortos y maneras suaves convencieran a los naturales ocultos en parajes y barrancas de que volvieran a sus reducciones, informo que los religiosos cumplieron su sagrada misión. Los naturales ya no representan una amenaza y han vuelto a ser vasallos fieles a Carlos IV. Si Dios lo eligió Rey, nosotros debemos mostrar nuestra fe, obedeciéndolo ciegamente.

José Fernando Abascal ya había leído esta carta. Mandó felicitar al obispo por tener clara la misión de los religiosos respecto de la fidelidad que los vasallos deben a su Rey. Considera que España y Nueva España no volverán a tener un soberano de tan buenos sentimientos y capacidad de gobierno como Carlos IV.

Por orden del virrey Félix Berenguer y Marquina, redactó un indulto que debía darse a los clérigos y colocarse en los parajes donde pudieran verlo los indios, alguno sabría leer e informaría a los demás. Recuerda lo difícil que le fue escribirlo en términos de conciliación: "Atendiendo a las reales piedades de Su Majestad, que busca beneficiar a sus amados vasallos, se declara que: Si en término de ocho días, siguientes a la publicación de este bando, se restituyen a sus pueblos y ahí se mantienen los indios que se hayan ausentado de ellos, serán tratados y perdonados con arreglo a las leyes reales y cédulas de Su Majestad. Conocerán de nuevo el amor que les tiene como moradores de estos opulentos y preciosos dominios. Pueden presentarse hasta quince días después, con tal de que no sean cabezas del movimiento". Lo envió a Tepic, pero luego mandó un correo extraordinario que lo detuviera, previniendo que no estuvieran detenidos aún los principales de la conspiración.

La Real Audiencia concluye:

—Al ya no haber amenaza de indios en parajes y barrancas, al resultar sólo rumores la invasión de indios yaquis y el levantamiento de los indios del Nayarit, la conjuración se considera disipada. Por lo que ahora debe enviarse a la Real Audiencia de Guadalajara a los responsables de la sublevación, para juzgarlos y castigarlos.

José Fernando Abascal y Souza no está muy de acuerdo con que la amenaza de los indios se haya disipado. Considera que el peligro está latente, pero se alegra de la decisión de trasladar a los reos a Guadalajara. Lo tenía previsto. Ya había alertado al subdelegado de Tepic para que concluyendo las declaraciones, se preparara para el envío de expedientes y presos. Ya había aprobado el gasto para la compra de colleras y esposas. Serán más de ciento setenta indios los que deben enviarle en la primer collera, para que la Real Audiencia de Guadalajara continúe su proceso. No cabrán en la Real Cárcel de Corte, hoy mismo verá que el viejo hospital de Belén se acondicione para recibirlos.

Juan Hilario Rubio

19

AL SON DE CLARINES Y TAMBORES, más de setenta indios son sacados de la Real Cárcel de Tepic y colocados en el terreno amplio y cuadrado que sirve de plaza. Alrededor, los integrantes de la Compañía de Infantería Provincial de Guadalajara hacen esfuerzos por mantener bajo control a la turba que pretende acercarse a ellos. Son familiares de los presos, saben que se los llevan lejos, que quizá no vuelvan a mirarlos y quieren hablarles, tocarlos, despedirse, sus frases, sollozos y gritos colman el aire. Un sol tibio salió de atrás de los montes y calienta los cuerpos morenos. Las mujeres empujan con toda su desesperación y logran romper el cerco que los soldados crearon alrededor de los detenidos. Son madres, esposas, hijas que corren a abrazar a los reos. Ante tal situación, Manuel del Río, capitán de granaderos encargado de conducir la cuerda de reclusos a Guadalajara, da órdenes a sus milicias de que agranden el cerco y permitan por unos minutos los abrazos y las despedidas. Los presos no podrán escaparse porque ya traen puesta la collera, y de un extremo parte una cuerda que permitió amarrarlos a otras más largas y gruesas.

Se escuchan más tambores. Llegan a la plaza, en otra cuerda larga, con la collera bien puesta, más de cincuenta reos que estaban presos en la cárcel de mujeres. Por el otro extremo viene la cuerda de los indios detenidos en el cuartel de Tepic. Gritan las mujeres al encontrar a sus maridos, lloran las ancianas al acariciar al hijo, guardan silencio los muchachos, bajando la mirada ante el padre amarrado por el cuello.

El capitán de granaderos, Manuel del Río, hace un gesto de molestia, desde las cuatro de la madrugada inició la actividad en las cárceles y el cuartel. Su personal dispuso las cuerdas, pero fue imposible no tardarse en pasar lista, constatar que estén los ciento setenta y siete, colocarles la collera, unirlos a la cuerda. Cuánta indiada, piensa y suspira al recordar que aún faltan los que apenas están rindiendo declaración, sin contar a los que quedan en cárceles de pueblos y cabeceras, más los que están pensando detener, y los que enfermaron y llenan los hospitales. Reos de los pueblos de Jalisco, Tepic, San Andrés, Acatán, Huaynamota, Mecatán, Xalcocotán San Luis, Zapotlán de la Cal, Tequepexpan y otros de los que no se aprendió el nombre, están en sus listas. Cuánta indiada, se lamenta. De los ciento setenta y siete reos sólo ciento veinte van esposados. Ordenó poner esposas de hierro a alcaldes, escribanos e indios principales considerados cabecillas, y después distribuyó las restantes entre los que consideró fuertes, robustos o peligrosos. Debe responder por todos los presos y lo hará. Lleva para gastos de diez días solamente doscientos veintiún pesos con dos reales, considera insuficiente ese dinero, pero tiene la intención de hacerlo rendir. En cada pueblo en que se detengan comprará suficientes comestibles y contratará mujeres indias que por unos reales o gratuitamente preparen frijoles, quizá una sopa y también tortillas, muchas tortillas para llenar ciento setenta y siete bocas hambrientas de tanto caminar. Aparte, debe dar de comer a la Compañía de Infantería Provincial de Guadalajara y al piquete de Dragones que lo acompaña. Cuántos gastos, piensa el capitán de granaderos Manuel del Río. Hace mucho que escuchó las campanas de las iglesias dar las ocho de la mañana, se hace el propósito de salir de Tepic antes de que las campanadas marquen las nueve.

El principal Juan Hilario Rubio mira con ansiedad a su alrededor. Han pasado minutos y no distingue entre tantas mujeres a la suya. Siente envidia por los que son besados y abrazados, por los que acercan la frente para ser santiguados. Los sollozos de alrededor lo van reblandeciendo. Cuando las lágrimas van a traicionarlo, levanta los ojos hacia un cielo sin nubes. Toma aire lentamente, lo suelta con disimulo y entre dientes hasta que vuelve a sentir los ojos secos. La tristeza lo está desarmando. Creía que Gertrudis Real, estaría ahí, en la despedida. Necesita mirarla. ¿Por qué no vino? ¿Por qué lo dejó a su suerte en este momento tan triste?

Se siente inerme, completamente solo entre la aglomeración y los empujones, completamente viejo y derrotado. Y los hijos, ¿por qué no vinieron los hijos?, ¿dónde están Marcelino Seráfico, Juan Bautista y José Tomás, sus hijos mayores? ¿Dónde está Gertrudis con los niños pequeños? Ingratos, tantos cansancios para hacerlos crecer y así pagan. De haber sabido que se iban a comportar de esa manera, no se hubiera tomado el trabajo de juntar por años terrones y golpearlos hasta volverlos polvo, para luego revolverlos con zacate y rastrojo. Tampoco se hubiera cansado en acarrear baldes y baldes de agua desde la acequia para reblandecer esa tierra y no hubiera sudado tanto en revolverla ni trabajado hasta sentir las piernas débiles y temblonas. Cuántas tardes sintió el piquete del sol quemándole la espalda de tanto encorvarla, de tanto formar gruesos adobes que secados al sol eran cambiados por pequeñas monedas que le permitían darles de comer a todos. Vuelve a tomar aire, vuelve a levantar el rostro pero aún así le escurren lágrimas. Cómo quisiera tener libres las manos para borrarlas a manotazos.

Mientras más pasa el tiempo, más desea que se lo lleven, que las cuerdas avancen y lo saquen de Tepic, que lo arrastren hasta Guadalajara y ahí lo maten. Sí, que lo maten para ya dejar de pensar en que no se equivocó, que Mariano era en verdad el Máscara de oro, el tlaxcalteco que los pueblos estaban esperando, y también el Rey Indio que faltaba en la adoración del niño Dios. Está cansado de responder interrogatorios, de que lo tengan aparte para que no pueda ponerse de acuerdo con los demás. A media noche, cuando los guardias dejaban de hacer resonar sus botas por el pasillo y quizá se sentaban a descansar, escuchaba los murmullos de los que compartían las celdas de los lados. Los escuchó ponerse de acuerdo para decir en sus declaraciones que venían a Tepic sin saber a qué, porque sus alcaldes no se los dijeron ni ellos preguntaron, acostumbrados como estaban a obedecer. Eso estaba bien, era mejor que los alcaldes, escribanos y viejos principales cargaran todas las culpas, para que las secretas conspiraciones de los pueblos no se supieran.

Se está sintiendo culpable de la aflicción que lo rodea. Mira hacia las otras cuerdas: en la de la derecha, un poco al frente, está su compadre Pedro Antonio, el alcalde de San Luis de Cuagolotán. La comadre María Isabel lo abraza y él sólo atina a recargar la cabeza en su hombro. Pobre compadre Pedro Antonio, de qué le sirvió ser tan listo si ahora luce flaco y desmejorado, pobre comadre que se queda sola con tanto hijo, piensa. Una especie de remordimiento lo hace mirar hacia otro lado. A la izquierda están los de Xalisco, formados uno atrás del otro: ve primero al alcalde José Andrés López, luego a su escribano Juan Crisóstomo Urbina y después el principal Felipe Santiago. Los tres están rodeados de familiares.

Siente una mirada y voltea, algunos lugares atrás está el escribano Juan Francisco Medina, que lo mira fijo: cuánto odio hay en sus ojos. Se está acostumbrando a esas miradas, desde ayer que lo sacaron del aislamiento las encuentra en todos lados. Pero también encuentra miradas que le hablan de admiración, de respeto, de envidia, ha de ser porque saben que fue de los pocos que conoció al Tlaxcalteco, que habló con él, y tuvo la suerte de que lo nombrara su mensajero. Juan Francisco sigue demostrándole su odio. No, él no debe agachar la cabeza, lo han tachado de necio y así debe comportarse, que nadie piense que Juan Hilario Rubio está arrepentido, que nadie sepa que apenas duerme reprochándose el haberle hecho caso al Tlaxcalteco. Sin embargo aún confía en él, aún tiene la esperanza de que lo salve. Lo imaginaba capitaneando multitudes de indios y asaltando el cuartel. Nada de eso pasó, pero puede pasar en cualquier momento y aún aguarda. El Rey de la máscara de oro existe, está en la esperanza de los pueblos y no se moverá de ahí tan fácilmente. Busca con la mirada a su alcalde y no lo ve por ningún lado. ¿Será cierto que José Desiderio Maldonado está muy enfermo?

Cuántos detenidos, nunca imaginó tantos. Delante de él va un preso con cara de español. ¿Por qué lo detuvieron? ¿Por qué lo llevan entre tanto indio? Es alto, barbado, y pálido, recibe el mismo trato que todos, ¿qué habrá hecho? De pronto ve frente a él a José Estanislao, el nieto de María Paula de los Santos.

—¿A qué veniste, infeliz? ¿A darse gusto viéndonos con esta maldita rueda en el pescuezo? ¿A reírte de que parézcamos güeyes de yunta? Lárgate, ve a contarle a tu agüela cómo me llevan, ríanse de mí hasta enseñar las muelas, que al cabo a la maldita María Santos también le va a tocar, porque cuando yo hable, voy a echarle muchas culpas —amenaza. El muchacho sólo acierta a correr.

De nuevo empieza a dolerle la soledad, eludiéndola, se fija en los caballos que montan los Dragones de Nueva Galicia, animales de alzada que caracolean y piafan, como si estuvieran igual de impacientes que él por salir de Tepic.

—Aquí stás... —dice una voz conocida, y una mano fría se posa en su hombro. A un lado, pálida y con el hijo más pequeño agarrado de la mano está su esposa, Gertrudis Real.

El corazón le da un vuelco. Se queda sin movimiento, sólo mirándola. Ella lo abraza y se pone a llorar.

—Andaba allá, abrazando a mis hijos, que ya se los llevan —dice para justificar la tardanza, señalando el final de una de las cuerdas.

—¡Cuáles hijos! —casi grita Juan Hilario agrandando los ojos.

—Pos... Marcelino Seráfico, Juan Bautista, y José Tomás. No te dije que los agarraron, ¿pa qué te decía yo?

—¿Vienen... aquí?

—Mero en la otra cuerda.

—Ellos... por qué ellos...

—Dicen que tú eres la principal cabeza y tantean que ellos te ayudaron.

—Pero mis hijos no... —calla Juan Hilario, no quiere decirle que así lo planeó. Nunca enterar a sus hijos para que, si la señal no era verdadera, no arriesgarlos, para que por más que les pregunten no puedan encontrarlos culpables.

—A los días que te agarraron a ti, fueron a sus casas por ellos. Los tenían en la cárcel de mujeres... Muchos me dicen que te van horcar.

—No les creas, dicen eso pa meternos miedo —responde queriendo tranquilizarla, pero está seguro de que le espera la horca.

Súbitamente, los de la compañía de infantería provincial arrancan a la mujer que lo aferraba. Llora el niño pequeño, grita Gertrudis Real.

Las cuerdas avanzan como gusanos lerdos. Aunque siente que las piernas apenas le responden, Juan Hilario trata de caminar al paso de los demás. La impresión de saber que sus hijos también van en las colleras lo ha dejado sin fuerza, con una sensación que le aprieta pecho y garganta dificultándole la respiración. Le pesan los huaraches y los años, lleva la boca seca y apenas siente los brazos esposados a la espalda. Hay momentos en que la collera lo jala, rozándole la piel del cuello y le provoca ardores.

Ha tratado de voltear, de ver el final de las cuerdas sin conseguirlo. No deja de pensar en sus hijos y el sólo evocarlos le produce angustia. Imagina a Marcelino Seráfico, Juan Bautista y José Tomás, amarrados del cuello, como animales, al igual que él, sintiendo el sol inclemente, la sed, el sudor que arde en los ojos y el miedo de perder el equilibrio que a él lo martirizan. Sabe que es viernes porque una mujer lo dijo, sabe que será más de una semana de camino porque lo escuchó decir a unos soldados.

Por la orilla del camino real va una larga caravana de reos, a los lados, vigilándola, amenazándola, va una parte del Regimiento de Dragones de la Nueva Galicia y la compañía de Infantería Provincial de Guadalajara.

—Si ya quieren descansar aviven el paso, estamos llegando a Santa María del Oro —grita uno de los sargentos. Sus palabras animan a los que parecen desfallecer.

Juan Hilario mira al frente y se da cuenta de que está a minutos del descanso. Sus oídos captan el toque de campanas que alerta a los pobladores de la presencia de los presos. Ladridos de perros, niños semidesnudos que siguen la comitiva. Pasan los reos por calles polvorientas, los que van descalzos sienten lo caliente de los empedrados. Desde las cercas de palos se alargan las ramas y la sombra de los árboles. La gran laguna queda lejos y no puede brindarles su frescura.

En la plaza, apeñuscados bajo la sombra de los árboles, intentan descansar los castigados. Hay indignación en los finos rostros de los españoles, piedad en las muchachas criollas que les acercan jícaras de agua, prisa en las mujeres indias que preparan tortillas o vigilan el hervor de los frijoles. Cuando se pone el sol la cárcel los acoge. Unidos por el cuello, pegado uno junto al otro para caber en un patio que resulta insuficiente, los presos se disponen a dormir.

Juan Hilario piensa en el indio Mariano, lo maldice entre dientes y trata de olvidarlo, pero el recuerdo no se va. Si es que un día llega a verlo, le reclamará que creyó en él, tanto, que mandó a hacer la bandera que le encargó. Sobre la tela roja resaltaba la imagen de la virgen de Guadalupe. La ondeó deseando que llegara el seis de enero para coronarlo Rey, y ayudarlo a matar gachupines. Le dirá que ya preso siguió esperando el día de Reyes. La noche del cinco de enero no cerró los ojos pensando en que seguramente el Máscara de oro estaba en las higueras de Lo de Lamedo, rodeado de cientos de indios, esperando la luz del día para tomar Tepic. Amaneció, las campanas de las iglesias llamaron a la misa de Epifanía, a la oscuridad de la celda entró una rendija de día y él espero. Por tarde el cuartel se llenó de tamborazos y gritos y volvió a levantarse su esperanza. No era el Tlaxcalteco que llegaba a salvarlos, sino una cuerda larga de indios apresados en Lo de Lamedo.

Al día siguiente hubo otra vez tambores. Por las pláticas de los que cuidaban los pasillos supo que habían llevado a más de treinta indios capturados cerca de la laguna de Tepic. Su fe se tambaleó y para el miércoles ya no tenía esperanza. Un rencor sordo por el indio Mariano y María Paula de los Santos le hacía apretar los dientes. Pero cada día nace la esperanza, crece con el sol y se apaga con él.

—Maldito indio tlaxcalteco, Máscara de oro, Mariano, José María, Simón o como te llames, ¿cuándo carajos vas a venir?

Es sábado a media tarde y caminan sobre las ennegrecidas piedras que dejaron las erupciones del volcán Ceboruco. A lo lejos, como una esperanza, se levantan las torres de la iglesia y el antiguo convento de Xala. La prisa por llegar hace que la cuerda se tense y la collera lastime.

Cae la tarde. Las jícaras de agua de masa y de frijoles cocidos son arrebatadas. Muchas manos se tienden ansiosas, los dedos se mueven como gusanos ciegos, buscando sin encontrar con qué saciar el hambre y matar la sed. En Xala no hay cárcel, por eso, con toques de campana y redobles de tambor llama el capitán Manuel del Río a la población de españoles, para pedirles a los ciento cuarenta y dos habitantes blancos, que ayuden a los soldados a cuidar a los reos, porque por esa noche les será quitada la collera.

Juan Hilario aprovecha la libertad del cuello para buscar a sus hijos. Cuando los encuentra, el valor que había juntado para hablarles se le resquebraja. Sus ojos están llenos de lágrimas. Lo vence el dolor y solloza frente a ellos. Marcelino Seráfico se hinca y, sin que el principal lo espere, le besa la mano. El anciano no puede dejar de llorar.

Derribados por el cansancio, en la plaza del pueblo duermen los caminantes, alrededor, entre charlas y lumbradas, una multitud de ojos los vigilan.

Es domingo, avanzan sobre terrenos planos y pasan a un lado de la meseta de Juanacatlán, al fondo, destacando sobre un cielo sin nubes ven el cerro de Cristo Rey. Los indios que han sido arrieros se alegran, porque saben que están llegando a Ixtlán, a su río chico y a su río grande. Se alegran porque ese día sólo fue necesario caminar dos leguas para llegar al sitio donde podrán descansar la sed y el hambre a la sombra de los árboles de la plaza. Es un regalo, comparado con todo lo que se sufrió para llegar a Santa María del Oro y después a Xala. En el pueblo tampoco hay cárcel, el capitán de granaderos Manuel del Río organiza a los pobladores para que formen cuadrillas que apoyen de tarde y noche, turnándose para el cuidado de los presos. Muy de mañana, entre repique de campanas y escándalo de tambores las hileras vuelven a formarse. Los habitantes de Ixtlán regresan a sus rutinas cuando soldados y reos sólo son nubecillas de polvo que se levantan sobre el camino real.

Es lunes, las cuerdas de reos suben y bajan por un camino que se interna entre los cerros. A medida que ascienden el aire se enfría, las camisas raídas apenas cubren la espalda. Avanza la collera, se calienta el cuerpo a base de esfuerzos, se lastiman los pies descalzos en las piedras filosas de los cerros. En veredas que descienden, trepan o bordean cerros, relinchan, resoplan los caballos del Regimiento de Dragones. El capitán de granaderos se fija en un hombre que trastabilla. Va enfermo. Ordena que lo saquen de la cuerda y lo trepen a un burro. Lo reconoce, es Nicolás García, el alcalde de indios de Santa María del Oro. Desde Ixtlán se ha venido quejando de dolor de costado.

Es martes cuando entran a Barrancas, el clima sigue frío y en ratos el esfuerzo de la caminata calienta el cuerpo. Desde su montura, el capitán Manuel del Río se sorprende del estoicismo de los indios, creía que los viejos, que son la mayoría, iban a negarse a caminar, quizá a suplicar que se les tuviera compasión, pero ellos avanzan callados, metidos en sus reflexiones y su dignidad. ¿Qué pensarán?, se pregunta, ¿por qué no suplican por más comida o por un descanso a mitad de cada jornada? Caminan, como si estuvieran acostumbrados a la distancia y al maltrato, como si fuera rutina realizar esos esfuerzos. Por los pueblos que van pasando él va pidiendo en préstamo caballos y burros para los de infantería. Ya casi todos van montados y sólo los indios continúan con su caminar terco, digno, milenario.

Es miércoles y han dejado Mochitiltic, el sol entibia los cuerpos ateridos y las gargantas que tosen. Las piernas, los muslos siguen moviéndose a ritmo monótono y constante. En todos lados los persigue la sed. Juan Hilario mira que, además del alcalde Nicolás García, ha sido trepado en otro burro el alcalde de Tepic, Desiderio Maldonado. Se ve más enfermo que el otro, quejándose de dolor de costado.

El jueves llegan al juzgado del pueblo de La Magdalena. Los dejan descansar mientras los cuentan y les pasan lista, después continúan caminando hasta Tequila. El capitán de granaderos se asombra de que ningún indio intente escaparse cuando lo desamarran de la cuerda, parece que trajeran una collera invisible que los une a la desdicha de los demás.

Es viernes cuando llegan a Amatitán, los caminantes son una masa exhausta, pero que no se queja. Otra vez a pasar lista, a darse cuenta que todos los indios están ahí, apretujados, sudorosos, enfermos, pero en silencio. Les brillan los ojos oscuros mientras se sumergen en sus pensamientos.

Entran en sábado a Guadalajara los que han dado en llamar "los rebeldes de Tepic". En las calles, la gente se apretuja para verlos pasar. Los anuncian tambores y clarines. Los presos forman hileras renegridas y sudorosas que caminan rumbo a la cárcel. Su picante olor provoca que, en los balcones, las damas se aprieten la nariz o agiten más el abanico mientras lanzan flores y pétalos sobre los uniformes del Regimiento de Dragones y el ropaje azul de la Compañía de Infantería Provincial. Los curiosos que están en las aceras contemplan ropas sucias y deshilachadas, colleras manchadas de sudor, huaraches rotos o talones abiertos. Pero les basta seguir el ritmo de los redobles, contemplar la gallardía de los de a caballo, para olvidar que atrás, cerrando la comitiva, vienen algunas esposas de los reos, cargando hijos, cobijas y cazuelas.

Francisco Camacho

20

EN SU CARROZA, FRANCISCO CAMACHO, oidor y alcalde del Crimen de la Real Audiencia y Cancillería del Reino de la Nueva Galicia, conversa con Benito de Azcárraga, el escribano receptor. Inicia un seco mes de mayo. Ambos, comisionados por el superior tribunal, toman declaraciones a los indios presos en el viejo hospital de Belén. Dada la minoridad jurídica de los acusados, necesitaron que cada indio tuviera un curador español. Aceptó el encargo don Manuel de Noriega y acude cuando los indios declaran y los representa y firmar por ellos. Entre los tres se afanan por descubrir en cada confesión al autor intelectual de la rebeldía y se desesperan al no encontrarlo. Llevan días y días escuchando a los reos que son traídos desde el viejo hospital de Belén, sin descubrir otro motor que las cartas convocatorias. Han encontrado a muchos presos de delito menor y en cuanto terminen con las declaraciones, el oidor tiene la intención de solicitar su libertad.

Las cárceles están a reventar, primero llegaron de Tepic ciento setenta y siete presos, luego quince, y doce más, y así han estado llegando grupos y más grupos y ya no hay lugar dónde instalar a tanto preso. Tuvo que adecuarse el viejo hospital de Belén y aún así hay aglomeración.

La elegante carroza del oidor cruza una ancha avenida.

—Pero mire, Su Excelencia, una cuadrilla en trabajos forzados —le advierte don Benito Azcárraga.

—¡Deténgase cochero! —ordena Francisco Camacho.

Desde las ventanillas del vehículo, los dos observan al harapiento grupo de presos que repara las calles de Guadalajara. Traen grillete atado al tobillo, y además una cadena que los une por pares.

—Pero vea, Su Excelencia, son los llamados "rebeldes de Tepic" —menciona el escribano receptor. —Mire ahí a Francisco Gavilanes, con el grillete bien puesto en el calcañal. Su cadena lo ata a don José Rafael García González.

—Lo veo. Acá reconozco al principal Felipe Santiago Jiménez, unido con cadena al escribano Juan Crisóstomo Urbina, si la memoria no me falla, los dos son del pueblo de Xalisco. Entonces, esta cuadrilla es de presos del viejo hospital de Belén.

—Lo es, aquel indio vigilado por dos capataces es nada menos que el viejo Juan Hilario Rubio, que se encarga de las hiladas de piedra junto con don Rafael García.

—Hay que reconocer que ese viejo es fuerte y animoso.

—Ha de ser porque en su pueblo era adobero, acostumbrado a rudos trabajos.

Los dos siguen observando. Más que castigados parecen mendigos, la tela rota les cubre apenas la espalda, por las deshilachaduras puede verse la piel tostada de sol, los calzones muestran los bordes desgarrados y dejan ver las pantorrillas tensas. Los pies descalzos se hunden en la tierra suelta. Por un momento, el oidor siente vergüenza de la apariencia de los reos.

—¿No podría dárseles una muda, algo de ropa decorosa a estos salvajes que casi enseñan sus vergüenzas? —pregunta al escribano receptor.

—Su Excelencia debe considerar que sería un gasto excesivo.

—Tiene usted razón. Olvide ese asunto.

Siguen mirando por la ventanilla. Seguramente los presos trabajan desde la salida del sol pues son apenas las nueve de la mañana y ya traen los jirones de ropa empapados en sudor. Mientras unos, con azadón y pala, remueven la tierra y la dejan al mismo nivel, otros van apretando hiladas de piedra boluda y otros más golpean para que la piedra se hunda y el empedrado quede firme. Es una cuadrilla de veinte presos. A caballo, el oficial y tres de la guardia los vigila, a pie seis más, látigo en mano, los apresura.

Sin descuidar lo que hacen, algunos de los presos miran de reojo la carroza. El oidor se siente descubierto. No quiere que lo reconozcan, corre la cortinilla de seda y ordena:

—¡Cochero, siga su camino!

Un látigo roza con suavidad ancas briosas y el carruaje se pone en movimiento.

El escribano receptor recarga la espalda en el mullido asiento y aspira el aroma a sándalo del ambiente. Qué bien se está ahí adentro, evitando el polvo que levantan las ruedas y el fuerte sol que provoca cansancio.

—Lo veo pensativo, ¿ocurre algo, Su Señoría? —pregunta al oidor.

—Nada, sólo que al ver a don Rafael García, encadenado al viejo Juan Hilario y realizando trabajos forzados, me vino a las mientes lo insólito que fue para mí enterarme de que un español fuera llamado por los indios de Ixcuintla para leer la nefanda carta convocatoria, en que se les llamaba para pronunciarse contra el Rey, y ese español, en lugar de denunciarlo, permitiese que el mensaje se pasase al pueblo de Santiago.

—Yo también he reflexionado en ello. ¿Cómo es posible que don Rafael, después de leerla, no fuera con urgencia a Santiago a poner denuncia?

—Deje eso ¿Cómo es posible que se haya prestado a hacerles una copia de la infame carta? ¿Qué tenía en la cabeza don Rafael en esos momentos? ¿Cómo es que un criollo se presta a auxiliar a los que van a dañar los intereses de la Nueva España?

—Ya ve usted que en su descargo dice que es falso que haya hecho copia, y que permitió que la carta siguiera hasta Santiago, porque sabía que ésta llegaría a las manos del cura, único ahí que sabe leer. Según él, tenía la seguridad de que el religioso la detendría. Pero, ¿le cree usted, Su Señoría, cuando dice que estaba convaleciente de fiebres tercianas y por eso no caminó hasta Santiago a hacer su denuncia?

—Aún no sé si creerle, pero considero que debemos ayudarle porque, aunque nos moleste su actitud, trae sangre española en las venas.

—Tiene razón, Su Señoría, causa molestia ver a un blanco entre tantos prietos realizando trabajos forzados —concluye el escribano receptor.

—¿Sabe usted? Me cansa interrogar a estos indios tozudos, estoy seguro de que no dicen la verdad, pero no puedo probarlo. Me irrita que la mayoría declare que iba a Lo de Lamedo, con armas y sin saber a qué.

—La carta convocatoria deja claras sus intenciones. Yo también me indigno cuando declaran que creían que iban a recibir al rey de España. Ladinos, han aprendido que diciendo la verdad se hunden.

La carroza ha llegado al edificio de la Real Audiencia, y ya el lacayo salta del pescante para abrir la portezuela y auxiliarlos a descender.

En la sala de Justicia ya los esperan muchos que estarán como testigos de las declaraciones. Los guardias, en cuanto los ven llegar, hacen una reverencia y dejan el lugar. Pulcro, perfumado, los aguarda también Manuel de Noriega, el curador de los indios. Después de intercambiar saludos toman su lugar. Por la gran puerta regresan los guardias escoltando a uno de los indios presos, es Juan Crisóstomo Domínguez, el indio alcalde de Ahuacatlán, el que entregó la carta al subdelegado Tomás Escobedo y Daza. El oidor se prepara para interrogar al reo, el escribano receptor moja resignadamente la pluma de ave en el frasco de tinta fresca y queda atento a las palabras del reo, el curador prepara una sonrisa benévola. Los tres trabajarán horas y horas con los inculpados.

Anochece, en su residencia, el oidor Francisco Camacho se dispone a salir, acompañando a su esposa e hijas a un sarao que dará una de las familias más conocidas de Guadalajara. Gusta de los saraos y las tertulias, de escuchar a señoritas melancólicas tocar el piano mientras parejas de jóvenes bailan en los salones y las damas maduras platican en grupos. Tomar una copa de buen vino mientras los caballeros hablan de negocios, apartarse para escuchar el crujir de las sedas de los vestidos que giran a ritmos lentos, seguidos de las risas cantarinas de las muchachas. Ver las paredes tapizadas de brocados hermosos o los candelabros colocados junto a grandes espejos, para que se multiplique la chispeante luz de las velas.

Mete una y otra vez las manos a la palangana para librarse de la espuma jabonosa. No contento con ello, llama a uno de los criados para que de un jarrón de porcelana le vacíe agua suficiente para que acabe de enjuagarse. Recibe la toalla y se seca con lentitud. Pide que le vacíen en el cuenco de la mano un poco del frasco de agua de naranjo, lo restriega, aspira el perfume y al fin queda satisfecho. Quiere que nada le recuerde la cárcel del viejo hospital de Belén, en donde muchas salas de curación tuvieron que ser convertidas en galeras para alojar a tanto preso. Esta tarde fue allá, a hablar con el director, y le causó desagrado pasar por pasillos y galerones apestosos a sudor y orines. El olor de los indios le agredió la nariz. Entró cuidándose de no tocar las paredes desconchadas, las oscuras escaleras de piedra, los muros con tizne en que se empotran largas rajas de ocote que se encienden al anochecer.

Todo le pareció degradante. Le molestó no haber estado ahí la tarde del sábado, único día en que por la mañana se les permite a los presos bañarse en los patios y arrinconarse desnudos mientras vigilan la única camisa, el único calzón que pusieron a secar al sol, mientras los guardias, látigo en mano, vigilan a las cuadrillas de reos que barren y limpian con creolina las galeras, intentando acabar con cucarachas, piojos y chinches que corren por paredes y pisos. Sólo en la parte dedicada a hospital y curaciones encontró un poco de aseo. Qué deprimente se ha vuelto el viejo hospital desde que aloja a los indios, piensa.

Hoy, que ha terminado con la comisión que le impuso el superior tribunal, hoy nueve de mayo de 1801, que concluyó las ochenta y tres confesiones, los diecinueve careos y las tres declaraciones a los tres hijos de Juan Hilario, quiere salir, ir a la fiesta y olvidar su obsesión por atrapar al indio Mariano.

Noches de insomnio en que lo ha imaginado. El presidente de la Real Audiencia, el señor Fernando de Abascal y Souza, también vive obsesionado con encontrarlo. Los dos han platicado mucho y a veces llegan a la conclusión de que Juan Hilario miente, y el indio Mariano nunca existió. ¿Dónde se ha visto un indio barbicerrado? Pero en otras ocasiones, Mariano es de carne y hueso y se burla de ellos y continúa alborotando a indios que no se cansan de esperarlo. No hay un personaje más buscado que él. Utilizando una descripción de Juan Hilario se ha hecho un retrato del indio Mariano y se ha mandado a muchísimos lados. Nadie parece haberlo visto, el Máscara de oro se oculta demasiado bien. ¿Y si fuera un loco? Y si alguien se hubiera aprovechado de que los indios esperaban a un tlaxcalteco, a un hombre con una máscara de oro que iba a liberarlos y se hubiera presentado ante Juan Hilario para decir: "Mírame, yo soy". ¿Y si en verdad el conde de Miravalle está implicado en el asunto? ¿Y si es cierto que muchos criollos, descontentos por no tener el mismo trato que los nacidos en España, se están rebelando de esta manera?

El indio Mariano también puede ser una invención de Juan Hilario y de ser así, ¿con qué intención lo inventó? ¿Convocó a los pueblos y los lanzó a la lucha contra españoles para ostentar poder? Pero…, ¿para qué puede quererlo si ya está viejo? El poder se anhela cuando se es joven y la vida está por vivirse. De viejo, ¿ya para qué? Pero quizá Juan Hilario quería el poder para entregarlo a alguno de sus hijos, el mayor tiene veintitrés años. Nada de esto ha podido dejarse en claro. Los tres hijos mayores de Juan Hilario muestran que nada conocen de los planes del padre. Por más que se les interroga, y se les pregunta de una manera u otra, usando a veces el convencimiento y otras la amenaza, demuestran que nada saben. ¿Dirán la verdad? Sólo Juan Hilario, María de los Santos y un nieto de esta mujer saben lo que en verdad pasó… Y hablando de María de los Santos, es preciso mandarla detener. Por las declaraciones de Juan Hilario, parece que ella resulta cabeza principal.

La voz de la esposa interrumpe sus meditaciones. Lo llaman, todo está listo. Francisco Camacho se apresura a ir con su familia para disfrutar plenamente del sarao.

Francisco Gavilanes

21

FRANCISCO GAVILANES SE INCORPORA. Mira alrededor y constata que no hay ni médicos ni guardias en la sala del viejo hospital de Belén, acondicionado como cárcel. A un lado, sobre un petate, cubierto con sábanas amarillentas dormita su amigo, José Jacinto Ramírez, el alcalde del pueblo de San Andrés.

—No te buygas…, o te regresan con azotes…, aunque traigas la panza mala —le advierte el alcalde.

—No tengas apuro, compadre. Busco saber la causa de que nos dejaron solos. Hay mucho ruido en el patio de la cárcel.

—Ai te lo haiga —dice José Jacinto Ramírez, y vuelve a cerrar los ojos.

Deslumbrado por la claridad, Francisco Gavilanes sale a un pasillo, da vuelta a la derecha, sabe que al otro lado está un patio donde a veces permiten que los presos salgan a recibir el sol. Le inquieta el barullo. Al fondo, encuentra en la pared una ancha grieta y por ahí mira. Del otro lado hay árboles y aunque unas ramas le impiden ver con claridad, puede observar que hay muchos presos, calcula que más de cien. Al fondo distingue a los doctores, a los guardias que siempre agitan un látigo y en la azotea del edificio a más guardias, atentos, con el arma lista para el disparo.

Se abre una puerta alta, gruesa y pesada y por ahí entra un hombre gordo, sonrosado y maduro al que acompañan algunos guardias. Francisco Gavilanes lo reconoce, es el hombre que le tomó declaración, el que le hizo preguntas hasta casi desesperarlo.

—¡Paso a Su Excelencia, don Francisco Camacho!, oidor y alcalde del Crimen de la Real Audiencia y Cancillería del Reino de la Nueva Galicia —grita uno de los que lo acompañan.

Inmediatamente, los guardias de la prisión le abren un camino entre los presos para que pueda pasar. El hombre avanza levantando el rostro, orgulloso quizá de su oscura ropa de seda bordada con hilos de oro, de los dorados botones que brillan con el sol. Avanza y refulgen sus manos cuajadas de anillos. Atraviesa el patio y entra en un edificio. Francisco Gavilanes corre por el pasillo que lo lleva hasta la parte trasera de esa construcción. Se siente afortunado, ha visto arriba de los cuartos una ventila. Apiladas junto a la pared hay algunas piedras. Trabajosamente coloca cuatro de buen tamaño. Un dolor corre por su estómago, sin hacerle caso, trepa. Espiará tratando de no ser descubierto. Alcanza a ver una sala grande con mullidos sillones y alfombras en que resaltan el negro y el rojo. Pegados a una pared hay libreros y adelante un grueso escritorio. Quizá sea el director de la prisión el que lo recibe.

—Bienvenido, Su Excelencia, ¿tiene ya la decisión de la Real Audiencia, en el caso de los "rebeldes de Tepic"?

—Así es, traigo folios con los nombres de los que, gracias a la benignidad de nuestro virrey, don Félix Berenguer de Marquina, que tanto ha insistido en ello, hemos decidido perdonar, para que gocen de libertad desde hoy —informa el oidor, al tiempo en que toma asiento.

La noticia cimbra a Francisco Gavilanes. Algo se revuelve en su estómago, él piensa en una víbora, sí, una víbora gorda y oscura que se arrastra dentro de sus intestinos y a ratos los muerde, es ella la que le provoca esos aguijonazos que apenas soporta.

—¡Más indios libres! ¡Qué barbaridad!, de las cárceles de Tepic y Guadalajara han salido ya casi doscientos, a ese paso, todos serán perdonados.

—No, le aseguro que no. Considero que más de treinta sentirán el rigor del castigo. Usted comprende que es necesario deshacernos de los de menos delito, son elevadísimas las cifras que provocan su vigilancia y manutención. La Real Hacienda no soporta más, llegaron a inicios de febrero, ¡son ya cinco meses de gastos extraordinarios! Pero, ¿le dio mi mozo el mensaje pidiéndole que preparara a su personal para la liberación de presos?

—Claro que sí, Excelencia. Por eso hemos sacado al patio a los rebeldes, menos a los enfermos, claro. Separaremos a los libres de los condenados, para ahorrar trabajos.

—Le repito, la Real Audiencia, acatando las órdenes del Excelentísimo Virrey, manda se pongan en libertad a cincuenta y cinco indios. Dará usted a cada uno un pasaporte, para que no vuelva a ser aprehendido.

—Es verdaderamente generoso nuestro amado Virrey, mire que perdonar a quienes no lo merecen. Pediré a mi escribano que haga una lista de los que se dan libres.

—Es necesaria, Su Majestad quiere que a partir de hoy los libere. Ya llegará don Benito de Azcárraga, el escribano receptor, a leer frente a los presos la lista que usted elabore.

—Imagino los tumultos que acarreará la noticia.

El escribano ocupa su lugar tras el escritorio, de pie, un heraldo va dictando uno a uno los nombres. Francisco Gavilanes escucha conteniendo el aliento, la emoción lo ahoga, quiere escuchar el suyo, le parece que el tiempo se acorta, que cada nombre le quita posibilidades.

—"...José Casildo Hernández, José Anselmo de la Cruz, José Valentín Ayar y José María Carvajal, todos del pueblo de Xalcocotán...".

Siguen más nombres de indios que no conoce. Que ya digan el suyo: que digan Francisco Gavilanes para que ya se acaben los trabajos forzados, el salir diariamente de madrugada a barrer y componer las calles, a acarrear piedras, a ayudar en la construcción de edificios, siempre jalando en el pie la bola de hierro, esa pesadez que le inflama el tobillo y lo encadena a la cárcel.

Han dicho más de treinta nombres pero no el suyo. Siente que se agota el tiempo, su corazón cambia el ritmo desesperado por otro lento y agorero. Su vientre se retuerce.

—"...Marcelino Seráfico, Juan Bautista y José Tomás Rubio, de Tepic".

—¡Los hijos del cabecilla Juan Hilario Rubio!

—Los mismos, ya son libres, vea usted hasta dónde llega la piedad de Nuestro Soberano.

El miedo pesa sobre sus hombros, le resta fuerzas a sus brazos, a sus rodillas, que parecen flaquear. Un cosquilleo le camina los muslos. Se agitan sus intestinos.

—"José María Torres, José María Andrade y Crisóstomo Domínguez, de Ahuacatlán".

—¡Son los tres que entregaron la carta a don Tomás de Escobedo y Daza!

—Así es. Aunque sin ellos también se habría descubierto la sublevación, se busca premiar su fidelidad. ¡Caramba!, pero si ya concluyó la lista de los perdonados —aclara el oidor.

La desesperanza cae de golpe sobre Francisco Gavilanes. Incontrolables, sus músculos empiezan a temblar.

—Que su escribano anote ahora la lista de los que se declaran bien presos, y que serán de nuevo interrogados para recibir la justa condena —dice el oidor. Su mano hurga en una bolsa de cuero, de la que saca pliegos que pasa al heraldo. Este los extiende. Francisco Gavilanes aguarda.

—Declarándose como se declara, por bien presos, a los que están en la Real Cárcel y también en el viejo hospital de Belén y que son, del pueblo de Tepic: Juan Hilario, Rubio, Francisco Gavilanes y el escribano Juan Francisco Medina…, por el pueblo de San Andrés, el alcalde José Jacinto Ramírez…

Se aturde al escuchar su nombre, su corazón reclama con angustiosos latidos la injusticia. Así es la ley de los gachupines, murmura. Un vacío se le aposenta en la garganta, un sabor amargo le impregna la saliva. Ya no quiere saber más. Como autómata baja las piedras. Siente que va a caerse y se recarga en la pared. Incapaz de contenerse por más tiempo, se acuclilla y deja que su estómago suelte la diarrea con sangre que remedios y cataplasmas no han podido curarle.

Tarda en restablecerse, en vencer la debilidad de las rodillas, tarda en volver a ser él, en aceptar que todos los alcaldes, escribanos, e indios principales de cada pueblo van a ser condenados y él también lo será.

Como en torbellino le vienen los recuerdos. Por años sirvió en Tepic al padre don Benito Vélez, arreglando la casa cural, y siempre pendiente de sus necesidades. Durante años preparó el chocolate que el religioso tomaba en la merienda y se contento sólo con aspirar su aroma. Cuántos años sintiendo que Dios lo ayudaba, hasta que en enero, cuando la rebelión, cuando las calles de Tepic se llenaron de soldados y un capitán llegó conduciendo hileras de indios amarrados de manos y cuello, vio que los de su casta no tenían derecho a nada. Tepic estaba sitiada, los soldados pasaban cada hora, dejando en el aire el sobresalto. Hubo orden de iluminarlo todo y los que tenían dinero colgaron faroles afuera de sus casas, mientras los pobres encendían lumbradas. No se podía dormir con tanta luz.

El padre Vélez le avisó que debía acompañarle a Acaponeta, a Santa Fe, a todos los pueblos de los que habían huido los indios, porque los sacerdotes iban a hablarles, a convencerlos de que regresaran a sus reducciones y dejaran de ser una amenaza. Y él los acompañó, llevando la secreta esperanza de que los indios que se ocultaban en barrancas y crestas desatarían la guerra que muchos esperaban para librarse de la obligada servidumbre. Porque estaba seguro de que ahora que había aparecido el indio Mariano, ahora, comandados por ese tlaxcalteco Máscara de oro que saldría de algún escondite, iban a ser libres. El Rey Indio que estaba en el pensamiento de todos, entraría por fin a Tepic, seguido por los de su raza, para matar a los gachupines que los esclavizaban con trabajos de mina, de ingenio, de hacienda, maltratándolos de sol a sol.

Salieron los sacerdotes. Iba acompañándolos Matías de los Ríos, comisionado por el subdelegado y el comandante de las armas para pasar a Sentispac y Acaponeta a observar los movimientos de los indios. Iba junto a ellos, quejándose.

—Habrá que ahorcar a todos los indios. —Comentó frente al padre Vélez. Y Francisco Gavilanes sintió coraje contra el que iba a Acaponeta para espiar y denunciar a los de su casta.

Sin soportar la curiosidad, apenas llegando a la misión de Santa Fe le preguntó:

—¿Vuestra Mercé es hijo de este reino o es gachupín?

—Soy criollo, hijo de este reino, ¿por qué? —contestó Matías de los Ríos, frunciendo el ceño, con desprecio.

—Raro entonces que Vuestra Mercé no pueda ver a los indios.

—No los quiero mal, pero abomino su pretensión que querer coronar otro rey.

Nada respondió ya Francisco Gavilanes. Al llegar a Acaponeta, cuando les estaba sirviendo la mesa, uno de los curas dijo sonriendo:

—Conque dime, Francisco Gavilanes, ¿este don Matías es criollo o gachupín?

—Es criollo, pero parece gachupín —respondió sin pensarlo mucho y los sacerdotes soltaron la carcajada.

—Entonces, Francisco, ¿quieres o no a don Matías? —preguntó el padre Vélez.

—Parece que no —respondió con seguridad, y se fue a la cocina, a traer el caldo de pollo y las tortillas recién hechas.

Desde entonces le interesó saber a quiénes delataba don Matías. Lo veía platicando y se acercaba con cualquier pretexto. El criollo no lo perdía de vista. La antipatía era mutua, por eso descansó cuando el hombre se fue a hacer sus investigaciones a Huajicori.

Jalando la mula en que iba montado el padre Vélez, Francisco Gavilanes caminó la jurisdicción de Acaponeta. Eran diecisiete los pueblos prófugos, sólo Acaponeta, San José, Tecuala y Olita estaban quietos. Le dio gusto pasar por Sayula, donde encontraron muchos indios armados. En Saicota, San Buenaventura o Huajicori, los vecinos españoles hicieron juntas con los sacerdotes para ver la forma de regresar a los que, huyendo en grupos, se convertían en amenaza. Obedeciendo al obispo recorrieron Quiviquinta, Milpillas, Picachos, Pueblo Nuevo, sin importar distancias ni el calor que debilitaba las rodillas.

Escuchó a los religiosos dar misas en San Pedro, Caimán, Santa Cruz, y cuando vio que sus palabras parecían convencer a los indios, sintió desilusión de que los de su casta fueran tan crédulos.

Sin quererlo, escuchó sus pláticas, mientras daban sorbos al chocolate espumoso y humeante. Se referían a los indios como a la indiada. Los creían incapaces de sobrevivir por esfuerzo propio, idiotas que se dejaban arrastrar por frases bien armadas, salvajes que por traidores merecían la cárcel, estúpidos incapaces de razonar. Aún el padre Agustín de la Peña, que había dado los últimos auxilios a los indios que murieron en Lo de Lamedo, los trataba de ignorantes.

A Francisco Gavilanes le empezaron a pesar los años que sin paga llevaba sirviendo al padre Vélez, descuidando a su esposa y a sus hijos, por ayudar al que consideraba el mejor de los sacerdotes. De noche se removía en el petate pensando que el padre Vélez, su protector, era igual que los demás gachupines, sólo que usaba sotana y crucifijos. ¿Sentiría asco cuando los indios salían a su encuentro para besarle las manos y ensalivarle los dedos llenos de anillos brillosos? Empezó a alejarse de él, a ver la manera de estar solo, a pensar que su única esperanza era el indio Mariano, el Máscara de oro, que estaba esperando la ocasión propicia para presentarse, dirigir a los indios que lo aguardaban, sacar de las cárceles a los presos, y ganar la guerra.

Era domingo, en la parroquia de Acaponeta repicó la campana llamando a misa. Francisco Gavilanes se sentó en una banca del patio, junto a Anastasio Silverio, un indio conocido. En el otro extremo estaba un español.

—Todo se ha echado a perder porque el Máscara de oro ya no vendrá. A lo mejor se asustó con tanto soldado —le dijo bajando la voz Anastasio Silverio. Al oír esto, Francisco Gavilanes se puso de pie y gritó:

—¡El indio Mariano no es cobarde! Tá esperando un tiempo bueno pa llamarnos, tonces iremos todos, con garrotes, con piedras, a matar gachupines. Nuestro Rey Indio está coronado y de que va a entrar a Tepic, va a entrar. No lo agarraron cuando anduvo con su máscara de oro, porque le tuvieron miedo. Ese rey de España se ganó estas tierras a traición.

Anastasio Silverio le dio un codazo, pero ya era tarde, ya estaba junto a ellos el joven español que, molesto, le dijo:

—Indio estúpido. Si nuestro Rey venció antes, ahora que todos creemos en la fe, ¿por qué no ha de ganar? Habemos muchos cristianos, es seguro que moriremos por Dios y por el Rey.

Cuando ustedes no estaban en nuestra fe, eran bárbaros, comían venados, serpientes o armadillos. Debían agradecer que llegamos a salvarlos.

—¿Quién sabe...?

—¡No sea incrédulo!, no hay más reyes que el del Cielo y el de España!

—No ha de ser. También hay un tlaxcalteco, un Máscara de oro que tiró a huir por mar o por tierra, pero volverá —reiteró Gavilanes.

—¡Cállese hombre!, ahora tenemos mucho y hay que agradecerlo al rey de España. Antes con taparrabo de venado andaban, ¿qué caballo o qué res había?, ¿qué carnes comían sino iguanas?, sus hachas eran de piedra y ahora tienen herramientas. ¿A quién se lo agradecemos si no a nuestro Rey? —dijo el español, con ganas de golpearlo.

—Sólo tanteo que el Máscara de oro fue coronado, y de que entrará a Tepí, entrará —concluyó Gavilanes.

El español hacía esfuerzos para controlarse: con qué ganas se le habría ido encima si no estuvieran a las puertas de la iglesia. Trató de serenarse: un indio no merecía que él se rebajara a golpearlo. Apretó la mandíbula, le dirigió una mirada amenazadora y dijo:

—Como que me llamo José López Portillo y soy creyente, le aseguro que esta conversación va a saberla don Matías de los Ríos.

Y esa conversación la supo Matías de los Ríos, por ella lo detuvieron el primer día de febrero, por ella lo llevaron en la segunda collera a Guadalajara, por ella está recluido en la cárcel que improvisada en el viejo hospital de Belén.

Sacude la cabeza, recuerda que escuchó también el nombre de su amigo, José Jacinto Ramírez, alcalde de San Andrés. Lo dijeron entre los que serán condenados, piensa con tristeza. Por un momento duda, pero no, no hay en esa cárcel otro José Jacinto Ramírez que sea alcalde de San Andrés; es claro que se trata de su amigo, del hombre al que conoció en la cárcel de Tepic y que reencontró en el hospital. José Jacinto Ramírez, alcalde apresado por recibir con gusto la carta de Mariano y pasarla a

Acatán sin dar parte al subdelegado. Ahora que les tocó estar en camas contiguas, el alcalde le contó que no hizo resistencia cuando fue detenido, pero los de su pueblo, hombres dedicados a hacer equipales y carbón, al ver que se lo llevaban preso, tomaron garrotes, lanzas y flechas y se fueron a Lo de Lamedo, querían unirse al Rey Indio y pelear con él. Era día de Reyes, cerca de la laguna de Tepic encontraron a los de Acatán y supieron que había soldados por todos los cerros. Caminaron hacia la hacienda de Mora y ahí los apresó el capitán Leonardo Pintado. José Jacinto Ramírez también le contó que su esposa, María Ignacia del Carmen, al saberlo preso encargó a sus cinco hijos y se quedó afuera de la cárcel de Tepic. Luego se fue siguiendo la collera hasta Guadalajara. Francisco Gavilanes siente aprecio por ella. Cuando María Ignacia cree que nadie la ve, llora. Ha de ser por el más chiquito de sus hijos, un niño de brazos que no acabó de amamantar. María Ignacia del Carmen anda por las calles ganándose la vida como atolera. Carga cántaro y jarros, y pregona atole de masa. Guarda todo el dinero que puede: quiere pagarle a un licenciado para que le escriba una carta, en que pedirá al Virrey y a la Real Audiencia la libertad de su marido.

De pronto piensa en su amigo el alcalde, entiende que es peligroso que alguien vaya a decirle que fue condenado. Está seguro de que si lo sabe, se dejará morir. A él le tocó ver muerto en febrero a José Desiderio Maldonado, el alcalde de Tepic. Luego, en marzo murió el alcalde de Santa María del Oro, un huichol llamado Nicolás García. Él miraba el cuerpo en el suelo cuando entró el encargado de esa área:

—Nicolás García..., ¿me oyes? Nicolás García, en nombre de Cristo, háblame. Nicolás García, te stoy hablando, ¡contesta! —exigió. Al no tener respuesta, se acercó a tocarlo, a constatar su rigidez. —Nicolás García, te llamé tres veces y no contestastes. Ahora que te toco soy testigo de tus signos mortales. Ya eres difunto, descansa en paz —dijo, y salió a dar aviso a las autoridades.

No quiere que su casi compadre fallezca, tiene que ir con él, hablarle, darle ánimos. Tras la pared escucha ruidos, órdenes de guardias, silbidos de látigos y siente miedo. Se mueve por el largo pasillo con músculos débiles. Logra llegar a la sala iluminada apenas por la luz moribunda de veladoras y altas ventanas. Busca agrandando los ojos. En las hileras de camastros y petates se quejan los enfermos. Encuentra su camastro y a un lado a su amigo, a su casi compadre José Jacinto Ramírez, que parece agonizar consumido por la fiebre. Francisco Gavilanes quiere animarlo, hacer que reaccione. Le toca el hombro. El afiebrado lo mira.

—Com...padre... Gavila... nes... —logra decir.

Piensa en María Ignacia del Carmen, en el dolor que va a sentir ella cuando vea que de nada valieron todos sus sacrificios. Piensa en el niño de brazos que está sin bautizar, en el compadrazgo de palabra, en todo lo que se va a acabar si José Jacinto Ramírez se muere. Siente la necesidad de animarlo, de darle una esperanza; algo que lo haga agarrarse a la vida, luchar.

—Compadre Jacinto, a que ni sabes, fui a oyir noticias. Te digo que no te mueras, que peliés tu vida, porque te acaban de dar libre.

—¡Libre...!

—¡Sí!, ¡libre! Hazte al ánimo, enderézate, arrímate al sol pa que te cure tus güesos, que el fresquito del aigre te corte las calenturas. ¡Gánale a los males, tás libre, compadre!

—Las... calentu...ras... mestán comiendo...

—Pero stás libre. Yo lo oyí, no le creas al que te diga otra cosa. Nomás por eso tienes que componerte, salir de aquí, irte hasta San Andrés con mi comadrita Inacia. Allá esperan que yo salga pa que llévemos a bautizar al que será mi ahijado, al que se va a llamar Francisco Luis, como yo.

—¡Soy libre...!

El enfermo sonríe, hace intentos por sentarse. Francisco Gavilanes lo ayuda. El alcalde apenas resiste estar sentado, se queja, se marea. Vuelve a tenderlo otra vez sobre el petate.

—¡Soy libre... María... Ignacia...!

—Por ella, por tus más hijos, por el que será mi ahijado, peléate con la muerte, compadre —aconseja mientras desgarra sus intestinos la negra víbora del dolor.

Juan Ignacio Fernández Munilla

22

EL FISCAL DE LA REAL AUDIENCIA, Juan Ignacio Fernández Munilla, sigue redactando la sentencia de los indios acusados de sublevarse contra Carlos IV, rey de España, y de Nueva España. Escribe. Su mano grande y llena sostiene con firmeza la fina pluma de ganso. Cuando el líquido oscuro que hay en la punta se termina, vuelve a sumergirla en el frasco de tinta fresca que tiene a un lado, entre los sellos y la campanilla.

El fiscal de lo civil luce cansado. Lleva días leyendo una y otra vez las declaraciones y careos de que se encargó el oidor Francisco Camacho, comisionado para ello por la Real Audiencia, y que luego le proporcionaron para su estudio. Ha hecho un listado de nombres y causas y no ha podido concluir el caso de los que intentaron desconocer la autoridad del Rey. Es nueve de junio, ya dio la relación de los presos que, de acuerdo con su criterio, tienen menos culpa y quedan en libertad, pero falta terminar la lista de los culpables para entregarla en la Real Audiencia.

—Si por mí fuera, condenaría a todos a morir ahorcados. ¡Qué escándalo!, aun prometiendo decir verdad ante algo tan santo como es la señal de la cruz, estos indios mienten y se perjuran. Es imposible creerles cuando, a pesar de las pruebas que tenemos de que hicieron cabildo, declaran que no sabían a qué iban a Lo de Lamedo. ¡Por Dios! Se valen del engaño los que juran que en pleno cabildo se quedaron dormidos o se distrajeron y no se dieron cuenta lo que trataban los demás. Mienten cínicamente los que afirman que creían que iban a recibir al rey de España. ¡Qué malicia tienen estos embusteros! ¡Claro que sabían lo que hacían, claro que tenían planes, fallaron por la precipitación con que actuaron pero el plan estaba hecho! —exclama, y se pone de pie tratando de calmar la indignación que le sube al rostro. El Virrey, fundado en el voto consultivo de la Real Audiencia de México, insistió en que se les tratara con benignidad, y ordenó a Fernando Abascal, comandante general de la Nueva Galicia, que promulgara, en marzo, un bando en que indultaba a los de menos delito. Por eso pudieron salir libres todos los indios de San Juan Bautista, a los que defendió con firmeza fray Ignacio Villalobos, señalando que estaban en terrenos de su iglesia cuando fueron detenidos por el teniente Simón Valdés; por eso se han liberado a muchísimos de los que él, al leer sus declaraciones, sospecha que participaron activamente en la sublevación.

—No entiende Nuestro Excelentísimo Virrey que hay que ser duro con los enemigos, para no correr el riesgo de que nos crean débiles. Dios nos ampare, si esto sigue así, indios y criollos se nos treparán a las barbas y nos sorprenderán con movimientos independentistas —dice en un susurro, ante el cuadro de su abuelo, de enorme marco dorado.

Va hacia el bufete, abre uno de los labrados cajones y saca un papel. Regresa ante el cuadro y lo extiende. Es uno de los exhortos en que está la filiación del indio Mariano, extraída de las confesiones de Juan Hilario y María de los Santos: "piel del color de los indios, frente regular, cejas negras y pobladas, ojos oscuros y pequeños, nariz afilada y corta, boca chica y labios delgados. Barbicerrado, bajito de cuerpo, delgado, con balcarrota, calzón exterior de chivo viejo y calzón interior de manta, con campana o jolote de manta y un somite cuarteado con listas moraditas y blancas".

—¡Barbicerrado...! ¡Vaya ocurrencia!, esta descripción no corresponde a los indios, que apenas tienen cuatro pelos en la cara. Tampoco la nariz afilada y los labios delgados. Además, ¡para qué poner la ropa! Desde cuándo se habrá mudado Mariano ese calzón de chivo viejo y el somite con listas —exclama soltando el papel. Vuelve a recogerlo y suspira ante lo inútil de ese pliego que anduvo por los pueblos todo el mes de mayo. Al recibirlo, subdelegados, alcaldes o justiciales hacían copias que pegaban en lugares visibles y enviaban el original, permitiendo que siguiera su rumbo. Tequila, Mascota, Hostotipaquillo, Colima, Sayula, Purificación, Colotlán, Aguascalientes, Zapotlán, Santa María del Oro, Ahuacatlán, Tepic, Acaponeta, el exhorto recorrió muchos de los dominios de la Nueva Galicia, sin que alguien se presentara a decir que había visto o conocía al indio Mariano.

—Para atraparlo nada resulta. A este Mariano muchos lo ven como quimérica invención de Juan Hilario Rubio, pero... —guarda silencio, entrecierra los ojos y luego los clava en los del retrato—. Yo dudo que sea artificio, porque María Paula de los Santos y su nieto José Estanislao lo producen de la misma forma, sin advertirse diferencia notable en los tres. Necesito a esa mujer aquí, para interrogarla, pero la india sigue sin llegar.

Siente coraje al acordarse de que, por más que él la trató de cabecilla, el subdelegado de Tepic desobedeció la orden de remitirla junto con su nieto, justificándose con una carta en que informaba que la mujer estaba grave de fiebres y dolor de costado.

—Ese subdelegado debe recibir un castigo por no acatar órdenes —advierte. Regresa a su bufete y anota en la hoja de sentencias: "Por la delincuente interpretación al superior mandato que debió obedecer, pido que Vuestra Alteza, la Real Audiencia, se sirva imponer al subdelegado de Tepic, Don Juan José de Zea, la multa de doscientos pesos, por los perjuicios ocasionados al retardar la averiguación, también pido le ordenen que haga poner en camino a María Paula de los Santos y a su nieto José Estanislao".

Levanta la vista y mira hacia el librero, de lustrosa madera de granadillo y los limpios estantes en que descansan sus libros de leyes. No, no está de acuerdo con que se tome en cuenta para juzgar a los indios la *Ley octava*, del Libro tercero, Título cuarto, de la *Recopilación de Indias*, que manda que si algunos naturales andan alzados, los reduzcan y atraigan al Real Servicio con suavidad y paz, perdonándoles el delito de rebelión. No lo acepta, porque esa ley habla de los indios indómitos que solían alzarse por los años de 1548, en que fue publicada. ¿No ven que se trata de épocas distintas? Ahora ya están reducidos y adoctrinados y saben que le deben obediencia al Rey.

—Además, en esta sublevación los indios de Tepic manifestaron un deseo enorme de desconocer al legítimo soberano. Hay que entender que su carácter está formado por la cobardía, el abatimiento, la debilidad y la total negación de ideas sublimes. El objeto no debe ser evitar lo que fragüen, sino escarmentarlos, para que comprendan que no hay piedad que los proteja, pero sí justicia que los castigue —contento de que las ideas fluyan, las transcribe al papel.

—Pero veamos, Juan Hilario Rubio, el cabeza principal del movimiento, ¿qué merece? Nada que no sea la muerte —dice y con su mejor letra escribe: "Porque de cualquiera suerte Juan Hilario resulta el autor de toda la sublevación o el principal, confeso y convicto del crimen de Lesa Majestad, pido a Vuestra Alteza, la Real Audiencia, se sirva condenarlo a la pena de muerte, mandando que pasadas tres horas de la ejecución, sea dividido su cuerpo en cuartos al pie de la horca. Se pondrá la cabeza en las higueras de Lo de Lamedo y las restantes, una a la entrada de Tepic, otra en su casa o jacal, que habrá de derribarse. Lo principal del cuerpo deberá ser quemado en la cárcel, en presencia de los que se hallan presos y que deberán estar presentes en el castigo, para memoria y escarmiento.

Le abruma pensar que son treinta y un indios los condenados y que apenas sentenció al primero. Debe darse prisa o tendrá que escribir de noche. De los tres principales cabecillas del pueblo de Tepic, sólo queda Juan Hilario y el escribano Juan Francisco Medina, ya que el alcalde José Desiderio Maldonado falleció en prisión. "Doy cuenta de que Juan Francisco Medina, escribano de Tepic, confeso de escribir las seis cartas convocatorias, es uno de los indios más sagaces y despiertos, y procedió con suma malicia. Por eso es que merece doscientos azotes y ocho años de presidio".

Le falta tinta. Saca de uno de los cajones del bufete un frasco y vuelve a llenar su tintero de cristal, adornado con filigranas de cobre. Pone ahora toda su atención en el castigo de los indios del pueblo de Xalisco, el alcalde, el escribano y el principal. Ha decidido que para halagar al Virrey, ocho años de presidio será la pena más grande que impondrá a los culpables. Los tres la merecen, porque fueron tres veces de Xalisco a Tepic a ponerse de acuerdo con Juan Hilario, y trataron la coronación de Mariano y los niños que danzarían en su honor. Además, en sus declaraciones se ve que tenían mucho interés de conocerlo. Piensa en el principal, mayor de sesenta años, por su avanzada edad los azotes pueden matarlo, se los evitará, es necesario que sufra prisión muchos años: "El alcalde José Andrés López, el escribano, de calidad mulato, Juan Crisóstomo Urbina y el principal Felipe Santiago, merecen cada uno ocho años de prisión y doscientos azotes, pero los azotes sólo se darán a dos primeros, evitándoselos a Felipe Santiago, en consideración a su edad".

Saca ahora las notas que ha hecho sobre los de Xala de Abajo, Xala de Arriba y Xomulco. Imagina el cabildo al que llamó Felipe Velázquez, al escribano leyendo la carta, a los tres alcaldes poniéndose de acuerdo sobre quién llevaba tambor, corneta o bandera, y la indignación le hace apretar la mandíbula. Supo de la muerte de Felipe Velázquez, ocurrida en la cárcel de Tepic, hecho que confirmó la fama de mano dura con que cuenta el subdelegado Tomás Escobedo y Daza. Ahorrará espacio no mencionando al difunto. "Los alcaldes Luciano Trinidad, de Xala de Arriba y Felipe Doroteo, de Xomulco, merecen, por su traición, ocho años de presidio". Recuerda la declaración de Felipe Doroteo, la incertidumbre que generó al admitir que hacía treinta años había oído hablar de un tlaxcalteco que llegaría a salvarlos.

—Por años ha existido entre ellos la peligrosa idea de que ha de venir uno de su casta a coronarse Rey. Los indios no comprenden que al vencido sólo le queda obedecer. Ni con la religión hemos logrado conquistarlos del todo, muchos sacerdotes dan cuenta de ceremonias secretas que estos salvajes realizan en cuevas. Por eso es necesario el castigo ejemplar, si se aminora, la indiada quedará propensa a esa seducción y las consecuencias serían terribles —dice para sí mismo—. Sigamos con el escribano José Lorenzo Cervantes, de Xala de Abajo, es joven, fue él quien leyó y dio curso a la carta que llegó a Ahuacatlán, tendrá así también la fuerza para resistir, además de los ocho años de castigo, los doscientos azotes que ya anotó.

Siente que necesita despejarse y se asoma al balcón. El aire en el rostro lo reanima. Mira hacia el ocaso, y le agrada ver los tonos dorados con que empiezan a pintarse las nubes. No puede quitarse del pensamiento a los alcaldes de Huaynamota, Mecatán y Xalcocotán, que llevaron a sus pueblos a Lo de Lamedo. Imagina a los tres pueblos juntos, atravesando cerros y parajes sin que les importara ni la distancia ni el calor. Imagina a los indios rodeados por el capitán Fidalgo, a los alcaldes Juan Bautista Rodríguez y Manuel Antonio de la Cruz, oponiendo resistencia, lanzando a sus pueblos contra el capitán, peleando a garrotazos hasta quedar gravemente heridos.

—Debo condenar a Juan Bautista Rodríguez y Manuel Antonio de la Cruz por no obedecer y por enfrentar a los soldados. Merecen ocho años de prisión, quizá más, por amenazar a sus pueblos a veinticinco azotes si no los obedecían, pero los condeno a ocho años. Qué puedo decir de José Pascual Ramos, que también los amenazó, pero este indio se cuece aparte, ya que dejó solos a los de Xalcocotán para escapar y anduvo oculto, burlándonos. Necesitó que lo convencieran de que se entregara, por lo mismo merece ocho años de cárcel y doscientos azotes.

Entra al gabinete una de sus hijas.

—Disculpe usted que lo interrumpa, padre, pero la cocinera quiere saber si ya le prepara el chocolate y unta con mantequilla y mermelada los bollos.

—Aún no, dile que aguarde a que oscurezca. Pero acércate a mi bufete, estoy escribiendo las condenas de los traidores al Rey. Mira, dime si Francisco Gavilanes no merece los ocho años de prisión que pienso darle. Este bellaco puso en duda que no hay más Rey que el del cielo y el de España. Además, se atrevió a discutir con un caballero español, asegurando que el Mariano ese entraría a Tepic porque ya estaba coronado. Pero, dijo, y eso es muy importante, que el Tlaxcalteco, ese Máscara de oro que tanto mencionan los indios, había tirado a huir por mar o por tierra, pero volvería. ¡Válgame Dios!, eso es revoltura de una idea que los naturales de México tienen sobre la horrenda creencia de que un hombre mitad serpiente y mitad pájaro, un tal Quetzalcóatl regresará a salvarlos. ¿Qué te parece la insolencia?

—Padre, yo no...

—Pero escucha esto otro: Tiburcio Clemente, alcalde de Zapotlán de la Cal, junto con su escribano, Juan Valentín Plaza, que está probado que en su pueblo se hizo cabildo, se leyó la carta y avisaron a los naturales que se hacía necesario ir a Lo de Lamedo, te decía, estos dos, fueron descubiertos por un guardia cuando hacían una extraña ceremonia de sembrar maíz en un bote, mientras le rezaban y le cantaban. Al preguntárseles, dijeron que el maíz es un niño y para que no llore cuando lo siembran ni tenga miedo y crezca bien, había que cantarle, decirle que ellos lo quieren; enterrarlo junto con dulces y galletas. Esto deja claro que los indios siguen celebrando perversas ceremonias, desconociendo a Dios y a sus santos evangelios. Les di ocho años de sentencia por traidores al Rey y a Cristo.

—¡Santo Dios, ésas son cosas del demonio! —exclama la hija, persignándose.

—Sí que lo son. Y ahora dime, ¿qué hago con éste, don José Rafael García, que teniendo sangre española, sangre de hidalgos, se atrevió a hacer copia de unas de las nefandas cartas de los rebeldes? ¡Voto a Judas!, ¿cómo puede un hombre de razón ayudar a los que están contra su Soberano? Se defiende diciendo que salía de fiebres tercianas y por eso no caminó hasta Ixcuintla a avisar al subdelegado, ¿y la carta? No tiene cómo justificarla. Merece cárcel perpetua, ¿no crees?, pero le tendré consideraciones y purgará sólo ocho años.

—Padre, iré con la cocinera y...

—Anda, hijita, anda. Dile a tu madre que tendrán que aguardarme a cenar.

La muchacha cierra la puerta y el fiscal Juan Ignacio Fernández Munilla vuelve a sentarse. Debe resolver ahora sobre Pedro Antonio García, el alcalde de San Luis, el compadre de Juan Hilario, que recibió y mandó dos cartas. Para él es un delito grave que sabiendo leer y enterándose perfectamente de lo que decía la carta, no diera parte al subdelegado.

—Pedro Antonio García se estima cabecilla, al igual que Onofre de los Santos, quien es el alcalde de Tequepexpan. Ambos confesos de recibir la carta, no dar parte y procurar informarse más, para obedecer. Y ni qué decir de Tiburcio Clemente, el alcalde de Zapotlán de la Cal, confeso de recibir la carta dándole curso y convocado al pueblo, lo mismo que su escribano, Juan Valentín Plaza, que leyó la convocatoria y la contestó. No cabe a ese Juan Valentín su disculpa de estar muy tomado de vino cuando lo hizo. A estos cuatro también daré ocho años de pena.

Se da cuenta de que está apresurando sus juicios y se pone otra vez de pie. Descansa la mano, abre y cierra los dedos, va al balcón. La luz de la tarde parece más viva y él sabe que esa es una señal inequívoca de que empezará a oscurecer. Por la edad, le cuesta trabajo escribir a la luz de las velas por más que su candelabro cuente con diez brazos, diez cabos de vela, diez luces pequeñas y temblorosas. Piensa en que al día siguiente, a las once de la mañana, debe entregar el documento. Regresa con prisa al bufete.

—Sigamos. A José Jacinto Ramírez, alcalde de San Andrés, lo reportan enfermo. Presenta fiebres y dolor de huesos que no le permiten moverse ni ponerse en pie. Su mujer manda carta diciendo que está inútil. No importa, está confeso de haber recibido la convocatoria, dándole curso y no avisar. Dice en descargo no saber leer, pero se contradice contando el contenido de la carta. Quiere disculparse alegando que creía que iba recibir al rey de España. Resulta cabecilla merecedor a ocho años de prisión.

Anochece con rapidez. Toca la campanilla y entra un lacayo que se dirige al candelabro forjado en cobre.

—No enciendas las velas, Timoteo, mis ojos están cansados, es por demás. Mañana escribiré desde temprano. Avisa a mi mujer y a mis hijas que dispongan la cena.

El criado hace una reverencia y se retira. El fiscal Juan Ignacio Fernández Munilla guarda los documentos. Antes de salir del gabinete respira profundo. Los principales alborotadores, los cabecillas, ya están sentenciados, al día siguiente continuará con los demás.

José Estanislao

23

José Estanislao siente que el sol le arrebata a sus piernas las últimas fuerzas y desea que éste desaparezca atrás de los montes. Sí, que el camino se vuelva oscuro, para que los hombres que lo llevan bajen de sus monturas y digan que ahí pasarán la noche. Lleva un deshilachado sombrero de palma, le arde el rostro y el cuello por tanto sol. Sus labios rotos por la sed no se atreven a pedir un poco de agua. La debilidad tiembla en sus músculos, le produce mareos, desesperación, pero él sigue caminando. Uno tras otro, su cerebro lo hace dar pasos automáticos. A su lado, trepada en un burro, va su abuela María Paula de los Santos, discutiendo con seres imaginarios.

Es mes de junio y casi todas las tardes llueve a torrentes. Reverdecen las hierbas de la vereda. El agua lo saca del aturdimiento, pero le deja la ropa helada, y después un frío que lo hace sacudirse. Cuando su camisa está seca vuelve a llover. Ha ido escuchando las conversaciones de los militares que lo llevan, por eso sabe que están cerca de Amatitán y que de ahí, el siguiente punto es Guadalajara, donde los espera la cárcel en que serán encerrados.

José Estanislao recuerda todo lo que ha caminado desde que salieron de Tepic. En Santa María del Oro, Xala, Ixtlán, el camino era casi plano, pero al dejarlos atrás, las sendas empezaron a ascender, a bordear las faldas de los cerros, a formar desfiladeros por los que había que bajar despacio y trepar forzando los muslos. En los pueblos de Barrancas y Mochitiltic, el camino empinado engarrotaba las piernas, que se ponían duras, como si quisieran defenderse del cansancio y el dolor. Noches en que el aire frío no le permitió descanso y anheló la calentura del sol sobre la espalda aterida. La Magdalena, y el pueblo de Tequila, con sus cerros azuleando por tantas pencas de mezcal, le parecieron lugares bellos, no dio importancia a las veredas lodosas y encharcadas que lo hacían resbalar. Ha contado con los dedos de las manos los días de camino y sabe que ha transcurrido una semana, sin embargo, tiene la sensación de estar caminado desde que nació. Pueblos, ranchos, caseríos, parajes en que a él y a su abuela los reciben con toques de campana o redobles de tambor. Plazas o intentos de plaza en que descansan mientras la gente los rodea y señalan o compadecen a la abuela que platica sola y manotea como si se defendiera de demonios. Sitios que le dejan recuerdos de ojos compasivos.

María Paula de los Santos siente angustia al ver el sufrimiento de su nieto. Lo traen a pie desde Tepic y a veces camina como si estuviera borracho. Se siente culpable por hacerle caso a un tlaxcalteco que no sabe dónde quedó, pero su corazón guarda la esperanza de que está al acecho, esperando una nueva oportunidad. Tiene frío, hambre, cansancio, pero es incapaz de pedir nada por no delatarse. Cuando no soporta el cansancio de José Estanislao, cierra los ojos.

Casas, ladridos, huertos, patios, gente que los sigue con los ojos, campanas que repican, despertando la curiosidad de un pueblo.

—Llegamos a Amatitán, aquí haremos noche —ordena el comandante.

José Estanislao recibe una cobija, busca un tejabán que lo proteja de la lluvia menuda, y se tira en el suelo. Quiere descansar, dormir, soñar que está en su casa, sobre la tierra tibia de su jacal. Respira agitadamente. Uno de los hombres le acerca un bule con agua y él bebe desesperadamente. Su estómago se retuerce por la violencia con que ha bebido. Se encoge hasta que el dolor cede.

—Por caridá, denle de comer a mi muchacho —suplica y

luego ríe María Paula de los Santos, que trabajosamente ha bajado del burro para irse a sentar junto al nieto.

Otro de los guardias les arrima tortillas calientes y una jícara con frijoles. La mujer apenas prueba bocado, permite que el muchacho devore y terminada la cena se recuesta junto a él.

—Mañana llegamos a Guadalajara —informa el comandante. —¡Protéjanse del agua! —grita a sus oficiales. La lluvia arrecia oscureciendo la noche.

Guadalajara, piensa la mulata. Siempre quiso conocer esa ciudad, ver sus iglesias, sus jardines, sus plazas, maravillarse con las casas que imaginaba más grandes y mejores que las de Tepic. También quería conocer Zapopan, visitar a la virgen, prenderle velas y pedirle milagros. Alguien les acerca otra cobija y ella arropa primero a José Estanislao y luego se cubre. Le acaricia el cabello húmedo hasta que el muchacho respira apaciblemente.

—Tú, vieja, duérmete ya —le ordenan.

María Paula cierra los ojos, ríe a carcajadas y se retuerce bajo la cobija, pero está tan cansada que casi al momento la vence el sueño. José Estanislao, en cambio, no puede dormir, le preocupa su abuela, la vieja tirada junto a él que ronca con la boca abierta. Antes de salir de Tepic, apenas despuntando el alba, su madre se la encargó.

—Procura tu agüela, mijo, tá vieja y sabe Dios si aguante camino.

José Estanislao prometió hacerlo. Mientras pasaba por Mochitiltic, el muchacho recordó el viernes en que tres limosneros llegaron a casa de María Paula. Quién iba a decirle que ellos provocarían tantas lágrimas y castigos. Después de que apresaron a Juan Hilario, llamaron a su abuela a declarar. De allá, ella regresó enferma.

—Tá mala de espanto —dijo la curandera que llevaron para atenderla. —Hay que gritarle a su alma, pa que vuelva a metérsele en el cuerpo —explicó, y luego empezó a gritar muchas veces el nombre de María Paula de los Santos, hasta que el alma no tuvo más remedio que volver. Pero en cuanto la Tigra paraba las orejas y salía corriendo al patio, la abuela se ponía a temblar, a decir que venían a detenerla.

José Estanislao sintió miedo cuando un tío suyo, que vivía en Xalisco, le contó cómo llegaron los soldados a detener al alcalde José Andrés López, cómo él se dejó esposar y caminó obediente rumbo a Tepic. Ya estaban detenidos el escribano Juan Crisóstomo Urbina y el viejo Felipe Santiago, a los que el subdelegado había llamado con engaños. También le contó que días después, con la oración de la noche llegaron muchos soldados a rodear el pueblo. Uno por uno, fueron llevándose a la cárcel del pueblo a los que traían anotados en unas hojas. Toda la noche los tuvieron ahí. Al amanecer, don Matías de los Ríos ordenó a los soldados que los formaran y en cuerda se llevó a cuarenta y seis indios a la cárcel de Tepic.

El miedo creció cuando el subdelegado Juan José de Zea ordenó hacer lo mismo en el pueblo de Tepic. Él se dio cuenta de cómo llegaban piquetes de soldados preguntando por algún indio, al encontrarlo, le amarraban las manos y lo unían a la cuerda de prisioneros. Llegó corriendo a su jacal, tomó de la mano a su abuela y se la llevó a toda prisa hasta cerca de la laguna. Se escondieron dos semanas entre yerbajos y zacatales, sólo salían a comer raíces y tomar agua.

Al volver se enteró de que estaba prohibido que los indios tuvieran armas de fuego y cuchillos. Para que no lo detuvieran enterró junto al árbol de granada la punta de obsidiana que utilizaba para cortar. Supo que también les estaba prohibido que los indios tuvieran reuniones y dejó de saludar a los que encontraba en la calle, una inclinación de cabeza era suficiente para mostrarles respeto. No le interesó mucho que prohibieran también andar a caballo, porque ellos no contaban con ninguno.

—Anda mijo, vete a mirar si también se llevan a los viejos —le dijo su abuela la mañana en que la primera collera iba a salir para Guadalajara. José Estanislao fue a observar a los reos que con collera puesta aguardaban la marcha. Eran muchos, la mayoría viejos, la mayoría ancianos principales de los pueblos. De pronto se encontró con Juan Hilario, que lo amenazó con echarle culpas a su abuela. Seguro estaba enojado porque los gachupines descubrieron la guerra antes de tiempo y no le permitieron hacer las cosas que se habían planeado. A su abuela le

contó de las cuerdas, de los caballos que montaban los solda-
dos, de las cornetas y los tambores que iban tocando mientras
los presos se alejaban, pero nada dijo de las amenazas de Juan
Hilario.

—Van a venir. Saben que hablé con el Tlaxcalteco... —ad-
vertía ella a hijos y nietos.

Desde que detuvieron a Juan Hilario y se supo que la men-
cionaba en sus declaraciones, su abuela perdió la tranquilidad.
Algunos iban a reclamarle, a decirle que por su culpa había más
de trescientos encarcelados.

—Verás que la pagas, María Santos —pronosticaban.

Pero había otros que llegaban a preguntar por el Tlaxcalte-
co, querían unírsele, estaban listos, armados, buscándolo. Ella
se angustiaba al no saber decirles dónde podía estar.

José Estanislao sabe que a María Paula de los Santos empezó
a darle miedo, angustia, saber de cárceles llenas. Llegó a decirle
entre sonrisas nerviosas que cuando fueran a buscarla se entre-
garía sin decir palabra. Pero los guardias tardaban en llegar y Te-
pic se llenó de lumbradas, de Dragones de la Nueva Galicia, de
marinos y muchos soldados, de vecinos que hacían rondas bus-
cando indios sospechosos. Ella permitió que la culpa se metiera a
su cuerpo y se transformara en dolor de costado. José Estanislao
piensa que el miedo se le anudó entre las tripas y luego se endure-
ció hasta formarle esa piedra dolorosa en el costado que le tortu-
ra. Desde entonces la ve cansada, sin ánimos, tocándose el costado
para calmar el dolor que día y noche la acompaña.

Su abuela no lo sabe, pero él tampoco ha dormido bien
desde entonces. Por eso se dio cuenta de que a finales de abril
María Paula se paró a media noche, muy despacio, cuidando
de no despertarlo. Afuera chillaba un gato negro que desde la
tarde ella había metido en un costal. La siguió, la miró tomar
una olla de barro que mantenía tapada, luego fue por el costal
en que el gato se desesperaba y caminó al fondo de la huerta,
al lado contrario de la propiedad de Juan Hilario. Era noche
oscura, ella encendió una lumbrada y entre el resplandor de
las llamas el pudo seguir sus movimientos. Cuando la lumbre
estaba alta, con laja de obsidiana la mujer le cortó el cuello

al gato, luego metió la mano a la olla de barro y de ahí sacó un sapo. También lo mató, y lanzó los dos cuerpos al fuego. Cuando se estaban asando había en la lumbre una hilera de humo espeso. Ella levantó sus ropas para que el humo impregnara todo su cuerpo. Se bañó en humo desde las plantas de los pies hasta el cabello. Estuvo un rato largo tosiendo y aspirando el tufo a carne quemada. Cuando el fuego se extinguía levantó la enagua y se abrió de pies para que el humo entrara a lugares escondidos.

—Todo hice: que un gato, que un sapo, que los humos, y entoavía me veo las manos y las zancas. Mentiras que el humo hace invisible. Cuando los justicia vengan me van a mirar completa —gimió con angustia.

Él regresó con rapidez al jacal y volvió a tirarse en el camastro, para que ella no se diera cuenta de que la había seguido.

A José Estanislao el miedo se le apagó cuando llevaron en collera a los de más delito. Pensó que con los presos en Guadalajara, en Tepic olvidarían el asunto. El temor regresó en mayo, cuando el subdelegado Juan José de Zea, acompañado de guardias y un doctor, fue a buscar a su abuela, que estaba en cama, postrada por las fiebres.

Su Excelencia, esta mujer está muy enferma, si la enviamos a Guadalajara morirá en el camino.

—Por hoy te salvas, india embustera. Ya vendré cuando hayas mejorado —amenazó el subdelegado de Tepic.

Su abuela ya no quiso aliviarse. El dolor aminoraba al calentarse con el sol. Sólo a esas horas sentía ánimo para sentarse en la tierra apisonada del patio, y desde ahí vigilar la entrada.

Ahora, mientras María Paula duerme, él recuerda que hace tiempo, a media noche, despertó con sobresalto porque escuchó pasos, luego gruñidos y después voces en el patio. Creyó que eran los guardias que por fin llegaban. Se puso de pie y caminó con sigilo. Por las rendijas que dejaban las varas de otate de la puerta, vio afuera la sombra de una mujer toda de negro y junto a ella su abuela, que trataba de tranquilizar a la Tigra. Pegó el oído para enterarse de qué se trataba.

—María Santos, soy yo, la viuda de Mendoza, calla a tu animal para que nadie se dé cuenta que vine a verte —susurró la enlutada.

María Paula de los Santos atrapó a la Tigra por los pelos de la nuca e hizo que se echara a un lado. El animal chilló. Se le quedó viendo a la rubia mujer a quien llamaban la Gachupina, cuando platicaba de ella con José Estanislao.

—Ya te conocí, vienes a deshoras.

—Vengo a darte consejo, María Santos. Dicen que los soldados no te detuvieron porque estabas mala, pero en cuanto te alivies, te llevan a Guadalajara.

—No me amargues con cosas que conozco.

—Dicen que Juan Hilario te nombra cuando declara. Por eso te quieren llevar, para enfrentarlos a los dos y saber la verdad.

—La verdá ya la dije...

—Hay una manera de que no te castiguen, María Santos. Hazte la loca, hazles creer que ya no tienes razón y te sueltan.

—Eso es de peligro.

—No. Un pariente mío, que de veras estaba fatuo, se robó un becerro. Ni lo castigaron ni lo metieron a la cárcel porque entendieron que no era dueño de su cabeza. Así tú, María Santos, hazles creer que perdiste tu razón.

—No sé cómo...

—Engáñalos, háblales de una cosa y luego cámbiales a otra y otra.

—Tonces me encierran en casa de locos...

—Dicen que a Juan Hilario y a los que resulten más culpables los van a condenar a pena de muerte. Tú estás muy comprometida, es mejor que te encierren con locos, a que te arranquen la cabeza.

María Paula se quedó pensando largo rato.

—¡Quién quita y lo hago! —dijo contenta y abrazó a la viuda. Después la acompañó hasta su casa.

Cuando volvió a acostarse, José Estanislao la escucho rezar. Lo venció el cansancio. Cuando despertó, su abuela estaba contenta, ya había hecho una escoba de varas y barría el patio. Lo llevó dentro del jacal y le dijo bajando la voz:

—Me haré loca, Tanislao, te lo digo pa que no te espantes

si me oyes decir loqueras o platicar con muertos. Me haré loca. Cuando vengan por mí, pensarán que un mal aigre me sorbió las entendederas.

Marcelino Seráfico Rubio

24

MARCELINO SERÁFICO mira al enfermo, escucha el silbido constante que le brota de los pulmones. Conteniendo miedo y angustia, se acuclilla y le toma una mano incendiada por la fiebre. Atardece. A la luz temblona de dos lámparas de aceite que cuelgan de la pared, observa cómo el delirio mueve los labios del enfermo. La nariz gruesa se ha afilado, los ojos están hundidos en grandes ojeras. Marcelino Seráfico reza, y ahí, sobre un catre, enjuto, entre sábanas pardas, agoniza Juan Hilario Rubio, su padre.

Quiere pasar su mano sobre el pecho del hombre, pero el doctor se lo impide. La tarde es lluviosa y de vez en cuando un relámpago llena de luz blanquísima el cuarto de hospital.

El doctor, Pedro Tamés, hombre de edad y experiencia, médico examinado y aprobado por el Real Tribunal del Protomedicato de la Nueva España, no sabe qué más intentar a favor del moribundo. Hace una semana, precisamente el día que dieron la libertad a cincuenta y cinco presos de los que llaman "rebeldes de Tepic", dos guardias trajeron a su pequeño consultorio de la cárcel al indio Juan Hilario Rubio, quejándose de dolores que más parecían puñaladas en el costado y se le clavaban en la carne cada que tosía o respiraba profundo. Pedro Tamés empezó a reconocerlo, el paciente dijo que también le dolían los hombros y el cuello, además, sentía punzadas en pecho y espalda al estar recostado y cambiar de posición.

El doctor notó su dificultad para tomar aire, la debilidad que apenas le permitía estar de pie. Le tocó la frente y constató que ardía por la fiebre. Lo pasó al pequeño cuarto y lo recostó en un catre, pidiéndole que tratara de dormir. Luego consultó sus libros amarillentos de pastas oscuras. Por los síntomas, sabía que Juan Hilario Rubio estaba enfermo de pleuresía, pero necesitaba estar seguro. La pleuresía, en primavera o invierno, podía darse por cambios bruscos de temperatura, pero en verano sólo se daba por epidemia. Ya había atendido a cuatro reos con los mismos síntomas, era posible una epidemia en la cárcel. Se asomó al cuartito en que el enfermo descansaba vigilado de cerca por los dos guardias. Su tos era seca y en cada espasmo el rostro se contraía de dolor. Ya no le quedó duda. Enjuagó sus manos con un chorro de alcohol y fue a ver al director de la cárcel.

—Su Señoría, se está presentando una epidemia de pleuresía entre los reclusos.

—¿La enfermedad es grave?

—Depende de la constitución de los enfermos. Aquí, en la cárcel, en las condiciones en que están los presos, representa la muerte.

—¿En qué pabellón se está presentando esa epidemia?

—Precisamente en el que están los "rebeldes de Tepic".

Al escucharlo, el director se puso bruscamente de pie.

—No. Esos rebeldes no deben morirse, necesitan vivir para escuchar su sentencia, para ser castigados con dureza, y servir de ejemplo a los demás. Tengo órdenes de mantenerlos sanos. Dígame qué hacer para evitar que fallezcan. Su muerte parecería un escape, una burla a nuestras leyes.

Al doctor Tamés le desagradaron los comentarios, pero dijo con voz grave:

—Consiga suficiente boñiga de toros y vacas. La necesitamos seca, será difícil conseguirla en tiempo de lluvias, pero tal vez la encuentren en establos, necesitamos mezclarla con copal y prenderle lumbre. Con el humo que produzca se sahumarán galeras, pasillos, patios salas, todo el edificio y también a todos los presos.

—La buscaremos hoy mismo. Pero, dígame, ¿recuerda a alguno de los enfermos?

—Sí, Señoría, uno de ellos es reo principal, se trata de Juan Hilario Rubio.

—¿Juan Hilario enfermo? ¡No es posible! ¡Haga todo lo que esté en sus manos por salvarlo. Él debe morir, sí, pero ajusticiado. El licenciado Munilla me comentó que lo condenaría a ser ahorcado, partido en pedazos y cada parte puesta en sitio distinto, para escarmiento. No puede morir de enfermedad, tengo muchos reos condenados a ver su ejecución antes de quedar libres. Se busca horrorizarlos, hacerles entender lo que les espera si reinciden. Cuando los indios vean su cabeza en Lo de Lamedo o sus brazos en las afueras de Tepic, se cuidarán mucho de pensar en traiciones.

—Acabo de hacerle un reconocimiento y Juan Hilario se nota muy enfermo. Trataré de curarlo, pero no puedo responder por su vida.

—¿Cómo de que no responde? ¡Claro que lo hará! Cure a Juan Hilario o perderá su puesto, dedíquese por completo a él.

—No lo entiendo, Su Señoría, quiere un reo sano para mandarlo ejecutar.

—Eso no le importa, sálvelo.

El doctor Pedro Tamés recuerda que hace una semana, cuando recibió a Juan Hilario, dijo con gravedad a su ayudante: "por las señales que advierto, dentro de siete días este infeliz estará difunto", y no se equivocaba. Todos los síntomas indican que la pleuresía produjo derrame y gangrena en la membrana que envuelve los pulmones. Parte de su pleura está inflamada o muerta.

Mira al enfermo. Le parece difícil aceptar que ese hombre viejo, enjuto, hoy preso de fiebres y dolores, haya sido capaz de provocar tanto movimiento de tropas. Observa a Marcelino Seráfico Rubio. El hijo de Juan Hilario, único al que han permitido estar al pendiente; continúa acuclillado junto al camastro. Se ve ansioso, ha notado que trata de decirle algo al padre y finge distancia cuando él se acerca. Le molesta que no lo pierda de vista, que sus ojos lo sigan mientras coloca compresas frías en las piernas y el tórax, en la frente del moribundo, pretendiendo drenarle las exudaciones. Quisiera decirle que salga, pero no se atreve.

Mientras el padre parece dormir, Marcelino Seráfico se pierde en sus recuerdos. Viudo a los veintitrés años, antes del amanecer faldeaba el cerro de San Juan para bajar a Tepic. Cada mañana pasaba junto a la barranca en que tenía su milpa, tierra del fundo legal que le prestaba su comunidad. De reojo contemplaba los tallos de hojas resecas, coronados por pequeñas mazorcas, prometiéndose que al día siguiente iría a cosecharlas. Pero al día siguiente pasaba de largo, porque tenía que levantar primero la cosecha de un español, dueño de grandes terrenos y que lo ocupaba, al igual que a muchos indios del lugar, para que recogieran los frutos de sus tierras. Marcelino Seráfico sabía que mientras no terminara con la cosecha de aquel hombre, no podía darse el gusto de recoger la suya, pequeña, de mazorcas anémicas y tallos aferrados al declive. No había pago, el español era poderoso, ordenaba y él debía obedecer para no tener problemas.

Además, estaba obligado a sembrar diez brazas de las tierras comunales. Tierra de todos. El maíz cosechado en ellas se vendía y el dinero iba a dar a la caja de la comunidad, a cargo del alcalde y los principales, para utilizarse después en surtir el hospital que funcionaba en las Casas Reales, o para gastarlo en fiestas de vírgenes y santos.

También desempeñaba las funciones de topil en las Casas Reales, a disposición del subdelegado don Juan José de Zea, y del alcalde José Desiderio Maldonado. Cargo gratuito y obligatorio para el que fue electo en la ceremonia de cambio de varas, y que debía desempeñar sin pretextos durante un año. Como topil, se encargaba de cuidar el orden entre los indios, y llevar ante su alcalde a los que cometían faltas. Iba en busca de infractores y los encerraba en la cárcel, pequeña habitación oscura. En otro cuarto se reunían los ancianos principales. Ante ellos confesaban los culpables, analizaban faltas y motivos para dar sentencia. A veces, sólo eran arrestos de horas o días y algunos azotes. Pero le tocó ver a un muchacho condenado a cinco días de cepo. Lo descubrieron robando y, consciente de su culpa, ni siquiera suplicó clemencia. Entró a ver cómo lo ponían en el cepo. Dentro de la pequeña habitación oscura estaban dos largos y pesados trozos de madera con cuatro canaletas que, al encimarse, formaban cuatro agujeros. Hicieron que el castigado pusiera pies y manos en las canaletas de una de las maderas. Encimaron la otra parte y quedó preso de tobillos y muñecas. Amarraron ambos maderos en sus extremos y el joven quedó sentado, con pies y brazos sujetos al frente, y con los músculos de piernas y espalda totalmente estirados. Por cinco días sólo le dieron agua. Sus gemidos conmovían, pero Marcelino Seráfico sabía que sólo los ancianos podían liberarlo. Cuando lo quitaron del cepo no pudo incorporarse, en vilo se lo llevaron sus familiares y él sintió miedo de que ese muchacho no pudiera volver a caminar.

El domingo cuatro de enero se levantó de madrugada para realizar al fin su cosecha. Concluido el cargo de topil, tenía tiempo para sus cosas. Las sombras apenas le permitían ver la silueta de la milpa, pero necesitaba regresar pronto para escuchar la misa de las ocho de la mañana a que estaba obligado. Amanecía cuando escuchó que lo llamaban a gritos, Giró la cabeza y pudo ver a su madre que corría en su busca. Sí, era ella, era María Gertrudis Real, y traía la angustia marcada en cada línea del rostro.

—¡Mijo!, ¡mijo!, anoche, aluego del toque de oración, fueron por tu apá los justicia. A saber ónde lo llevaron!

—¿Eran topiles…?

—¡No!, ¡eran los justicia de gachupines!

Marcelino Seráfico y Gertrudis Real buscaron a Juan Hilario primero en la cárcel de las Casas Reales, al no hallarlo fueron a la Real Cárcel, y de ahí los mandaron al cuartel. Algo pasaba. Los soldados reales corrían de un lado a otro y los vecinos formaban cuadrillas. Cuando preguntó por él con nombres y apellido, los ojos del comandante se endurecieron. Les ordenó que regresaran a su casa, si no querían ser apresados también.

Marcelino Seráfico trató inútilmente de localizar a su padre. Era jueves ocho de enero cuando fueron a aprehenderlo. Pasos y voces lo despertaron de madrugada. Cuando salió a ver de qué se trataba, vio que lo buscaba Ramón Muñoz, sargento del que también recibía órdenes, acompañado de un piquete de soldados reales.

—¡En nombre de Su Majestad, date preso, Marcelino Seráfico Rubio!

Iba a preguntar por qué, cuando vio que Ramón Muñoz, ya llevaba detenidos a José Tomás y Juan Bautista, sus dos hermanos, entonces permitió que lo esposaran. A los tres los llevaron al cuartel de Tepic.

Es casi media noche. El enfermo intenta hablar. El hijo acerca el oído a la boca anhelante.

—Tú…, Seráfico…, dile a Juan Bautista… que por mayor… le toca hacerse cargo… de su madre… y los chiqui…llos —alcanza a decir.

—No tenga apuro por eso, mi apá.

—Diles… tus hermanos… que me perdonen… Tán sufriendo mucho…, pero verás que un día…. llega el Tlaxcalteco…

—Tamos bien. Nos dieron libres. Mis hermanos van pa Tepí, yo me quedé a procurarlo.

—Desta… no salgo….

—¡Tu padre está reaccionando!, apártate, déjame revisarlo —ordena el ayudante.

Marcelino Seráfico obedece. El ayudante toca la frente y las muñecas del paciente, le coloca un embudo sobre el pecho y acerca el oído para escucharle el corazón.

—Presenta una leve mejoría, doctor.

Al escuchar esto, Marcelino Seráfico se asusta. Ha estado rezando, pidiéndole a un Cristo clavado en la pared que su padre muera. ¿Y si mejora? ¿Y si sale de la enfermedad? Reza en silencio un padrenuestro para que esto no suceda.

—Doctor, las compresas le están ayudando, hay que aplicar más —dice el ayudante, entusiasmado por la mejoría.

—Bien, vaya por ellas —le ordena el doctor, sorprendido de que su ayudante ignore que los enfermos, antes de morir, presentan alguna mejoría.

—Tú, muchacho, sé que desde hace rato quieres decirle algo

a tu padre. Hazlo, te dejaré a solas con él unos minutos —aconseja el doctor antes de cerrar la puerta.

Cuando se siente a solas, Marcelino Seráfico se acerca al camastro, busca el oído del padre y le dice en voz baja.

—No esté necio en vivir, mi apá. Nomás lo cansan empiedrando calles, jalando la bola de fierros de le pusieron en la zanca. ¿Pa qué quiere eso? Lo encierran solito, lleno de cadenas, lo mismo que loco o perro de mal. ¿Pa qué vivir así? No les de el gusto de que lo horquen o lo mochen a pedazos, como si fuera usté una gallina que quieren hervir en caldo. Búrlese de ellos, mi apá. Si usté se muere, los deja con ganas de matarlo. Mejor muérase, ¿me oye? Mejor muérase, apá.

Juan Hilario apenas tienes fuerzas para asentir con un movimiento de cabeza.

Félix Berenguer de Marquina

25

EL VIRREY, GOBERNADOR y capitán general del Reino de Nueva España y presidente de la Real Audiencia de México, Félix Berenguer de Marquina y Fitzgerald, está en cama. Presenta dolores en el hígado y altas temperaturas. Los doctores del Real Protomedicato lo examinaron y luego de colocarle sobre el vientre una cataplasma de salvia sujeta con vendas, salieron a discutir sobre los síntomas que presenta y los medios que utilizarán para curarlo.

A su lado, en una silla con asiento y respaldo de terciopelo rojo, María de Ansoátegui, la virreina, mueve por inercia su abanico, mientras contempla alternadamente el rostro grave del esposo y las nubes que ennegrecen la tarde.

—Te contaba, María, que hoy no tengo ganas de firmar documentos.

—Es comprensible, Félix, estás enfermo, olvida las responsabilidades —responde ella, justificándolo. Considera a su esposo tenaz y honrado, incapaz de permitir que le contesten de prisa la correspondencia ni que hurguen en los documentos dirigidos a él. Sabe que le gusta analizar cada respuesta, aunque le cueste trabajo tomar decisiones. Él se encierra en el gabinete que da a su habitación y ahí pasa parte de la noche, hasta que, cansado, va a dormirse tras resolver una mínima parte de los documentos que se apilan sobre su bufete.

—Mi cargo me lo exige, mujer.

—Bien podrías dejarlo a tus asesores.

El Virrey calla, no quiere comentarle que siente vergüenza cuando ellos resuelven rápidamente los problemas que a él le llevan horas. Por eso se afana y se desvela, por eso lee una y otra vez cada documento hasta comprenderlo a medias, y poder discutirlo con ellos a la mañana siguiente, como si apenas se enterara de la situación.

—No quiero reprochar, entiendo tu responsabilidad, pero apenas te asomas a las tertulias y saraos que las damas de la corte organizan en palacio. Me abochorno cuando preguntan por ti y debo decir que estás en urgentes asuntos.

—Cumplir con mi deber es una manera de mostrar mi fidelidad al Rey.

—Nadie se atrevería a poner en duda tu fidelidad.

—Más vale dejar claro con mis acciones que reconozco que Su Majestad, don Carlos IV, es dueño de nuestras vidas.

—¿Lo dices por lo que platicaste con tu secretario sobre el virrey Bernardo de Gálvez? Los escuché sin querer, estaba en la antecámara, perdona. Estoy preocupada. ¿Crees ese rumor? ¿Crees de verdad que ese Virrey murió envenado por su intención de independizar la Nueva España?

—¡María! ¡Te prohíbo que vuelvas a mencionar ese asunto! —reprende Félix Berenguer de Marquina. Cree posible el envenenamiento de Bernardo de Gálvez, virrey hace menos de quince años, sabe que la desconfianza de un rey puede ser suficiente para que sus incondicionales se encarguen de los sospechosos, y sabe que ésos no son temas para tratar junto a la cama, donde hay riesgo de que alguien entre y los escuche. La dolencia del hígado crece. La Virreina va en persona a llamar los médicos.

El Virrey contempla las paredes tapizadas de brocados en suaves matices, que terminan en el rodapié de franjas doradas, las mesitas bajas que lucen figuras de blanca porcelana y candelabros de oro. La alta y angosta mesa esquinera en que un pequeño jarrón de cristal cortado muestra ramilletes de violetas y gardenias cuyo olor endulza el aire de la habitación. Se arrellana en el lecho, recarga la espalda en almohadones de plumón, jala las cortinas de damasco, que puede cerrar en el momento que quiera privacidad y hace un gesto de preocupación. Está aburrido de ser Virrey. Quisiera ser jardinero, o un aguador que va de casa en casa, ofreciendo el fresco líquido que contienen sus cántaros; cargados por mulas desde la fuente del Salto del Agua; olvidar por un día a perfumados y sonrientes cortesanos, las tertulias y saraos, los vasallos que le solicitan audiencia.

Le gustaría volver a ser joven, para andar en los navíos de guerra en que conoció el Mediterráneo y el Atlántico; regresarse a los tiempos en que daba clases de matemáticas y astronomía a alumnos de la Academia Naval de Cartagena, disfrutar el paisaje sinuoso de las olas… Era teniente general de la Armada Española cuando Carlos IV lo eligió para Virrey. El mar, los barcos, eso es lo suyo, no esta vida plagada de ceremonias que vive y sufre en el palacio virreinal. Platica con entusiasmo que cuando venía con María de Ansoátegui a tomar posesión como virrey de la Nueva España. En la sonda de Campeche, su bergantín cayó en manos de piratas ingleses. Los llevaron hasta Kingston, Jamaica, pero calló su verdadero nombre y el motivo de su viaje, por eso fueron liberados y pudieron llegar a Veracruz y de ahí a la villa de Guadalupe, donde él tomó cargo de virrey de Nueva España, el veintinueve de abril de 1800 y entró el treinta, entre aplausos, a la ciudad de México. Insiste en esa anécdota, como si buscara que quien la escucha se dé cuenta de que tuvo malicia al ocultar su nombre y burlar a los piratas, de que es un hombre inteligente y no el de poca capacidad de gobierno del que muchos se mofan fuera de palacio.

Llega su cuerpo de médicos y tiene que hablar de dolores y malestares. Siente que la cabeza le estalla y su frente arde. Soporta en silencio las sanguijuelas que le colocan en brazos y piernas para que, chupando porciones de sangre, le estabilicen la temperatura. Siente alivio cuando ve salir a doctores, pajes y criados. Le pide a la virreina que sólo ella se quede acompañándolo.

Ella se aburre en la cómoda silla de terciopelo rojo, su plática no interesa al Virrey, que continúa silencioso. Mordisquea con desgano un mazapán de piñones. Los relámpagos hacen notar los adornos de oro de la habitación.

—María, haz que venga mi secretario de cámara.

—¿Para qué? ¿Para ponerte a trabajar? No lo llamo de ninguna manera, Félix, los médicos te mandaron descanso y…

—Por favor, haz que venga mi secretario de cámara —insiste el Virrey colocándose la mano junto al hígado.

La virreina mira al enfermo: al quincuagésimo quinto virrey de la Nueva España, que entre sábanas parece un hombre común, sin la elegancia que le otorga la blanca peluca llena de rizos, que ahora descansa junto a las bebidas medicinales hechas con agua destilada y jarabes que habrán de refrescarle el hígado. Contempla con ternura al que yace sobre los almohadones: hombre robusto y casi calvo, vestido con bata de dormir en lugar de la finísima chorrera por cuyas mangas escapa una profusión de encajes. Ése es su marido, un distraído de sesenta y cinco años cargado de obligaciones. Toca la campanilla. Un lacayo se asoma a la puerta haciendo una profunda reverencia.

—Llama al secretario de cámara y virreinato —le ordena con tono resignado.

María de Ansoátegui ve entrar al secretario de cámara y bosteza, sabe que ahora sólo se hablará de temas fastidiosos y saldrán a relucir mil problemas. Afuera se han desplomado las nubes provocando un aguacero. Aunque el aire ha enfriado, ella agita su nervioso abanico de seda, con varillaje de plata y nácar.

—¿Qué tenemos pendiente? —pregunta el Virrey.

—Su Majestad, ha llegado un informe de la Real Audiencia de Guadalajara sobre los "rebeldes de Tepic". Han dejado a cincuenta y cinco en libertad y declarado bien presos a treinta y uno —menciona el secretario de cámara, extendiéndole un documento.

El Virrey no hace ni el intento de tomar los papeles.

—Mejor veamos otros asuntos, hoy no quiero saber de cárceles.

—Hace mucho que Su Majestad elude el tema, se trata de indios, es cierto, pero la Real Audiencia de Guadalajara pide que…

—Pide que determine, y yo ya autoricé a su presidente, don Fernando Abascal, para que se haga cargo —aclara con molestia. La Real Audiencia de México funciona en el palacio virreinal y casi comparte sus habitaciones. Le molesta encontrar en los pasillos del lado sur, en el segundo piso, a oidores, alcaldes del crimen, escribanos, receptores, abogados o procuradores. No le agrada pasar frente a las oficinas de los tribunales ni a la sala de audiencia, la de acuerdos, la del crimen, las de mayor y menor cuantía o el consulado. Los asuntos que ahí se manejan le parecen tediosos. Cuando asiste a las salas para el Real Acuerdo, sube tratando de no mostrar desgano la tarima en que está la silla de los virreyes, aguardándolo, ahí se sienta a sesionar con los oidores y respira cuando el escribano real termina de anotar todos los puntos del acuerdo al que se llegó. Quisiera proponer que cambiaran la Real Audiencia a otra parte, para dejar de ver a tantos magistrados, gestores, alguaciles, entretenidos, junto con gente que implora justicia.

El secretario de cámara guarda los documentos. Sabe que aparte de la Real Audiencia, irrita al Virrey el tema de las sublevaciones. En mayo, al mes de tomar posesión, un soldado pidió audiencia para denunciar una conspiración de caballeros pudientes. Le contó que hacía dos años que la preparaban y pensaban matarlo para dejar el gobierno sin cabeza y aprovechar la confusión para que uno de ellos tomara su puesto. El Virrey quedó perplejo, le dio al soldado doscientos pesos y lo mandó con el coronel don Félix María Calleja, comandante de la brigada de San Luis Potosí, para que en secreto investigara. El asunto demoró hasta que se descubrió que todo era una fantasía. Se sintió ridículo, iluso por haber creído ese enredo y desde entonces descalifica las sublevaciones. No permite rumores de ellas por no hacer crecer el clima de temores a insurrecciones y tumultos que siempre han existido en la Nueva España.

—¿Qué más queda pendiente? —pregunta, y mira a la virreina que finge dormitar en la silla. La considera, entiende que las mujeres se aburren con asuntos delicados. A ellas las animan las amenas charlas de las tertulias, también los vendedores que les muestran las novedades en telas, perfumes o joyas, las costureras que logran hermosos vestidos con vuelos y pliegues.
—María, debes ocuparte de la tertulia que habrá mañana —le

sugiere. La virreina sonríe y, obediente, deja la recámara a pasos rápidos, el Virrey sigue con una sonrisa el frufrú de las sedas de su vestido.

—Informa don Manuel Tolsá, director de escultura de la Real Academia de San Carlos, que siguen los trabajos de la estatua ecuestre de Su Majestad, don Carlos IV.

—Bien, que continúen —contesta secamente. Tampoco quiere saber de la estatua que ordenó el virrey Miguel de la Grúa Salamanca y Branciforte, para congraciarse con el rey Carlos IV, buscando que el soberano olvidara los escándalos que motivaban sus fraudes y pillajes. Si se asomara al balcón, podría ver la estatua provisional, hecha con madera y estuco, y cubierta con hojas de oro, que fue colocada en la Plaza Mayor. Le cansa pensar que Manuel Tolsá está haciendo la definitiva, de bronce, con los recursos que se juntaron de las muchas corridas de toros que organizó el virrey Branciforte. Que hagan lo que quieran con esa estatua, pero que lo dejen en paz. —¿Qué más falta de resolver? —pregunta con impaciencia.

—Avistaron dos fragatas inglesas frente a Veracruz. El ayuntamiento de esa ciudad pide disponer de dinero de la Real Hacienda para incorporar a los cuerpos de su guarnición a los reclutas que están fuera y, tener prontos a cien hombres, en caso de ataque.

—Autorícelos. Además, pida que en el castillo de San Juan de Ulúa se guarden víveres y municiones para el caso de ataque —ordena. Y él mismo se sorprende de no haber dudado al tomar esa decisión. Como consecuencia de la guerra que Francia sostiene contra Gran Bretaña, los buques ingleses atacan también a España, por declararse aliada de los galos. Piratas de Inglaterra surcan los mares y atacan puertos de la Nueva España. Navíos, barcos, fragatas, bergantines, goletas y hasta un paquebote, tripulados todos por corsarios acechan las costas en barlovento y sotavento. San Juan de Ulúa, Veracruz, Cempoala, Chachalacas, Tabasco, Campeche, El Carmen, Yucatán, se han visto amenazadas por fragatas de guerra con aparejo, casco, arboladura y hasta cuarenta cañones, que aguardan a las embarcaciones que se dirigen a La Habana o a España, para saquearlas. A pocas millas de Veracruz, esperan los barcos enemigos el momento propicio para el ataque. Por eso es que dispuso que todos los caudales que había en el puerto se pasaran a Jalapa, en busca de mayor seguridad.

España también está en guerra con Rusia, y le llegan avisos del Rey, advirtiéndole que los rusos quieren apoderarse de la península de California. Sus fuerzas le han notificado de navíos de corsarios rusos cerca de la isla de Cerralvo, y también en Puerto Escondido. En San José del Cabo también han divisado buques, lo mismo que en la bahía de Todos los Santos, donde una embarcación tiró cañonazos. Hay fieles soldados y vigías en cabo San Lucas y San José, pero su vigilancia genera gastos que difícilmente puede afrontar la Real Hacienda. Para colmo, teme una invasión norteamericana por las tierras del norte. En octubre, sólo a siete meses de tomar posesión, España cedió a Francia el territorio de Luisiana, y hay rumores de que Francia lo venderá a americanos. Apenas en junio se estableció la paz entre España y Portugal, ¿pero eso qué importan en este momento?

—¿Qué más tenemos?

—Apresaron a dos hombres pegando pasquines ofensivos a Su Majestad. Están prisioneros y las familias de ambos le solicitan clemencia.

Félix Berenguer y Marquina se queda pensativo. Un enojo súbito lo domina cada que se entera de los ataques que sufre por medio de papeletas que sus detractores pegan fuera de la Catedral o en el mercado del Parián. Tomó el poder que ya no quiso José Miguel de Azanza, duque de Santa Fe, pero corren rumores que le debe el Virreinato a Branciforte y la gente lo espera igual de ladrón que el duque, que vendía los puestos públicos y permitía negocios de contrabando. No les dará oportunidad de probar que tenían razón. Llegó al poder siendo pobre y sin títulos nobiliarios y así se retirará. El coraje contra los que pegan pasquines va en aumento.

—Recuérdeles que los enemigos se procesan con severidad —dice. El secretario toma nota sabiendo que en cuanto el coraje ceda, el Virrey solicitará penas más blandas. Son sólo pasquines, gente que hace mofa de incapacidades que no poseo, corregirá.

—¿Qué más está rezagado?

Un grupo de aristócratas que le ruegan encarecidamente que se reanuden las corridas de toros —responde bajando la voz.

—¿Qué? ¿No entienden que nunca aprobaré ese espectáculo digno de bárbaros? —exclama, quizá animado por la sangre irlandesa que corre por sus venas.

—Lo sé, pero se acostumbra que con el dinero recabado en la corrida, se paguen los gastos de la celebración de entrada de los virreyes, tomados del fondo público de la capital. Le recuerdo que las comidas y refrescos que se dieron a su llegada, tuvieron un gasto de ocho mil pesos, que se pagarían fácilmente con las entradas, si usted autorizara que...

—¡No autorizaré!, prefiero dar siete mil pesos de mi bolsillo, para que se cubran los gastos de mi recibimiento. Ya tendré los mil que faltan para después.

El secretario de cámara guarda silencio. Piensa en que el Virrey tampoco aceptó la propuesta de los licitadores, que querían quitar media onza de carne a quien comprara una libra y, así, poco a poco, ir juntando el dinero para pagar la deuda, porque afectaba al pueblo, a la gente pobre que apenas tenía para alimentarse. Pero dar tanto dinero como lo son siete mil pesos de su bolsillo, es una acción que jamás imaginó de un Virrey. Entonces, si don Félix Berenguer de Marquina piensa en el pueblo, ¿por qué no ha de pensar en los indios "rebeldes de Tepic", indios que la sociedad considera ignorantes y que siguen pidiendo que su caso se acelere?

—Y regresando al caso de "los rebeldes de Tepic", Su Majestad, yo...

—¿De nuevo a lo mismo?

—Son indios presos cuyas familias se están muriendo de hambre, solicitan que se acelere su proceso.

—Son los que se consideran cabecillas.

—Esos mismos, pero el abogado defensor sólo juzga cabecilla al dicho Mariano y, alega que habiendo muerto Juan Hilario Rubio, que fue quien los sedujo, los demás indios sólo son culpables de su ignorancia y rusticidad.

—Dígame, ¿fue en febrero que di cuenta a Su Majestad don

Carlos IV del expediente instruido, con un informe completo sobre las medidas tomadas, los rumores, y lo sucedido en verdad?

—En febrero fue.

Entonces, Su Majestad el Rey sabe que delegué en don Fernando Abascal y Souza facultades para hacerse cargo del asunto. Ya el Consejo de Indias consultó a Nuestro Soberano, quien estuvo de acuerdo con el parecer del tribunal.

—Lo sé, Su Majestad don Carlos IV ordenó que teniendo presente la *Ley octava*, del Libro tercero, Título cuarto, se castigue con severidad a los verdaderos motores.

—Si lo sabe, entonces dígame, ¿qué mas puedo hacer?

—Su Excelencia, está recuperada la tranquilidad del territorio, no hubo ni apoyo de ingleses ni los millares de indios que se decía iban a coronar al dicho Mariano. Todo fue rumor y eso evidencia que los apresados no eran motores. Su Majestad puede pedir que se acelere y vea de nuevo la causa de estos indios, como lo pide el abogado defensor y también los que mandan cartas a Su Alteza y a la Real Audiencia.

—Está bien, haga el escrito solicitándolo y démelo a firmar mañana. Hice coraje con la petición de corridas de toros y ahora sólo quiero descansar de esta dolencia que hace que mi hígado tenga latidos.

Cuando el secretario de cámara lo deja solo, Félix Berenguer de Marquina se resbala entre las sábanas hasta quedar acostado. Quiere olvidarse de guerras, piratas, toros, indios... Cierra los ojos y pretende dormir. Está cansado, muy cansado de ser el virrey de la Nueva España.

José Anastasio Reynoso

26

Finaliza octubre y un aire frío recorre las calles de Guadalajara. El sol es una mancha de luz que no alcanza a traspasar las nubes. Abrigado con su larga capa de paño oscuro, José Anastasio Reynoso y Rojas, el abogado protector interino de indios, abandona la sala de Justicia de la Real Audiencia. Afuera lo aguarda gente envuelta en sarapes y cobijas, son los familiares de los reos acusados de sublevación que aún quedan presos en la cárcel de corte. No se atreve a subir al carruaje que viene en su busca, tiene necesidad de hablar con los que lo han esperado por mucho tiempo a la intemperie. Hace señas al cochero de que se adelante hasta la plaza y él camina seguido por una multitud ansiosa y murmuradora.

La plaza es amplia y él se detiene en el centro, mira a todos los que lo han seguido, busca sin encontrar un lugar dónde subirse cuando ve que los familiares de los detenidos empiezan a colocarse en cuclillas frente a él. Otros se sientan en el suelo. Sonríe, había olvidado que para los indios no son tan importantes las sillas. Hablará de la defensa que está haciendo de los veintisiete que aún están detenidos. Eran treinta y uno, pero ha habido cuatro muertos, entre ellos Juan Hilario Rubio y el alcalde del pueblo de Xalisco, José Andrés López.

—Quiero que sepan que como abogado defensor de sus causas, entregué hoy en la Real Audiencia un escrito pidiendo la pronta liberación de sus familiares. No acepto que lo que ellos intentaron haya sido una sublevación. No, han exagerado las cosas, los que están presos formaron un alboroto, un bullicio nada más, y eso no es tan penado por la ley: si así se considera, pueden dejarlos libres —dice, y lo rodean exclamaciones de alegría.

—En el papel que fui a entregar hace rato, digo que, basado en leyes, apoyado en el indulto que el presidente de la Real Audiencia, don Fernando Abascal, mandó publicar para dar libertad a los que no fueran autores y cabezas del alboroto, y también de acuerdo con las declaraciones recibidas por los subdelegados y alcaldes ordinarios de Tepic, junto con las confesiones, cargos y careos que hizo el oidor don Francisco Camacho, sostengo que este alboroto no lo provocaron ustedes, sino un indio nombrado Mariano o Simón o José María, como quiera llamársele. Contra él deben proceder y no contra los detenidos.

El silencio crece, unos a otros se miran como buscando a alguien que les explique lo que dice el abogado. José Anastasio Reynoso se da cuenta, y busca palabras más sencillas.

—El autor o cabeza del alboroto es sólo Mariano y no los presos. Por lo que a él deben aprehender y condenar.

José Anastasio Reynoso observa que muchos sonríen. Siente gusto de darse a entender. Piensa en Juan Hilario, en su muerte. No le parece justo que a María Gertrudis Real y sus hijos Marcelino Seráfico, Juan Bautista y José Tomás, se les quiera cargar la culpa que no pudo cumplir el preso. En el documento también pidió que se les deje libres de infamias y responsabilidades y se les permita regresar a Tepic.

—Ni siquiera Juan Hilario Rubio fue culpable, ya que él no fue a buscar a Mariano, sino que sólo atendió su llamado. Él no creyó que la coronación perjudicaba al Rey, sino que se realizaría con su consentimiento. Juan Hilario y María Paula...

—No nos miente Su Mercé a esos dos —dice una anciana, con tono rencoroso.

Anastasio Reynoso la mira, observa a los que lo rodean: el solo nombre de María Paula ha provocado disgusto. Siente compasión por ella. Idiota, así la calificó en el escrito recién entregado: "María Paula de los Santos es una mujer idiota, incapaz de razonar o de fijar la atención en algo. No contesta con coherencia pregunta alguna. Considero que la soledad y el encierro la están volviendo loca, porque como loca actúa y por eso pido su libertad". Piensa ahora en Pedro Antonio García, el alcalde de San Luis. Le han contado que enfermó y gritaba día y noche por fuertes dolores de cabeza. Logró salvarse, pero no es el mismo, su modo de hablar, de caminar y de sonreír, hablan de su idiotez. Dos idiotas entre los que debe defender le parecen demasiado. Un hombre viejo agita una mano para llamar su atención, cuando lo consigue, pregunta.

—Por caridá, notícieme de mijo, de Lorenzo —pide el hombre de salientes pómulos. El abogado lo reconoce, es el padre de José Lorenzo Cervantes, el joven escribano de Xala de Abajo.

—El escribano José Lorenzo, al igual que Juan Francisco Medina, Juan Crisóstomo Urbina y Juan Valentín, está acusado de leer en el cabildo la carta que venía por cordillera. A los cuatro se les responsabiliza de contestarla. No pone atención el fiscal en que ésas son las funciones de los escribanos ni tampoco en que sólo obedecieron a sus alcaldes, porque ésa era su obligación. El caso de Juan Francisco Medina es más complicado, pues él hizo las seis cartas que llegaron a los pueblos, pero yo me he comprometido a defenderlos y lo haré —dice. En la mirada del padre de José Lorenzo tiembla la gratitud.

Una mujer se pone de pie y fija los ojos en el suelo. Es María Ignacia del Carmen, la esposa de José Jacinto Ramírez, el alcalde de San Andrés. Fue la primera en pedirle que le hiciera una carta y la enviara a la Real Audiencia y al Virrey solicitando la libertad del marido. Lleva ya tres cartas y está convencida de que lo sacará de la cárcel, pero, a un José Jacinto de piernas hinchadas e inútiles, sordo, hablando monosílabos, ¿de qué podrá servirle la libertad? Junto a María Ignacia está sentada María Leónides García, la esposa de Manuel Antonio de la Cruz, el alcalde de Mecatán, que se reprocha haber hecho la bandera blanca que le pidió el esposo para llevarla ondeando por todo el camino. También está Brígida Dionisia, esposa de José María Julián, indio del mismo pueblo, que se siente culpable de haberle dado el recado que dejó el alcalde para que fuera a Lo de Lamedo. Junto a ellas tirita de frío Juana Paula, la esposa Juan Bautista Rodríguez, alcalde de Huaynamota. Le simpatizan, se vinieron siguiendo la collera desde Tepic y han sobrevivido vendiendo atoles, gordas o tepache con tal de estar cerca de sus maridos y apoyarlos. Hay muchas más que no conoce bien porque no se han acercado a solicitarle cartas, pero están ahí, atentas a lo que dice. También los reos han suplicado al Virrey y a la Real Audiencia por su libertad: Juan Francisco Medina, José Lorenzo Cervantes, Pedro Antonio García, Juan Antonio Brígido, Juan Crisóstomo Urbina, José Rafael García, los escribanos y todos los que saben escribir mandan cartas instruidos por él, insisten, aunque no reciban contestación. María Ignacia del Carmen continúa de pie, lo mira, va a decir algo cuando le gana la emoción: aprieta los labios, se lleva las manos al rostro y llora. Las demás la ayudan a sentarse.

—José Pascual Ramos, Felipe Doroteo, Luciano Trinidad, Onofre de los Santos, Tiburcio Clemente, Juan Bautista Rodríguez… todos los alcaldes detenidos, tampoco son convictos por el crimen de *lesa majestad,* como asegura el fiscal.

—¡Ese señor don fiscal es un gachupín cabrón! —interrumpe una voz.

—¡Eso, eso: gachupín cabrón! —secunda la voz cascada de un anciano.

—¡Cabrón! —remata otra.

El incidente provoca risas y silencio, más risas, más silencio que se repiten una y otra vez, es como si se burlaran a pausas, como si su resentimiento fuera un puñal que sacaran de la carne herida para clavarlo una y otra vez más y más hondo. Risas en cuchillada iluminan los rostros. Sorprendido, el abogado los observa. Es la primera vez que los ve sonreír de esa manera, es la primera vez que en sus ojos brilla tanto rencor. Quién sabe qué piensan, quién sabe qué serían capaces de hacer si la silueta redonda del fiscal Munilla se apareciera en la plaza. Sobreponiéndose a sus cavilaciones, continúa:

—Decía que los alcaldes no cometieron crimen de *lesa majestad,* porque de ellos no surgió la idea del alboroto, ellos estaban en su pueblo cuando llegó una carta de la ignoraban el contenido. Mandaron llamar a los principales porque siempre hacen eso cuando llegan cartas por cordillera. Fue hasta que estaban en cabildo que se dieron cuenta de qué se trataba. Permitieron que los viejos hablaran, que entre ellos decidieran. La decisión fue ir a Lo de Lamedo y así lo avisaron a sus pueblos. ¿Que no enteraron al subdelegado?, es cierto, pero entonces, ese es su único delito, y eso no merece una pena severa —menciona, y le alegra ver que muchos de los rostros se han dulcificado.

—¿Qué más tiene el papel que distes usté?

—Habla de leyes, de libros con que defiendo sus causas. A casi diez meses de que sus familiares sufren cárcel, les pido confianza. Abogo por veintisiete y les ruego que cuando me den respuesta estén conmigo, acompañándome en la Real Audiencia.

—¿Cuándo será eso?

—Yo espero que en diciembre. Al contestar mi escrito deben dejar libres a muchos, si no es que a todos —dice convencido.

—¡Quiera Dios! —exclama alguien.

—¡Va a querer! —grita uno más.

—Tiene qué querer —asegura un viejo, poniéndose de pie.

La imperativa frase salta, revienta, explota, se multiplica. Sorprendido de nuevo, el abogado se ve inmerso en esa exigencia, en ese eco, en ese remolino en el que los indios ponen a girar su esperanza.

Abrigado con su larga capa de paño oscuro, José Anastasio Reynoso, el abogado protector interino de indios, seguido por los familiares de los presos, entra a la sala de Justicia de la Real Audiencia de Guadalajara. Está nervioso. Tomando en cuenta lo pedido por el fiscal Juan Ignacio Fernández Munilla en junio y lo solicitado por él el veintitrés de octubre, hoy, primero de diciembre de 1801, se le dará a conocer la decisión de los jueces sobre si dejan en libertad a algunos de los veintisiete detenidos.

La sala es grande. Al frente, sobre la pared, destaca un Cristo crucificado hecho en madera negra. A los lados dos lienzos de techo a piso que representan, uno, la justicia y el otro, la misericordia. Sobre una tarima, graves, silenciosos, sentados frente a una mesa, el presidente de la Real Audiencia, José Fernando Abascal, y a su lado el regente Francisco Saavedra. En un segundo nivel, también frente a su mesa, sentados en sillas forradas de terciopelo rojo, los oidores. Todos traen su toga larga y oscura mostrándose como los magistrados que son.

José Anastasio Reynoso mira de reojo al fiscal Fernández Munilla, que se encuentra a su derecha, hojeando unos papeles. Sigue pensando que exageró al condenar a Juan Hilario a muerte. No se explica tanta severidad: de ochenta y seis reos sólo propició que dejaran a cincuenta y cinco en libertad y a los otros veintiuno los condenó a ocho o a seis años de prisión, y no contento con ello, pidió para muchos la pena de doscientos azotes.

—Le gusta ser severo con los débiles —murmura y vuelve a pensar en Juan Hilario. Cuando supo que no podría salvarlo, sintió su fallecimiento como un alivio. Muriéndose, el principal de Tepic se libró de ser ahorcado y descuartizado. A ver qué responden a sus argumentos a favor de María Gertrudis Real, Marcelino Seráfico, Juan Bautista y José Tomás, esposa e hijos de Juan Hilario, a quienes quieren heredarles el crimen de *lesa majestad* que pesa sobre el muerto. Eso implicaría la confiscación de bienes y muchos castigos sacados de leyes antiguas que ya no deben aplicar. Mira los rostros adustos de los magistrados y por un momento pierde la fe, luego se rehace, sus peticiones están basadas en leyes, y deben tener peso.

Va de la esperanza al desánimo. Por noticias que le han llegado de Tepic, sabe que de nuevo ha cundido el temor de un levantamiento. En Mexcaltitán, un indio le dijo a un teniente que para inicios de año esperaran revueltas, que si en enero no habían conseguido su fin, era porque no dio tiempo de que todos los indios atendieran el llamado de Mariano, el Máscara de oro, pero ahora están organizados y no le temen ni a balas ni a cañones. Sabe también que el alcalde de Mazatán, que fue el primero en delatar el movimiento, sufre de frecuentes amenazas por parte de los indios. En Tepic se habla de nuevas cartas, de nuevos alborotos, y esto ha intensificado la vigilancia, la prohibición de cabildos, la desconfianza a los indios. Él no sabe si estas noticias sean ciertas o sólo producto de rumores, pero sabe que pueden influir en la liberación que pretende.

Hace frío. Ocupando la parte final de la sala; pálidos, expectantes, están los familiares de los presos.

Pasa al frente el relator y se acaban los murmullos. Lleva unos papeles en la mano, dará cuenta de las partes fundamentales del juicio. El abogado protector de los indios respira profundo, buscando parecer sereno.

—Estando en la Sala de Justicia los señores regente y oidores de la Audiencia Real del Reino de la Nueva Galicia. Vistos estos autos y causa criminal formada contra los indios del pueblo de Tepic y sus contornos, por la sublevación que intentaron tratando de coronar a un Rey de su nación, el día seis de enero del presente año. En relación con lo expuesto y pedido por el fiscal, licenciado Juan Ignacio Fernández Munilla, y lo alegado en la defensa por el abogado protector interino de indios, licenciado José Anastasio Reynoso Rojas, los magistrados dijeron: que mandaban y mandaron: se ponga el libertad a Juan María Julián, indio de Mecatán; a Juan Hernández, de San Pedro Ixcatán; a Felipe Doroteo, de Xomulco; a Nicolás Ignacio, indio de Huajicori; a Juan de Dios Martínez, indio de Xalisco; a Pablo Dionisio, Antonio Domingo, Juan Torres, Domingo Elías y José Casimiro López de Xala de Abajo. También a Juan Antonio Brígido de Ahuacatlán...

El relator interrumpe la lectura en espera de que cesen las exclamaciones.

—¡Silencio!, se hará dejar la sala al que diga una palabra más —advierte el presidente de la Real Audiencia, golpeando el martillo contra la mesa.

De inmediato las bocas guardan su ansiedad, las manos se presionan una contra otra. Las pupilas vuelven a quedar fijas en el relator, que continúa:

—Por lo que respecta a los demás reos que no se han mandado poner en libertad, se les considera motores del movimiento. Se dará después fecha para saber de sus condenas.

Las palabras del relator paralizan el corazón y los pensamientos de los familiares. Lívido, el abogado analiza que se ha puesto en libertad solamente a once de los presos, entre los cuales sólo se halla un alcalde, el viejo Felipe Doroteo, el de Xomulco, que se ha quedado completamente sordo. La impresión lo deja sin habla. Quedan dieciséis de sus defendidos presos y ahí están sus familias, aturdidas aún por el veredicto, mirándolo a los ojos, buscando una respuesta. María Ignacia, la esposa de José Jacinto Ramírez; el alcalde de San Andrés, cuya enfermedad avanza; María Leónides García, la esposa de Manuel Antonio de la Cruz, el alcalde de Mecatán; Juana Paula, la mujer de Juan Bautista Rodríguez, alcalde de Huaynamota se han abrazado y están llorando. A su lado, sin atreverse a gritar de contento por la liberación de José María Julián, su marido, Brígida Dionisia se talla las manos en un movimiento obsesivo.

Dieciséis detenidos, piensa el abogado, y no sabe por qué no le da gusto la noticia de los once liberados, por qué no se deja llevar por la alegría que manifiestan las familias de los que han salido libres y se acercan, le llenan la capa de lágrimas, lo abrazan, le besan la mano, le entregan paliacates llenos de nudos que guardan en sus adentros alguna moneda. El entusiasmo de muchos lo empuja, lo jala, lo hace trastabillar, no saben cómo demostrarle la alegría que representa que casi al año de la detención, el esposo, el padre, el hermano se encuentre al fin libre de cargos, grillos y barrotes. Él mira a las tres mujeres que lloran, a los viejos que bajan la cabeza, a los muchachos que no esconden los ojos enrojecidos y tiene la sensación de que en lugar de la decisión de los oidores, acaban de recibir un garrotazo.

Los indios Juan Francisco Medina, Felipe Santiago, Juan Bautista Rodríguez, José Pascual Ramos, Luciano Trinidad, José Jacinto Ramírez, Juan Valentín Plaza, Lorenzo Cervantes, Onofre de los Santos, Tiburcio Clemente, Pedro Antonio García, Manuel Antonio de los Santos, Francisco Gavilanes, María Paula de los Santos, el mulato Juan Crisóstomo Urbina y el español José Rafael García, qué lista tan grande de presos seducidos por la imagen de un rey con máscara de oro... Se dice a sí mismo que seguirá luchando, buscará testigos españoles, porque sólo ellos tienen credibilidad ante la justicia. Que sean españoles los que prueben que alcaldes, escribanos y viejos principales, antes de su aprehensión, eran considerados gente de respeto en su comunidad. Confía en que su buena conducta logrará eximirlos. Deja la sala de Justicia de la Real Audiencia, sin que los familiares de sus defendidos se den cuenta.

Venancio Antonio Rojas

27

EL ESCRIBANO RECEPTOR de la Real Audiencia, Venancio Antonio Rojas, escucha que tocan a la puerta de su casa. Deja en una pequeña mesa la taza de café que disfrutaba y, satisfecho por la puntualidad con que llega su visita, va a abrir. El abogado protector interino de indios, José Anastasio Reynoso, lo saluda. El escribano receptor lo hace pasar a la sala. Se sientan, se miran, hay simpatía entre ambos.

—Don José Anastasio, me alegra que haya aceptado usted mi invitación. Mi familia ha ido de paseo por varios días a Zapotlanejo, como verá, estamos solos, sin que nadie nos moleste ni escuche nuestra plática. ¿Le ofrezco un chocolate y unos panecillos?

Al abogado protector de los indios le extraña el comentario de que no hay quien escuche la plática, también el ofrecimiento del escribano receptor. No lo conoce mucho, pero sí ha notado que Venancio Antonio Rojas se porta amable cuando se llegan a encontrar entre el bullicio de pasillos y salas de la Real Audiencia.

—Le acepto el chocolate —contesta con desconfianza.

—Seré directo: ha llamado mi atención el interés que usted muestra por la defensa de los indios rebeldes de Tepic —le dice mientras llena una taza con la humeante y espumosa bebida.

—Es natural, soy su abogado.

—Es verdad, pero yo he conocido abogados a los que los indios les interesan un pito y dejan perder la causa, en cambio usted...

—En cambio, yo trato de cumplir con mi deber.

—No, usted va más allá. Ha logrado que dejen en libertad a más indios considerados culpables y sigue buscando formas liberar a los que quedan presos. Desde diciembre usted sigue moviendo papeles y haciendo que se presenten testigos de todos los inculpados.

—Pero no he logrado que aceleren el proceso. Vea usted, estamos ya en julio de 1802, mis defendidos llevan más de año y medio presos y todos siguen en la Real Cárcel.

—No todos, le recuerdo que uno de ellos murió en febrero —precisa el escribano receptor.

El joven abogado lo mira, extrañado del comentario que rompe la cordialidad que se estaba estableciendo. El escribano receptor se arrepiente de sus palabras.

—Veo que hice un comentario fuera de lugar —dice tratando de disculparse.

—No se justifique, dijo la verdad. El alcalde de Mecatán, Manuel Antonio de los Santos, es ya difunto y sólo me quedan quince reos por defender —aclara el abogado, y recuerda el dolor que desencajaba el rostro de la india María Leónides García, cuando le permitieron entrar al panteón del viejo hospital de Belén para que fuera testigo del entierro de su marido. Recuerda la palidez del rostro que intentaba cubrir con su rebozo descolorido, la mano fría con que quiso entregarle un paliacate en que guardaba algunas monedas. Él las rechazó, le pidió que utilizara ese dinero para regresar a su pueblo, con los hijos pequeños que había encargado para seguir al joven esposo. Ella asintió mirando hacia la nada y con ese ademán se alejó.

—Como usted sabe, licenciado, desde mayo fui comisionado para tomar declaraciones a muchos de los que podrían dar testimonio sobre los inculpados. Pasé a las casas de los que siendo autoridades en Tepic, radican aquí, en Guadalajara. Tengo documentos que ayudarán a los que usted defiende. He de decirle que el teniente de milicias, don José Dávalos, declaró que conoce a muchos de los indios presos, porque los ha tratado y comunicado y nunca les advirtió alboroto. No sabe que hayan sido altaneros con alcaldes mayores ni subdelegados, también que es testigo de que no hicieron resistencia al momento de su prisión. Esos documentos pasarán al expediente.

—Esos documentos no servirán de mucho, advierto un empeño por condenar a mis defendidos —comenta escéptico José Anastasio Reynoso.

—Se equivoca, sus testimonios son de peso. El capitán de milicias don Rafael Maldonado declaró que observó en los naturales una arreglada conducta y buena observancia a las órdenes del subdelegado. Dijo que conoce a Juan Crisóstomo Urbina y Felipe Santiago, los de Xalisco, y son hombres de bien. El bachiller don José Ignacio Ríos también los conoce. Él declaró que Juan Crisóstomo Urbina era cantor de la iglesia. Que Urbina y Felipe Santiago, antes de ser aprehendidos se presentaron ante él y le dijeron que eran llamados por el subdelegado Zea y el comandante Francisco de Eliza, por lo que irían a Tepic y no podrían asistir a la misa del Divinísimo Señor Sacramentado, eso es prueba de que cumplen los mandatos de la Iglesia y las órdenes del subdelegado.

—También yo los considero hombres de bien y respetuosos de la religión, pero parece que sólo nosotros los creemos así —responde el abogado con desaliento. Él sabe que el mulato Juan Crisóstomo Urbina ha tenido muchas ocasiones para demostrar que es respetuoso y obediente, pero también de buen corazón. Lo vio asistiendo al alcalde de Mecatán en sus últimos días. Lo atendía como si fuera su familiar. Se quedó junto a él y a María Leónides, ayudándolos hasta que el alcalde falleció. Por otra parte, le sorprende la fortaleza de Felipe Santiago Jiménez, un viejo mayor de sesenta años que realiza los trabajos forzados como si tuviera veinte años menos. Ese viejo no tiene, como muchos, quién lo visite cada semana para dejarle una canasta llena de tortillas recién hechas, de frijoles o sopa en jarros humeantes. Él está solo, es viudo y sus hijos no hicieron el esfuerzo de seguirlo, pero ni así decae su ánimo. La poca alimentación que recibe en la cárcel lo ha enflaquecido y se ve más alto de lo que es.

—También ha declarado a favor de ellos don Manuel José Noguera, tasador general de Tepic. Dijo que en el tiempo que estuvo de alcalde mayor del pueblo trató a los naturales de allá. Conoce a los que componían el cabildo y ejercían vara de justicia. Él y don Miguel Marín conocieron al alcalde Desiderio Maldonado y a Juan Hilario, ya difuntos, lo mismo que a Juan Francisco Medina, el escribano autor de las cartas convocatorias. Ambos dijeron que aunque Medina llegó a armar algún alboroto porque gustaba de cantar de noche, dan fe de la sumisa observancia a las órdenes y mandatos que le hacían. Era pronto a la ejecución de cualquier servicio.

—Esperemos que esto cuente a favor del escribano de Tepic —contesta el abogado y piensa que le hubiera gustado conocer al Juan Francisco Medina del que le platican, ése que gustaba de cantar mientras remendaba zapatos, ése que pasaba el tiempo entonando canciones y haciendo escándalo a deshoras por las calles de Tepic, en lugar del amargado y seco escribano que es hoy. Hosco en el trato, de pocas de palabras, en su mirada se transparenta rencor contra todos los que no sean de su raza. Le ha costado trabajo platicar con él, hacer que le cuente situaciones que puedan favorecerlo.

—También visité la casa del bachiller don José Manuel Díaz Gallo, clérigo del obispado. Dijo haber pasado muchos años en los curatos de Xala y Huaynamota, donde trató a los indios de aquellos pueblos, y es testigo de que ellos acataban los servicios que les encargaba la Iglesia y asistían a misas y doctrinas, sin advertírseles renuencias o altanerías. Eso ayudará a los alcaldes Juan Bautista Rodríguez, Luciano Trinidad y al escribano Lorenzo Cervantes, ¿no cree usted?

Anastasio Reynoso mira fijamente al escribano receptor. Tras los espejuelos redondos se esconde una mirada afable. Todavía no comprende para qué lo llamó, para qué le cuenta de todos los españoles que visitó y que hablaron a favor de indios, si sabe que sus opiniones, aunque importantes, no van a cambiar la decisión que parece ya haber tomado la Real Audiencia, de condenar severamente a los implicados en lo que consideran una sublevación. Venancio Antonio Rojas se da cuenta de la desconfianza del abogado, sonríe e intenta seguir distrayéndolo.

—Pero dígame, qué le preocupa.

—Todo se está manejando con lentitud —afirma el abogado, y vuelve a mirarlo a las gafas como si quisiera llegar al fondo de sus intenciones.

—Tiene usted razón. Aunque se han girado órdenes, hay muchas autoridades que no las acatan con la premura necesaria. Ahí tiene usted al subdelegado de Tepic, don Juan José de Zea, que no ha querido comisionar a quien tome declaraciones a los testigos que propusieron los presos de su jurisdicción. Y, además como usted debió ausentarse un tiempo y dejaron a cargo al licenciado Crespín Velarde que…

—Que nada hizo a favor.

—Es cierto. Don Crespín mostró su desinterés dejando el caso detenido. Es una suerte que usted regresara para dar curso a las cartas de las mujeres, que siguen pidiendo la libertad de sus esposos. Las de los reos, que imploran la clemencia del mismísimo Virrey.

—Don Venancio Antonio, no encuentro el por qué de esta plática y deseo saber para qué me hizo venir. Todo lo que usted me dice yo ya lo conocía y lo que yo pueda decirle es de su entendimiento, ¿puedo saber el verdadero motivo? —pregunta sin rodeos el abogado.

—Para qué ha de ser sino para ponerlo en antecedentes de lo que hago y de lo que creo. Se me comisionó para entrevistar a españoles respetables, muchos de ellos europeos y todos coinciden en que los indios detenidos son obedientes de las leyes, respetuosos con sus superiores, y reconocidos en sus pueblos por las labores que realizaban. Mire que yo no sabía que el alcalde de Tequepexpan, Onofre de los Santos, es un hombre que nunca puede estar quieto y por eso lo han elegido alcalde tres veces. Le gusta tanto trabajar que puso escuela entre su gente, para que los niños de ese pueblo perdido entre cerros se beneficiaran con la enseñanza. La escuela funcionó mientras él estuvo de alcalde. Después, nadie quiso mantenerla y se ha desbaratado.

El joven abogado olvida la pregunta y la desconfianza que la plática le genera. Piensa en el alcalde Onofre de los Santos. Recuerda la mañana en que, mientras lo interrogaba, desde las ventanas con rejas de los corredores, le llamó la atención el pequeño morral bordado con hilos rojos y azules que siempre le había visto colgado al cuello. Sobresalía entre su ropa de manta hecha jirones. Le preguntó qué guardaba y Onofre lo apretó en el puño como si quisiera protegerlo. Tuvieron que pasar semanas para que el alcalde se convenciera de que en verdad quería ayudarlo y para que le contara el secreto del diminuto morral. Por ser el mayor y el único varón de la familia, desde pequeño ayudó a su padre en los trabajos del campo. Salían del jacal antes de que lo hiciera el sol, llevando por bastimento tortillas secas, bastante pinole y bules llenos de agua. Volvían cuando los resplandores rojizos se extendían en el horizonte. Una tarde, al regreso, su padre lo detuvo antes de pasar un río. En el vado, de bruces, estaba tirado un indio. Era un ahogado al que la fuerza del agua aventó a la orilla. Su padre se acercó al muerto y le vio el rostro. No lo conocían. Entre los dos lo sacaron del agua. Era la primera vez que Onofre veía un muerto. La boca desesperadamente abierta y los dedos crispados, hablaban de su angustia por asirse de algo que lo salvara. El padre sacó de su morral una laja de obsidiana y le cortó el dedo índice. Sentado en el tronco de un árbol, se entretuvo pelándolo. Mientras caminaban hacia el pueblo fue desprendiéndole la carne con la obsidiana, hasta que sólo quedaron tres huesecillos blancos, que talló con arena y los dejó en la mano del muchacho.

—Los güesos de este dedo —dijo mostrándole el índice—, socorren al que los trai, volviéndolo trabajador y acomedido. Procura que niuno se te pierda —le recomendó.

Desde entonces los cuida, escondiéndolos de los ojos de los demás.

—Estos güesos hacen que nada me canse —le dijo esa vez Onofre, con sonrisa ingenua y ojos que parecían de niño. Le contó que les tejía pequeñas bolsitas de lana para traerlos colgados de su cuello y que muchas veces deseó que su padre viviera para contarle que también le dieron suerte con las mujeres...

—¿En qué piensa licenciado?

—En que usted sabe algo que yo ignoro.

—No desconfíe de mí, sólo piense que deseo ayudarlo en lo que me sea posible. Por eso quiero decirle que apresure las cosas, que mande oficios donde pida que el subdelegado de Tepic se avoque lo más pronto posible al interrogatorio de los testigos españoles que han elegido sus indios. Que cuide que cada uno de sus defendidos tenga el testimonio de dos o más personas reconocidas y solventes. El tiempo que se perdió con don Crespín Velarde ya no se puede recuperar. Exija que los curadores de los indios se presenten en los interrogatorios, demuestre que los naturales no llevaban tambores y pitos en son de guerra, sino porque es costumbre entre ellos al ir a sus fiestas, pruebe que cuando salen al monte llevan siempre cuchillos, o flechas o garrotes para defenderse de los animales que les puedan salir en el camino.

—Ya lo he hecho, usted ha leído mi defensa, sabe que mencioné que los indios bajan a las fiestas con tambores y pitos, también que usan armas rudimentarias, pero que nunca salen a los caminos con las manos desocupadas. ¿Ya va a decirme por qué hizo que viniera a verlo?

—Está bien, voy a decírselo, amigo Anastasio. Sólo le pediría que me guarde el secreto, usted sabe que dependo de mi trabajo. De lo que yo gano viven mi esposa y mis cinco hijos —confiesa mirando hacia la puerta.

El abogado lo mira. Sabe que compró su puesto, oficio vendible por el que hay muchos esperando y basta un error para ser despedido. La Real Audiencia es un colmenar, un hervidero donde pululan los que han estudiado leyes, donde muchos aceptan ser entretenidos, y realizan trabajos gratuitos con los que hacen méritos en espera de una vacante, donde los pretendientes a un cargo van de sala en sala, mostrando recomendaciones y sonrisas, mientras los dueños de los oficios los miran con desdén. En los pasillos de la Real Audiencia se saludan los que quieren llegar a ser receptores, relatores, porteros y hasta verdugos, puestos a los que no tienen acceso ni mestizos ni mulatos ni gente de servidumbre.

—Tiene usted mi palabra de honor.

—Gracias, licenciado. Debo confesarle que he leído papeles de mucha reserva. En ellos se menciona que en dos semanas lo quitarán de ser el abogado protector interino de los indios.

—¡No es posible!... ¿por qué van a quitarme el caso?

—No lo sé, amigo, pero sé que entiende la necesidad de apresurarse.

Manuel Francisco de Ortea

28

FINALIZA SEPTIEMBRE. El carruaje se detiene frente a una casa, en un barrio pobre de Guadalajara. Ladran los perros de los alrededores, relinchan los caballos uncidos al vehículo. Es fina la lluvia que enfría la mañana y llena de charcos la calle sin empedrar. Una mujer joven sale a la puerta. El cochero, envuelto en una capa, baja del pescante, abre la portezuela y ayuda a Manuel Francisco de Ortea, escribano real de la Real Audiencia de Guadalajara, a descender del vehículo. El hombre intenta librar los charcos y acercarse hasta donde está la mujer.

—Dios dé a usted buenos días, señora. Busco al licenciado José Anastasio Reynoso y Rojas.

—Es mi marido. Salió de la ciudad, está en el pueblo de San Pedro y no sé cuándo regresa. Pero pase usted, la lluvia no ha parado desde el amanecer —invita ella.

—No es necesario, sólo diga a su esposo que vino a buscarlo el escribano real de la Real Audiencia, don Manuel Francisco de Ortea. Que en cuanto llegue me busque allá.

—Tenga por seguro que se lo diré.

Contrariado, el escribano real regresa a su carruaje.

—Buenos días. Soy José Anastasio Reynoso. Me dijo mi esposa que usted fue a buscarme hace una semana —se presenta ante Manuel Francisco de Ortea el joven abogado.

—Lo conozco bien, licenciado. No hay necesidad de presentaciones. Sí, fui en su búsqueda. Siendo usted abogado protector de los indios debo decirle que…

—Perdón, usted se equivoca: fui abogado protector de los indios, pero ya no lo soy por haberlo así declarado la Real Audiencia —aclara el licenciado.

—Tome asiento. Debo informarle que el excelentísimo señor regente y los señores oidores de la Real Audiencia cayeron en cuenta de que el fiscal del crimen no puede hacer los oficios de la causa debido a la ausencia del fiscal de lo civil, y en vista de que usted tiene completo conocimiento del caso, pues ha interpuesto la defensa de los reos y…

—¿Está tratando de decirme que…?

—Que el regente y los oidores mandaron que se le regresara la causa. Ya ha firmado el documento el señor fiscal, falta sólo su firma para que retome los casos, señor licenciado.

José Anastasio Reynoso no sabe qué decir. Una sonrisa de satisfacción le llena el rostro al pensar en los que siguen esperando en la cárcel, en la simpatía que le inspiran sus familias, que insisten en mandar cartas a la Real Audiencia y al Virrey pidiendo que aceleren el proceso. Sin embargo, no quiere emocionarse.

—No entiendo. Ya se encuentra en la ciudad el fiscal de lo civil, por lo que ya no está impedido el fiscal del crimen para hacer la defensa de acuerdo con las leyes.

—Licenciado, le aconsejo que si quieren devolverle la causa, la tome usted.

—No sé… ¿Ya se agregaron al proceso las pruebas de las partes?

—Ya se ha hecho. Es Real Orden que se apresure el proceso. Los señores regente y oidores me han pedido que le haga saber que a la mayor brevedad despache los oficios.

—No me niego a trabajar, pero comprenda usted que estoy a cargo del Repartimiento de Causas y Negocios de Pobres.

—Sé que van a relevarlo temporalmente de ese compromiso para que nada lo distraiga, ya dieron las órdenes. Sólo le piden que despache la causa con rapidez.

—Ahora tienen mucha prisa, cuando antes nos cansamos de solicitar premura.

El escribano real lo observa. Reynoso se pasa la mano por el cabello, duda, se queda pensativo mientras fija los ojos en los péndulos dorados del reloj de pared. Le llamó la atención la convicción que demostró en el proceso seguido a los indios. Ahora, en el Repartimiento de Causas y Negocios de Pobres muestra entusiasmo y responsabilidad. Desea que no logre mucho en la defensa de los indios rebeldes de Tepic, pero le complace que le den la oportunidad. Está seguro de que la noticia ha sido de su agrado, pero el orgullo lastimado le impide aceptar plenamente.

—Licenciado, me pidieron advertirle que se le devuelve la causa para que sin excusa la despache, si no lo hace, se nombrará un letrado que lo haga y que cobre a su costa.

José Anastasio Reynoso se siente agredido: primero le quitaron el caso y ahora se lo devuelven con condiciones y amenazas. Piensa que seguramente le dieron el caso a alguien que no lo aceptó y como el Virrey pide que apresuren la causa, por eso se la regresan, ¿debe seguirles el juego? ¿Debe permitir que lo traten así? Se siente presionado por el término que le imponen. Quiere volver a defender a los de Tepic, pero sin que lo coaccionen.

—Quisiera pensarlo un poco, yo…

—No lo piense más, licenciado, no hay tiempo para eso, en ningunas manos estarán mejor los indios Firme usted la notificación para que le entregue los expedientes —solicita amable el escribano real, tendiéndole los papeles y una pluma que ha mojado en tinta.

Confundido, José Anastasio Reynoso firma los documentos que le regresan el derecho de abogar por los indios.

Mediados de noviembre. A la humilde casa de José Anastasio Reynoso llega otra vez el carruaje del escribano real. Hace frío. Manuel Francisco de Ortea es ayudado a bajar por el cochero y un lacayo. Saluda al licenciado que ha salido a recibirlo, abrigado con su larga capa de paño oscuro. La esposa ha preparado la cena y los tres la consumen entre charlas sin importancia. Luego, los dos hombres pasan a un cuarto pequeño, en que hay dos sillas, una mesa que hace las veces de bufete y un tosco librero de madera de pino, en que están acomodados gruesos libros de leyes.

—Siéntese, don Manuel Francisco y perdone la pobreza.

—Yo no veo pobreza, sólo cordialidad —contesta el escribano real, que se siente a gusto en la pequeña casa. —Pero dígame ¿cómo va la defensa de los de Tepic? Sé que ha vuelto a solicitar su liberación.

—Lo hice. Envié un escrito en que menciono que el hecho está vestido de ridículas circunstancias. No es posible que un alboroto suscitado por un indio que se hacía nombrar Mariano, Simón o José María se haya exagerado hasta considerarse sublevación.

—Es sublevación, aunque usted no la acepte.

—Sólo alboroto, quizá porque no les dieron más tiempo para actuar, pero quedó en eso. Mariano los convidó por medio de Juan Hilario a desconocer al Rey, pero no han podido aprehenderlo y Juan Hilario es difunto desde julio. ¿A quién se persigue?

—A los que lo siguieron y que están bien presos, claro está.

—Por haber querido coronar a un rey de su nación, se les atribuye delito de *lesa majestad*, que ni remotamente se presentó a la imaginación de estos infelices.

—No olvide que decidieron seguir al dicho Mariano.

—Sí, pero para ser reos de ese delito necesitaban abrazarse con toda su voluntad a esa causa, deliberar el ataque, buscar todos lo modos de lograrlo. En sus cabildos sólo decidieron acompañar al que se decía Rey, llevarle niños que le danzaran, tocar tambores que le hicieran fiesta.

—Cuidado, está usted empequeñeciendo el delito de desconocer al Rey. No hable con cualquiera de estas cosas, porque podrían malinterpretar sus palabras y pensar que usted está de acuerdo en ese desconocimiento.

José Anastasio Reynoso se alerta: debe ser cuidadoso ante

el escribano real, esconder los comentarios que insinúen que no está de acuerdo con muchas leyes, ocultar que considera ridículo que existan castas y a las personas se les trate acorde con una clasificación. "Calidad: indio", dicen en la primera línea los expedientes de sus defendidos y desde ahí son socialmente despreciados. Los "color de indio, color negro y color muy atezado" van marcados con una señal que habla de su sangre pobre. Las castas agrandan el abismo entre ricos y pobres, marcan con quién aliarse y a quién humillar. El tributo sólo aplica a las castas ninguneadas y los españoles están libres de él por el simple hecho de ser españoles. Hay leyes ventajosas que dejan muy claro que los mejores puestos corresponden a los españoles nacidos en España y no a los nacidos en "Las Indias", que por más que se esfuercen nunca lograrán estar arriba de un europeo. Sin ir más lejos, el presidente de la Real Audiencia, José Fernando Abascal, gran señor de la nobleza de Oviedo, llegó al puesto mandado directamente por el Rey, sólo por ser noble y demostrar su talento militar en la defensa de La Habana, frente a los ingleses y...

—Licenciado, ¿tiene idea de lo que para los indios representa la danza? —interrumpe Manuel Francisco de Ortea.

—Poco sé, pero...

—Mi amigo, para los indios la danza puede ser un ofrecimiento o una petición. Usted los ve en las fiestas a nuestra santísima virgen María. Danzan sin parar, dan gritos, giros y saltos, hacen meneos que les significan esfuerzo y habilidades y eso parece no importunarles. Bailan por horas, como hipnotizados por el tambor y la flauta. ¿Los ha mirado a los ojos mientras lo hacen? Yo sí, y claramente entendí que no bailan para nuestra virgen, sino para las horrendas imágenes de piedra que aún esconden en sus jacales ¿Sabía que los indios huicholes consideran la danza una petición? Ellos bailan en los atrios de las iglesias golpeando fuerte los talones contra el suelo porque piensan que mientras más fuerza pongan en el paso, más fácilmente serán escuchados por una diosa de ellos, vieja, greñuda y encargada del crecimiento, que contenta con esa manifestación empujará las hierbas desde debajo de la tierra, para que crezcan. Vea de lo que son capaces los que usted defiende. Nos engañan, nos hacen creer que son cristianos. El mismo Juan Hilario ayudó a Mariano porque creía que era el rey que faltaba en la adoración del Niño Dios, eso, licenciado, es idolatría. Casi todos sus defendidos son infieles al soberano y a las leyes de Dios Nuestro Señor.

—Le recuerdo que Juan Hilario tenía prevista una bandera con la imagen de la virgen de Guadalupe. Pero, dígame, don Manuel Francisco, ¿con estas acciones los indios pusieron en riesgo al Virrey o al Rey?

—Claro que no, pero la intención debe contarse.

—Don Manuel Francisco, muchos pueblos, en cabildo determinaron no moverse hasta estar seguros de la verdad y mandaron cartas a otros alcaldes. Cartas que terminaron comprometiéndolos, pero ese es un acto de prudencia admirable en hombres considerados ignorantes.

—No fue prudente salir armados al puesto de Lo de Lamedo.

—Lo hicieron sólo tres pueblos. Llevaban pito y tambores y salieron tocándolos como si fueran a fiesta. Sus armas eran garrotes, cuchillos, hondas y flechas. ¿Cree usted que con ellas podían enfrentar a espadas, lanzas, fusiles y cañones?

—No, pero como le decía, la intención cuenta.

—Con testigos españoles, que son los únicos que me acepta la corte, he probado que los indios cuando salen a sus alborotos llevan tambores y pitos, también que cuando van al monte cargan cuchillos o garrotes para defenderse de las fieras que habitan los contornos.

—Reconozca que usted sabe que no iban a fiesta —responde con molestia el escribano real.

—He dicho que iban a Tepic, a la fiesta de San Andrés, que se hace a sus expensas, porque de alguna manera tengo que defenderlos.

—Lo veo, pero no sé cómo piensa defender a los que aprehendieron en Lo de Lamedo.

—En Lo de Lamedo apresaron a muchos que se habían hincado. Aún así les dispararon dejando muertos y heridos. Los demás fueron sacados de sus casas, de sus pueblos y obedecieron en cuanto se les intimó a entregarse en nombre del Rey. Esto aniquila el concepto de sublevación que se les atribuye, sólo son culpables de ignorancia y escasas potencias. Por esto han padecido largo tiempo de prisión. Más de treinta murieron de dolores de costado que les vinieron después de la caminata desde Tepic, como lo testificaron los médicos. ¿Cuánto más quieren castigarlos?

—No son muy inocentes si acataron una carta convocatoria para desconocer al Rey.

—Desnudemos los hechos de la depravada intención de coronar otro rey. A mis defendidos no los condujo otra intención que la de ser obedientes. Los pusieron en dos extremos opuestos: se trataba de obedecer a un rey indio o seguir obedeciendo al rey de España. Obedecieron al indio, porque estaba más cercano a sus vidas. El que Juan Francisco Medina, escribano de Tepic, hiciera seis cartas, fue un acto de obediencia a su alcalde, que así se lo ordenaba. El que los otros tres escribanos, que son Juan Crisóstomo Urbina, Juan Valentín Plaza y Lorenzo Cervantes, dieran recibo de la carta que pasó por cordillera, es también obediencia a sus autoridades, ¿no lo cree usted?

—Casi me convencen sus argumentos. Espero que logre el mismo efecto en la Real Audiencia.

—Lo espero, sólo son quince por los que pido liberación.

—Quince es un número muy grande.

—Eran más de trescientos los inculpados, ahora sólo quedan quince. Los testigos que presentaron Pedro Antonio García, Onofre de los Santos, Jacinto Ramírez, José Pascual Ramos, Juan Bautista Rodríguez, Tiburcio Clemente y Luciano Trinidad, que son los siete alcaldes aún detenidos, mencionan la buena conducta y obediencia de todos ellos.

—¿Conoce los nombres de todos?

—Más que eso: conozco sus vidas.

—Entonces dígame, ¿cree poder liberar a María Paula de los Santos? Está considerada rea principal y posiblemente la condenen a muerte.

—Su solo aspecto da idea de su incapacidad. Esa pobre mujer está loca, no creo que haya entendido una sola palabra de lo que hablaron Mariano y Juan Hilario. Otro que considero loco es el alcalde Pedro Antonio García. Tanto sufrimiento los hizo perder la razón. Abogué por ellos manifestando su incapacidad.

—Y don Rafael García González, único español involucrado en la causa, ¿qué opinión le merece?

—Le creo cuando dice que estaba enfermo de tercianas y por eso no caminó hasta Ixcuintla a denunciar. Niega la carta que dicen que escribió.

—Cualquiera la negaría.

—¿Esos son los quince que piensa liberar?

—Esos son trece, nos falta Francisco Gavilanes y Felipe Santiago. Pero ellos son don Manuel Francisco, todos ellos.

—Licenciado Reynoso, ha sido un gusto estar en su casa y conversar como lo hemos hecho. Sólo le pido que tenga cautela y no hable estos asuntos con quienes puedan malinterpretarlo. Espero que logre el perdón de los naturales que defiende.

—La fe en conseguirlo me mantiene.

—Tenga cuidado con el regente don Francisco Saavedra, es duro, no quiere a los indios y le tiene recelos.

—Es bueno que me lo diga, estaré prevenido.

Francisco Saavedra

29

LA MAÑANA AMANECIÓ FRÍA, pero el blanco círculo del sol insiste en traspasar las nubes. Su afán entibia poco a poco las paredes del enorme edificio de la Real Audiencia de Guadalajara. Por sus corredores y patios se saludan magistrados, oficiales, pretendientes y entretenidos. Los más pobres lucen deslucidas capas de paño que contrastan con las largas y acolchadas capas de los que ostentan un puesto seguro.

En la sala de Justicia están reunidos ya el regente y los oidores, para dar la sentencia definitiva a los indios acusados de la sublevación de Tepic. Rítmico, el reloj de pared balancea sus péndulos y marca las nueve de la mañana del martes primero de febrero de 1803. El escribano real, Ignacio de Saucedo, se ha sentado ya al frente de su pequeña mesa en que tiene listo el papel, la tinta y las plumas.

Los acusados, sin saber que en ese momento se está definiendo su futuro, se esfuerzan en bajar grandes piedras de una carreta tirada por bueyes, las cargan trabajosamente y las llevan a amontonar en el fondo de un lote donde será construido un hospital de pobres. Fueron sacados de la Real Cárcel de Corte a las seis de la mañana y llevados en cuerda al sitio. Están acostumbrados a arrastrar el grillete que atenaza y vuelve pesado uno de sus tobillos, también a los gritos de los capataces y a la vigilancia continua de los guardias de a caballo. Obedientes, los que llaman "los rebeldes de Tepic", cumplen un día más de trabajos forzados.

En el pequeño cuarto de trabajo que tiene en su casa, el licenciado José Anastasio Reynoso escribe una carta que entregará en la Real Audiencia con la misma y repetida petición de los familiares de los indios de Tepic, para que se aceleren los trámites y se ponga en libertad a los presos. "Nuestras familias están pereciendo de hambre y la causa se halla sin dársele curso". Sí, que ya se avoquen a darles alguna solución, dice para sí mismo. Está contento. Tiene fe en que después de tantas pruebas que hablan de la obediencia y disposición al trabajo de sus defendidos, ellos serán puestos en libertad.

El regente Francisco Saavedra sube a la tarima en que está su mesa y su confortable silla forrada en terciopelo. Lo hacen después tres oidores, que ascienden también a ocupar sus lugares, colocados a un nivel más bajo. Los cinco magistrados lucen su negra toga. Su gesto es solemne, adecuado al momento. El regente Francisco Saavedra está concentrado en sus funciones. Aunque el presidente de la Real Audiencia de Guadalajara sea José Fernando Abascal y Souza, le toca a él decidir sobre el caso de la sublevación que se presentó en Tepic hace más de dos años. Consciente de que la Real Audiencia ejerce la justicia a nombre del monarca, el regente Saavedra hará uso de esas facultades. Pide al relator de oficio que mencione los antecedentes.

El relator de oficio se pone de pie. Habla, hace un resumen de la causa y el recuento del movimiento de sublevación, de las cartas interceptadas y su contenido, de las acciones tomadas por los subdelegados y el comandante de armas de Tepic, de los presos que llegaron en collera y los que siguieron después. Da cifras de liberados y muertos. Cuando termina vuelve a sentarse y queda inmóvil, mirando la imagen del cristo crucificado que destaca en medio de la pared.

Desde su privilegiado lugar, el regente Francisco Saavedra mira la sala vacía, no se ha citado ni al fiscal Juan Ignacio Fernández Munilla ni al abogado protector de los indios, José Anastasio Reynoso, y mucho menos a los reos. Ya se les pasará copia de la sentencia al fiscal y al abogado para que la firmen. Ya irá el escribano receptor a comunicarles a los presos la pena que les toca purgar, y firmarán los que sepan hacerlo. Le disgusta el licenciado Reynoso, le molesta el afán con que asume su papel de protector de indios, lo seguro que está de ganar el caso. Como todo defensor, pretende hacer pasar a los sublevados como inocentes, sólo culpables de su ignorancia, pero considera que hay exageración y petulancia en su defensa.

El regente Francisco Saavedra se ha reunido algunas veces con los oidores Manuel Silvestre Martínez, Francisco de Nava y Juan Antonio de la Riva. Entre todos han discutido las acusaciones del fiscal Munilla y los argumentos a favor que entregó el defensor Reynoso. Conscientes de que a ellos les tocaba decidir, discutieron largas horas el proceder de los quince acusados y ayer apenas llegaron a conclusiones. Necesitan escuchar el documento que, de acuerdo con sus observaciones, ha elaborado el escribano real, ver si lo aprueban para firmarlo de una vez y olvidarse ya de indios y sublevaciones.

El escribano sube, entrega los pliegos al regente Saavedra, que los hojea fijándose en la letra clara y pareja, en la presentación sin borrones ni tachaduras, en las planas uniformes, con los veinte renglones exigidos. Cuando la aprueba, hace señas al vocero, que se acerca a tomar el documento y pasa al frente, aclara la garganta y lee en voz muy alta para que sus palabras llenen la sala:

—En la causa criminal que de oficio se ha seguido contra el indio Mariano y demás indios participantes en la sublevación ocurrida en Tepic y pueblos inmediatos, a inicios de 1801, en que se trató de prestar obediencia y coronar un rey indio, para lo cual se convocaron los pueblos con armas, banderas, pitos y tambores. Vistas las declaraciones y confesiones de los reos, lo alegado en su defensa, y también en las vistas fiscales, declaramos:

El vocero hace una pausa, como dando tiempo a que el escribano real Ignacio de Saucedo logre pasar al papel lo que él está diciendo. Carraspea para aclarar la voz y continúa.

—Declaramos a Juan Hilario Rubio, ya difunto, autor principal del alboroto. Por traidor e infame se le ocuparán todos sus bienes a favor de la Real Cámara. Y para que no quede memoria de su vil persona y detestable intento, mandamos que se demuela y asole su casa y en esa tierra se siembre sal.

El oidor Manuel Silvestre Martínez se muestra complacido. Fue quien más insistió en que aún muerto Juan Hilario, era preciso dar un escarmiento a quien fue capaz de convocar a tantos en favor de un rey indio con quien se pretendía el escándalo de suplantar a Su Majestad, Carlos IV. Sí, que lo que fue su casa y su lugar de cultivo se siembre de gruesas capas de sal para que ahí no crezca siquiera una hierba espinosa. Que no tenga dónde vivir la viuda María Gertrudis Real, india quejumbrosa, india que pide que ya dejen en paz a su familia, cuando debería agradecer que ni ella ni sus hijos tengan que pagar los delitos del marido.

—En cuanto al indio Mariano, que se continúen haciendo las más vivas y eficaces diligencias en toda la Nueva Galicia, llamándosele por edictos y pregones, para que, en caso de saberse de él, se le aprehenda y remita con la mayor seguridad a esta Real Audiencia, donde será juzgado.

Un sentimiento de frustración hace suspirar al regente. A él, como a Juan José de Zea, Fernando Abascal, el virrey Félix Berenguer de Marquina y hasta al mismo virrey Iturrigaray, le hubiera gustado dar con ese criminal. Ya vería ese alborotador lo que son las leyes en la Nueva España. Sometido a tormentos e interrogatorios, apaleado, ahorcado, descuartizado, de Mariano, el Tlaxcalteco, el Máscara de oro, hubiera quedado sólo un guiñapo, jirones de carne, pedazos de huesos que mostraran a los indios lo que es oponerse a la corona española.

—En atención a la avanzada edad de María Paula de los Santos, a su rusticidad y deplorable estado de salud, que la imposibilitan para otra condena, mandamos se le ponga en libertad, confinada a esta capital de la que no podrá salir con pretexto alguno, hasta su muerte.

El oidor Juan Antonio de la Riva mira a sus colegas, aunque en el ánimo de todos pesaba imponer una pena mayor a la mujer, tuvieron que ser suaves con ella, debido a la locura que la aqueja y la confinaron a un convento.

—Mandamos que don Rafael García González y el indio Francisco Gavilanes se pongan en libertad, apercibidos el primero que en lo sucesivo dará cuenta de sublevaciones y el segundo no volverá a hablar de semejante manera.

—El oidor Francisco de Nava asiente con la cabeza. Está de acuerdo en que Rafael García González salga libre. Se discutió mucho sobre él, causó indignación que siendo español no denunciara la conspiración, pero tuvieron que aceptar que un español implicado en un movimiento de indios daba mucho de qué hablar a los resentidos con el sistema de gobierno, a los que no están de acuerdo con que sean españoles nacidos en Europa los que vengan a América a colocarse por encima de ellos, los que pronostican que tarde o temprano va a estallar un movimiento independentista promovido por los que llevando totalmente sangre española en las venas, se consideran sin oportunidades. No estuvo de acuerdo en que liberaran al indio Francisco Gavilanes, que merecía que le hubieran cortado la lengua, pero la votación resultó a su favor y nada puede hacerse ya.

—Y atendida la rusticidad, ignorancia y miserable situación en que se hallan los indios del pueblo de Tepic y sus inmediaciones, careciendo no sólo de la instrucción necesaria en las leyes de fidelidad y vasallaje, sino también en los primeros rudimentos de la religión cristiana. Tomando en cuenta la facilidad con que dan acceso a cualquier rumor, el tiempo de prisión que han padecido, y también la piedad con que encargan las leyes se les trate, condenamos a Juan Francisco Medina, escribano de Tepic; Juan Crisóstomo Urbina, escribano de Xalisco; Juan Valentín Plaza, escribano de Zapotlán de la Cal; Pedro Antonio García, alcalde de San Luis; José Jacinto Ramírez, alcalde de San Andrés; Juan Bautista Rodríguez, alcalde de Huaynamota; Tiburcio Clemente, alcalde de Zapotlán de la Cal; Onofre de los Santos, alcalde de Tequepexpan; Luciano Trinidad, alcalde de Xala de Arriba y Felipe Santiago Jiménez, indio principal de Xalisco, a seis años de prisión, que cumplirán en las fortificaciones del castillo de San Juan de Ulúa, en Veracruz.

El oidor Juan Antonio de la Riva se acaricia la barba larga y rojiza. Sonríe. Hasta ahora, lo que lee el vocero es congruente con las anotaciones e instrucciones que dieron al escribano real para que elaborara la sentencia. Habrá que felicitarlo. Si todo va bien, al terminar la lectura sólo les faltará ir todos juntos a la cancillería, depositaria del sello real, para que el regente selle los documentos y les dé carácter oficial.

—Mientras que a José Pascual Ramos, alcalde de Xalcocotán y a José Lorenzo Cervantes, escribano de Xala de Abajo se les da la pena de ocho años de prisión que cumplirán también en las fortificaciones del castillo de San Juan de Ulúa, en Veracruz. Aclarándose que todos los referidos quedan perpetuamente privados de obtener puestos de república en sus pueblos.

El oidor Manuel Silvestre Martínez se atusa el fino bigote terminado en punta. Él consideraba que los doce reos merecían la pena de seis años de prisión. Pero el fiscal Munilla hizo los alegatos de tal manera que, José Lorenzo Cervantes, el escribano de Xala de Abajo resultó más culpable que los otros porque leyó la carta no a un pueblo, sino a los tres que se reunieron ese día en el cabildo realizado en Xala de Abajo; por eso fue condenado a ocho años, al igual que José Pascual Ramos, el alcalde de Xalcocotán, ése que dejó a su pueblo solo en Lo de Lamedo y anduvo huyendo casi un mes, hasta que decidió entregarse.

—Se sacará testimonio de esta sentencia, que se remitirá al subdelegado de Tepic, previniéndole su publicación, fijándola en el lugar más público de aquel pueblo, para que sirva de afrenta y castigo a los díscolos e infieles a su Rey y Señor natural, y dé consuelo, satisfacción y seguridad a los fieles y leales vasallos.

Satisfecho, el regente Francisco Saavedra se pone de pie.

—Señor Ignacio de Saucedo y Fragoso, le hago un reconocimiento por la limpieza de los escritos que por enfermedad del escribano de cámara le tocó realizar —dice sonriente, mirando al aludido que agradablemente sorprendido se inclina haciendo una gran caravana. —Solicito al escribano receptor les haga saber hoy mismo la sentencia a los reos, poniéndolos en lista para la próxima collera que saldrá a la ciudad de México.

Concluye la sesión y bajan de las tarimas el regente y los oidores. El gesto adusto se olvida. Llega a su fin el largo y tedioso asunto de "los rebeldes de Tepic". Risas, manos que se estrechan y agradables comentarios llenan de ruidos y murmullos la sala de Justicia.

José de Iturrigaray

30

José Joaquín Vicente de Iturrigaray y Arostegui se encuentra en su gabinete. Es doce de febrero de 1803 y con su secretario de cámara revisa documentos. El cuatro de enero, apenas hace cinco semanas, tomó posesión del cargo de Virrey, al que renunció Félix Berenguer de Marquina. Enero pasó entre fiestas y aplausos. Los personajes más pudientes de la Nueva España llenaron los mullidos sillones de su antecámara para presentarle sus respetos y hacerle alguna invitación a cenas o almuerzos donde podrían charlar más ampliamente. A nadie rechazó el nuevo Virrey, le interesa conocer y trabar amistad con quienes representan lo más encumbrado de la sociedad novohispana, y sacarle provecho a esas relaciones. Hace dos semanas estableció un horario de atención a los problemas y necesidades del Virreinato. Gran cantidad de documentos atiborran una cajonera y una mesita cercana a su bufete, con un suspiro de resignación se sienta a resolver los problemas que generan la capital y las provincias de la Nueva España.

—Hay aquí una solicitud para que se fije la fecha de inicio de las corridas de toros, con ellas se cubrirán los costos originados por la toma de poderes —le señala el secretario de cámara.

—Podrían iniciar ya, antes del tiempo de lluvias. Es mucho el dinero por recuperar. Encárguese de recibir a los organizadores y vea qué fechas proponen —ordena el Virrey, y se distrae recordando su entrada triunfal a la ciudad de México.

Se le recibió como a un monarca. Gente de clase baja llenó las calles por las que pasó su carruaje, seguido por una caravana de coches igual de elegantes y ostentosos en que venían los más ricos de la ciudad y las provincias. Desde los balcones observaban y aplaudían españoles en situación acomodada o modesta. Las campanas de catedral repicaron gustosas anunciando el *Te Deum* que se cantó en su honor.

Ya en palacio recibió a la gente con títulos nobiliarios: duques, marqueses, condes y vizcondes saturaron la multitud de salas. Luego saludó a las personas adineradas y a las corporaciones. Las fragancias, delicadas y dulces unas, fuertes y hasta picantes las otras, se enlazaron en el aire para crear nuevos aromas en estancias y pasillos.

Era de tarde cuando se asomó a los balcones: abajo, formando parte del tumulto, aturdido por el sol, estaba el pueblo. Pueblo de piojosos y léperos, pensó, agradeciendo a la suerte el que el balcón estuviera alto y no llegara a su nariz el tufo a sudor, a mugre, a pulque y grasa, que imaginó emanaba de aquellos cuerpos mal cubiertos, de aquellas cabezas protegidas por rebozos desteñidos y rotos sombreros, de aquellas bocas que le lanzaban loas. Tardó en librarse de la sensación de asco. Incapaz de prolongar más el momento, levantó el brazo derecho y agitó su pañuelo. La señal bastó para que sus sirvientes se acercaran llevando costales en que pesaban monedas de baja denominación. Pidió que las vaciaran a puños sobre esa gente, él mismo metió mano a los costales y contempló divertido la rebatinga que propició el regalo. Caían maravedís sobre ropas remendadas, iban cuartos de real a manos ansiosas que se cerraban en inútiles intentos por atraparlos. En busca de un octavo de real, hombres, mujeres y niños se tiraban al suelo sin importarles ser pisoteados. El pueblo chilló, saltó, lanzó vivas o levantó los brazos ante cada puño de monedas lanzado desde el balcón. Magnánimo, ordenó el convite del pueblo. Aguas frescas, fritangas, dulces y música colmaron la alegría de los que se arremolinaron en la plaza.

—Le decía, Su Alteza, que en este informe le avisan que está lista la estatua ecuestre de Su Majestad, don Carlos IV. Ya aguarda en la huerta del Colegio de San Gregorio, para su traslado a la Plaza Mayor —lo interrumpe su secretario de cámara.

El Virrey se despabila, ve el informe que le muestra el secretario y siente gusto al pensar que la estatua que la gente llama "El caballito", la escultura más grande de una sola pieza realizada en la Nueva España está esperando a que él la devele. Fundida en bronce, suplirá a la provisional, de madera, estuco y hojas de oro que ahora luce en la plaza.

—Ya tuve oportunidad de verla, es magnífica, grande, pesada —comenta.

—Lo es, Su Majestad, casi cinco metros de altura. Dice le informe que fueron necesarios seiscientos quintales de bronce para fundirla.

El Virrey toma un papel e intenta hacer la conversión de quintales a kilos. Si cada quintal es igual a cuarenta y seis kilos, entonces la estatua pesa más de veintisiete, casi veintiocho mil kilos. Maravilloso. Que venga la estatua ecuestre a hablar del esplendor de España, que venga a mostrar al rey Carlos IV vestido de emperador romano, con la frente ceñida por una corona de laurel, montado en un caballo en movimiento, como era tradición en el pueblo romano. Que todos aprecien cómo el Rey empuña en la diestra un cetro, en ademán de comandar un ejército. Que todos observen la pata trasera del caballo, que pisa un águila y un carcaj que simbolizan el destruido imperio azteca. España, la gloriosa España, pisa y seguirá pisando a este pueblo de indios, de léperos, de gente sin beneficio. La develará con grandes fiestas. El virrey Marquina pudo haberla inaugurado, porque está lista desde agosto del año anterior, pero no lo hizo y le ha dejado a él la ceremonia y la gloria.

—Preguntan en el documento cuándo considera Su Señoría que puede ser colocada.

—Dígales que tengan todo preparado para el nueve de diciembre, en que es el cumpleaños de nuestra amada reina, doña María Luisa de Parma.

—Pero si estamos en febrero, falta muchísimo tiempo para diciembre.

—Más a mi favor, me gusta planear las cosas con tiempo. Hasta el cumpleaños de doña María Luisa será.

El secretario anota la fecha, sonríe y sigue revisando papeles. La estatua representa una oportunidad de congraciarse con los reyes de España y el Virrey sabe aprovechar las oportunidades...

José de Iturrigaray pronuncia el nombre de la Reina, e inmediatamente su pensamiento lo asocia al de Manuel Godoy. Fue por recomendación del primer ministro de España, Manuel Godoy, que el rey Carlos IV lo eligió para que se hiciera cargo de la Nueva España. Recuerda los meses que pasó en la corte española, el débil carácter del soberano en contraste con el carácter enérgico de la reina; las insinuaciones de que María Luisa de Parma y Manuel Godoy sostenían amoríos. En esos meses se dio cuenta de que para lograr la recomendación del Rey era preciso acercarse a Manuel Godoy para que éste influyera en María Luisa de Parma, ya se encargaría la reina de influir en su marido. Así lo hizo y es ahora el Virrey. A Manuel Godoy le agradece el puesto.

—Su Excelencia, me entregaron en propia mano este pasquín, habla del escándalo que el pueblo ha hecho por el supuesto contrabando.

—¿Por qué me lo muestra? ¿Acaso considera que me rebajaré a leer insultos? Rómpalo en este momento —ordena Iturrigaray, su rostro está apretado por el coraje.

Temeroso, el secretario de cámara rompe la hoja que los guardias reales encontraron pegada en una de las paredes del mercado del Parián.

José de Iturrigaray trata de serenarse, la prudencia le aconseja dignidad y silencio. Considera que esos pasquines son muestra del descontento del pueblo. Ha escuchado que el virrey Branciforte encontraba muchos, algunos pegados hasta en las puertas del palacio, todos mostrando descontento ante su rapiña. Branciforte nunca puso atención en ellos, empeñado como estaba en acumular riquezas, hasta que el Rey le envió una carta informándole que lo relevaba del cargo, porque era imposible seguir soslayando su ambición y deshonestidad. Él no llegará a esos extremos, venderá puestos, hará contrabandos, sí, pero con mucho cuidado, sin que se enteren los que están al acecho de reales secretos. Nunca más habrán de descubrirlo.

—¡Retírese! —exclama con indignación.

El secretario de cámara toma su cartapacio y sale en silencio. Molesto, José de Iturrigaray se sienta en un confortable sillón de terciopelo. Es un mediodía helado en que el sol no ha podido desgarrar la capa de nubes que se aborregan en el cielo gris. Se frota las manos, toca una campanilla. Al momento asoma por la puerta uno de los lacayos que hace profunda reverencia.

—Que me preparen un tazón de chocolate y lo traigan acompañado con algunos biscochos —ordena. El sirviente afirma con un movimiento de cabeza, hace otra reverencia y cierra la puerta.

José Joaquín Vicente de Iturrigaray y Arostegui analiza su situación. Para él fue una gran vergüenza que, ya con el nombramiento de Virrey, al llegar a Veracruz, al querer hacer pasar como equipaje personal más de cincuenta valijas con cientos de prendas y telas que pensaba vender en México, lo descubrieran. Suspira por los rasos y tafetanes, sedas bordadas con hilos de plata, brocados de matices suaves, tisú, camocanes de oriente, brocateles, chamelotes de flores, gruesas tercianelas de cordoncillo con bordados en oro, vestidos de seda colmados de vuelos, tapices de oriente y prendas de hombre, que tuvo que malbaratar en Veracruz, antes de que el escándalo por el descubierto contrabando creciera. Lo creía asunto secreto, pero se ha dado cuenta de que el incidente llegó hasta México y por ello estará en los chismes que desperdigan españoles y criollos. ¿Cuánta gente lo sabrá?, se pregunta y tiene miedo a responderse. Desde hace una semana empezaron a aparecer los pasquines. Ha pensado poner guardias que vigilen los alrededores del palacio virreinal, del mercado del Parián, de la plaza del volador, la catedral y los portales, para que apresen a quien se atreva a pegar uno más.

No es malo aprovechar el puesto para enriquecerse, piensa. ¿Porqué va a serlo si se trabaja? Él no es como Marquina, ese tonto Virrey que llegó pobre a palacio y pobre se retiró, ese aburridísimo Virrey que odiaba las corridas de toros. No, él aprovechará todas las oportunidades que le permitan reunir dinero para afrontar malos tiempos.

Entra un criado con el tazón de chocolate y una charola con biscochos de canela y miel, los deja en la mesita cercana al sillón y sale haciendo reverencias. José de Iturrigaray toma el tazón y aspira el suave perfume. Está contento de ser el Virrey y recibir regalos que asombran su exigente paladar. Pichones en baño de jerez, pechugas al vapor en salsa de nuez, carnes asadas con guarniciones exquisitas, biscochitos de almendra con toque de mandarina, tazones de jericalla, platones de jalea, laminillas de frutas y muchísimas delicias más, enviadas por monjas de todos los conventos, siguen llegando al palacio virreinal.

Paladea el chocolate. El tierno sabor de la leche mezclada con el aroma a cacao lo tranquiliza. Da pequeños sorbos a la bebida y entrecierra los ojos. El frío se aleja y regresa el deseo de solucionar problemas. Va a su bufete, se sienta en la cómoda silla y observa que ahí, en un extremo, está un legajo de papeles que olvidó su secretario de cámara al salir tan de prisa. Alarga la mano y lo toma. Lo hojea: son documentos que hablan sobre una rebelión de indios que hubo hace más de dos años en un lugar llamado Tepic.

Concentrado, lee el informe que la Real Audiencia de Guadalajara envió a petición de su antecesor, Félix Berenguer de Marquina. Hace anotaciones en una hoja y sigue revisando los pliegos. Llega a la copia de los argumentos que en defensa de los indios hizo el licenciado José Anastasio Reynoso y está de acuerdo con él: lo que la Real Audiencia nombra sublevación de indios, no pasó de un alboroto. Todo quedó en rumores, en esperanzas de que un indio con máscara de oro le quitara súbditos al Rey. No está de acuerdo con la idea del fiscal, Ignacio Fernández Munilla en el sentido de que perdonar mostraría un gobierno débil. Al contrario, mostrarse magnánimo tiene sus ventajas, acerca a la gente, hace ver más humana la figura del Virrey.

—Son tan serviles los indios que, si los perdono, tendré a esa casta de mi parte —razona en voz alta. —Tengo el ejemplo de los franciscanos, que lograron más con prédicas de amor a Dios, que los que blandían espadas contra ellos. Ahora tenemos indios catequizados que han aprendido a ser respetuosos de nuestra autoridad, leales vasallos del Rey y fieles a los preceptos de la Iglesia. Un perdón logra la fidelidad mejor que cien castigos.

Vuelve a tocar la campanilla y vuelve a entrar el lacayo.

—Que venga mi secretario de cámara —dice imperativo.

Al poco tiempo entra temeroso el secretario, haciendo reverencias.

—Acérquese, necesito su parecer.

El hombre obedece y acerca una silla al bufete.

—Este documento trata sobre unos indios que nombran "los rebeldes de Tepic", ¿qué pasa con ellos?

—Están acusados de sublevación, Su Señoría. Han condenado a algunos a seis y a otros a ocho años de cárcel. Vendrán a esta ciudad, a la Real Cárcel, y de aquí serán enviados a la fortaleza de San Juan de Ulúa... Si me permite, he de decirle que Ulúa es un sitio insano, son pocos los condenados que logran sobrevivir algunos meses allá.

—Leí esos papeles —comenta señalándolos— y me parece estúpido que los indios hayan creído una carta anónima en que los invitaban a coronar un rey de su casta. Tal vez no les dieron tiempo de hacer más, pero es tonto imaginar que con cuchillos, garrotes o flechas quisieran enfrentar a un ejército tan bien armado y numeroso como el nuestro.

—Los indios suelen ser cándidos.

—Más bien me parecen necios, ignorantes, incapaces de pensar las consecuencias de sus actos. ¿Cuantos quedan presos?

—Doce de ellos, Su Majestad.

—Leí que ya ha muerto el cabecilla. ¿El Real Consejo de Indias ya ha consultado al Rey?

Ya lo ha hecho, y Su Alteza delega en usted el perdón o el castigo.

—Entonces, si yo quisiera, en uso de mis vicerregias facultades, ¿podría indultar a alguno o a todos los reos?

Al secretario de cámara lo sorprenden las palabras del virrey Iturrigaray. Nunca pasó por su mente que quisiera indultarlos.

—Así es, Su Señoría. La Real Audiencia de Guadalajara lleva el caso y…

—Lo sé, no se lo he preguntado.

—Perdone mi atrevimiento. Su Excelencia puede enviar un oficio a Guadalajara diciendo que indulta a esos indios.

—No está mal, el indulto o una reducción de la pena sería visto como un acto de piedad. Suponga que ordeno que los condenados a ocho años de cárcel cumplan sólo ocho meses y los condenados a seis años sean castigados únicamente seis meses.

—Sería un magnífico ejemplo de su bondad que la gente pobre alabaría. Este acto sería bien visto por los pueblos de indios y…

—Procedieron como idiotas, pero quiero liberarlos para no darles la calidad de enemigos en que los tiene la Real Audiencia de Guadalajara. Ningún indio merece título de enemigo del Rey. Quizá si tuvieran capacidad de raciocinio, podría considerarlos peligrosos, pero estos ignorantes no pusieron en peligro a nadie.

Al secretario de cámara le agrada la forma de pensar del Virrey. No lo creía tan sagaz, pero siente gusto de estar a las órdenes de alguien tan astuto.

—Tiene razón Su Señoría, los indios son incapaces de pensar con inteligencia.

—Hará un oficio, pero fingiremos que no conozco mis poderes para no herir a los susceptibles. Escriba usted, que pregunto a la Real Audiencia si en uso de mis vicerregias facultades y en prevención de la Real Orden, considera útil que yo indulte a todos o algunos de esos reos, de la sentencia que se les imponga. Envíe luego esa carta a Guadalajara.

—Así se hará, Su Excelencia.

Felipe Santiago Jiménez

31

HAY GENTE, MUCHA, que movida por la curiosidad ha ido ese jueves a ver cómo se llevan a "los rebeldes de Tepic" hacia México. Salen los doce presos de la Real Cárcel de Guadalajara unidos de dos en dos. Un juego de esposas de hierro ata la muñeca derecha de uno, a la muñeca izquierda del otro. Seis pares de presos son rodeados por militares de a pie y caballería. Hay un escándalo de cornetas y tambores. Los detenidos alcanzan a ver tras de patas y ancas de caballos, tras los uniformes de la milicia, a los familiares que tratan de acercarse. Madres, padres, esposas, hijos o hermanos están ahí, tendiendo las manos, tratando de tocarlos.

En la acera contraria, con los músculos tensos, está el licenciado José Anastasio Reynoso. Mira con indignación el circo en que se ha convertido el traslado de los presos. Aprieta los labios y golpea con el puño de la mano derecha la palma de su mano izquierda. Es la mañana del tres de febrero de 1803. Ayer miércoles lo citaron y llegó a la Real Audiencia sin saber para qué lo requerían. Le dieron a leer el pliego de las sentencias y le pidieron escuetamente que lo firmara.

Lo hizo sin decir una palabra. Dejó atrás el laberinto de salas y pasillos y hasta que salió a la ancha avenida sintió que respiraba libremente. Deambuló por las calles aplastado por sentimientos de impotencia y de rabia. Maldijo en voz baja las leyes en las que siempre había creído. Aunque habían declarado sin culpa a José Estanislao, apenas ese día lo dejaron libre. No podía aceptar que los indios fueran condenados a seis, ocho años de cárcel que, sin contar los dos años que llevaban detenidos, equivalían a ocho y diez largos años de castigo. Sólo diez de ellos saldrían en 1809, porque José Lorenzo Cervantes y José Pascual Ramos lo harían hasta 1811. ¿Eso era justo? Su imaginación voló al lóbrego castillo de San Juan de Ulúa que conocía sólo en dibujos, temible sitio a la orilla del mar, castigado por vientos y olas, donde los reos mueren de paludismo, vómito prieto o debilitados por la humedad constante que resuman sus paredes. Estaba seguro de que sus defendidos morirían ahí a los pocos meses, por lo que la sentencia era una pena de muerte disfrazada. Caminó hasta que logró serenarse. Luego corrió hacia el viejo mercado, a buscar junto a los pilares de entrada a las atoleras.

María Ignacia del Carmen, la esposa de José Jacinto Ramírez, anunciaba a gritos el atole de masa mientras con un soplador echaba aire al anafre en que descansaba la olla. Juana Paula, la esposa de Juan Bautista Rodríguez, el alcalde de Huaynamota, freía en una cazuela con manteca las esponjosas gorditas de masa con sal. Se quedó mirándolas un rato, sin poder acercarse, sin atreverse a terminar con el gusto con que vendían sus alimentos. Pero era urgente enterarlas, hacer que ellas localizaran a los demás, para que todos estuvieran al día siguiente afuera de la Real Cárcel de Corte cuando los presos fueran sacados de prisión.

Se los dijo poco a poco. Cuando María Ignacia del Carmen pudo entenderlo, se fue resbalando despacio por el pilar hasta quedar en cuclillas. Entonces, a gritos escarbó su dolor. Juana Paula se abrazo a él con desesperación, agitando su cuerpo en sollozos incontenibles. El abogado miró a la derrumbada María Ignacia: era bonita, sus rasgos de india resaltaban más con sus trenzas, con su cabello negrísimo, con su mandíbula grande y fuerte. Miró a las dos mujeres y ambas le parecieron bellas, pero María Ignacia lo era más. Sumergidas en su dolor, no entendían lo que el licenciado trataba de explicarles: sólo ellas sabían dónde estaban las familias de los presos, sólo ellas podían hacer que se reunieran todos afuera de la cárcel para despedir a los que se llevarían lejos. Un olor a atole quemado llenó el aire y María Ignacia se levantó trabajosamente, puso la olla en el suelo y lo miró. Sus ojos ya no eran como los tizones que ardían en el anafre, ahora simulaban apagados pedazos de carbón. Prometieron buscar a los que les fuera posible y ambas se fueron sin hacer caso a las ollas y cazuelas que eran su material de sobrevivencia. Él pidió a los demás vendedores que les guardaran ollas y cazuelas y regresó a su casa.

En el camino fue pensando en María Paula de los Santos y Pedro Antonio García. Sintió piedad por la anciana. Descubrió que fingía su locura y cuando se lo hizo ver, ella le confesó que lo hacía, porque su única ilusión era regresar a su pueblo. Fingía para lograr su libertad y regresar a Tepic, acompañada de su nieto. Quería volver a ver su casa, también a la Tigra, y morirse de vieja sobre su tapeixtle. Pero está condenada a quedarse recluida en un convento, a nunca regresar a su pueblo.

Descubrió también que la idiotez de Pedro Antonio García, el compadre de Juan Hilario, era fingida. Desde entonces lo consideró inteligente y entendió por qué había aprendido a leer y escribir solo, sin que nadie se entretuviera en enseñarle. Para todos, Pedro Antonio García, el alcalde de San Luis, quedó loco después de fiebres altísimas y tremendos dolores de cabeza, y con eso se ganó algunas consideraciones.

El sargento de la compañía segunda provisional de la ciudad de Guadalajara, Juan José Cosío, encargado de conducir a los presos, mira a las mujeres que se arremolinan alrededor de su caballo. Ve sus ojos llorosos, las manos desesperadas que pretenden tocarlo, las bocas que suplican un minuto con los reos. Observa a las que se cubren con rebozos despintados y rotos el frío de esa mañana de febrero y piensa que no estaría mal un poco de consideración. Levanta su espada y al instante se inicia un redoble de tambores. Rompen los murmullos los toques de corneta que indican atención, estalla una nota aguda y eso es suficiente para que los jinetes abran el círculo que rodea a los presos. El sargento hace señas a los que quieren despedirse, para que se acerquen a los reos.

Para madres, esposas, padres, hijos y hermanos se ha concedido el milagro que pidieron en rezos mientras hacían guardia afuera de la cárcel, desde el amanecer. Con desesperación ven, hablan, tocan, persignan por última vez a los hombres esposados que van a ser conducidos a un lugar que ni siquiera su mente puede imaginar, a un sitio que está más lejos que todo lo que conocen y que alguien les dijo que se llama México. Y de ahí, a otro más lejano llamado Veracruz.

El licenciado José Anastasio Reynoso es lejano testigo del encuentro. No quiere acercarse, no quiere que sepan que está contrariado, molesto consigo mismo por haber considerado el triunfo antes de tiempo. Levanta los hombros y se aleja de prisa.

El viejo Felipe Santiago Jiménez mira a su alrededor y confirma que ninguno de sus hijos está ahí para despedirlo. Respira profundo, buscando que la tristeza que siente no le moje los ojos y empieza a justificarlos: de seguro a sus cinco hijas no las dejaron ir los maridos, siguen en el pueblo de Xalisco, tiene la obligación de cuidar su casa. Sus dos hijos no tuvieron dinero o tiempo para hacer el viaje. Guadalajara está lejos y llegar hasta las puertas de la Real Cárcel no es cualquier cosa. Además, la salida fue tan rápida... apenas ayer les avisaron y hoy emprenden el viaje. Quién sabe cuándo los vuelva a ver.

Felipe Santiago está unido con esposas de hierro a Juan Bautista Rodríguez, el alcalde de Huaynamota, al que su mujer, Juana Paula, no deja de abrazar mientras llora. Los impulsos de ella le sacuden el brazo, haciendo que sienta más soledad. Piensa que le hubiera gustado tener una mujer como María Ignacia del Carmen, la esposa de José Jacinto Ramírez, alcalde de San Andrés. Sentía gusto cuando su figura delgada aparecía junto a los barrotes los días de visita, cargando una canasta de la que sacaba jarros llenos de frijoles o sopa caliente, y envuelto en un trapo llevaba el olor de las tortillas recién hechas. El alcalde compartía su comida con los que estaban solos. A Felipe Santiago, esos frijoles y esas tortillas le recordaban que algún día tuvo esposa e hijos pequeños que se le abrazaban a las piernas. Lamenta no haber pensado en juntarse con otra mujer después de quedarse viudo, porque seguramente estaría ahí, despidiéndolo como a todos los demás.

Siempre pensó que por ser el más viejo lo juzgarían con menos rigor, pero cuando escuchó la sentencia entendió que tener sesenta años no sirve para disculpar castigos. Es el único anciano principal sentenciado, los demás son alcaldes o jóvenes escribanos como José Lorenzo Cervantes y el mulato Juan Crisóstomo Urbina.

La estridencia de la corneta lo sorprende. Los soldados se meten al círculo que hicieron con los caballos para arrancar a los que se aferran a sus seres queridos. Cuando lo logran, los forman por parejas e inician la marcha.

Van entre redobles de tambores. Felipe Santiago ve que atrás va José Jacinto Ramírez, esposado a José Pascual Ramos, el alcalde de Xalcocotán. Es notoria la cojera de José Jacinto. El viejo principal no duda que a este alcalde lo salvó el cariño que en cada visita le mostraba María Ignacia del Carmen. Vuelve a pensar en ella y suspira. Se lleva su imagen, abrazada al marido, llorando con desesperación. Un presentimiento le hace pensar que José Jacinto no resistirá el viaje, todavía está descolorido y las fiebres lo han dejado medio sordo y casi mudo.

Piensa que José Pascual Ramos es feliz a su manera. Busca estar solo, porque dice que solamente así se le aparece su esposa, María Crisanta, muerta en el parto después de que él decidió entregarse. Cuando fueron a avisarle, él ya lo sabía: ya la había visto vagando en los corredores de la cárcel. José Pascual Ramos no tuvo que despedirse de su mujer, a donde vaya lo irá siguiendo María Crisanta.

Van entre redobles de tambores. Un barrio sucede a otro y a otro más. Los sigue la curiosidad de los que aguardan en las esquinas, los ladridos de perros callejeros, el fisgoneo de los que entreabren las hojas de puertas y ventanas, la compasión o el reproche de quienes se santiguan, y la terquedad de sus familiares. Guadalajara es grande, muy grande, la conocieron a pedazos, mientras realizaban trabajos forzados, pero ahora la capital del reino de la Nueva Galicia abre sus calles para que se internen en su largueza.

Salen de Guadalajara y empiezan los caminos terrosos, delimitados por hierbas secas, colmadas de espinas. Es tiempo de subirlos a la carreta y dejar atrás a los que se obstinan en seguirlos. Avanzan las ruedas metálicas, los tablones jalados por mulas. A la distancia, los familiares forman manchas blancuzcas que agitan las manos y poco a poco desaparecen entre las tolvaneras de la tarde. Beben los de caballería el agua de sus cantimploras. El vehículo no deja de dar tumbos, con la mano libre se aferran a alguno de sus postes. Sienten soledad mirando el camino que culebrea entre los cerros, camino real por el que transitan indios jalando burros, hombres a caballo, rancheros que regresan de pastorear borregos o arrieros apresurando sus atajos de burros. Carreta de maderas temblonas, sol contento de mordisquear pieles ennegrecidas. El hambre y la sed son pequeños fantasmas que aparecen y desaparecen.

Juan José Cosío, el sargento de la compañía segunda provisional de la ciudad de Guadalajara, mira un pequeño pueblo y decide que ahí descansarán. Bajan los indios trabajosamente de la carreta, procurando no jalar demasiado la mano presa. Formados por parejas avanzan hacia la curiosidad de la gente, que ha salido a mirarlos. Tambores y clarines provocan la histeria de los perros, tambores y clarines los señalan como castigados. Afuera de la iglesia, bajo un árbol sombroso se dejan caer. Ahí esperan a que la compasión de los pobladores les regale jícaras de agua, de atole, de algo que pueda distraerles el hambre y la sed.

Felipe Santiago mira de reojo a su compañero de atadura: el alcalde Juan Bautista Rodríguez continúa callado. Algo tiene la tarde, el rojo sangre del ocaso, que el de Huaynamota no deja de mirarlo. Le habla sin obtener respuesta, quizá finge no escuchar o está hundido en razonamientos. Felipe Santiago intuye que está pensando en Juana Paula, la mujer que se echó dos hijos a la espalda y con otro de la mano lo siguió hasta Guadalajara. Algunas veces había notado en Juan Bautista un dejo de altivez, pero hoy su rostro y su cuerpo hablan de mil derrotas. Algo en su interior se conforma con no haber buscado otra mujer al quedar viudo, se libró sin saberlo de la angustia que llevan todos los demás.

El sonido de trompetas y tambores los despierta. Avanza la mañana y avanza la carreta, su brincoteo obliga a buscar el equilibrio. Muchos caen al piso del vehículo arrastrando al que comparte la atadura. Inicia la tarde y la muñeca sujeta por la tenaza de hierro empieza a punzar. Ninguno se queja. Chorrea sangre por los anchos dedos del escribano Juan Valentín Plaza y los soldados se dan cuenta de que las esposas rompieron la curtida piel. El sargento se preocupa, se ha hecho el propósito de entregar a los presos en buen estado.

—Hay que cambiar de mano las esposas. Aprovechen y cámbienles compañero —ordena a sus subordinados. —¡Quéjense con una fregada!, no somos adivinos para saber qué les duele —regaña a los indios. Ninguno de los presos parece escucharlo.

Ahora Felipe Santiago está esposado al alcalde de San Luis de Cuagolotán. El sol cae a plomo, sin embargo, el viejo principal siente fría la mano de ese alcalde. Pone atención, nota que a cada brinco de la carreta Pedro Antonio García está a punto de perder el equilibrio. Buscando ayudarlo, lo acerca a unos de los palos verticales para que de ahí se sostenga. La mano libre de Pedro Antonio se levanta trabajosamente y cae sin fuerzas antes de asirse.

—Tenga ánimo, ya casi es hora de que nos den descanso —dice tratando de motivarlo.

—Siento tiesas... zancas y cuadriles...

—Tenga ánimo. Recárguese en mí si quiere —ofrece, y sin quererlo recuerda a José Andrés López, su alcalde, que murió en la cárcel de Guadalajara.

—Que yo alcance... a vivir a mañana... que pueda ver... a Tahás Xuravet... el lucero de la mañana —dice entre jadeos. Felipe Santiago guarda silencio, sabe que el lucero de la mañana es un dios, el Hermano Mayor en que creen muchos coras.

—Le quiero hacer... ofrenda —insiste, y le muestra la mano abierta en que guarda una pequeña flecha adornada con plumas de colores. —Lo descuidé..., dejé de mirarlo..., de encomendarme a él... cuando amanecía..., por eso me mandó mi enfermedá... —asegura temblando.

Felipe Santiago se angustia, tiene prisa por que se acabe el día, porque se oculte el sol que los tortura, para que desfilen las estrellas y la noche, y llegue el amanecer. Piensa que a campo abierto se distinguirá fácilmente el lucero de la mañana. Ya no quiere ver a Pedro Antonio García, ya no quiere desesperarse con su debilidad. Lo sienta y queda en cuclillas. Desde ahí mira a los demás con afán de olvidar la congoja que le produce el que tirita junto a su muñeca.

Han esposado al alcalde Tiburcio Clemente con el escribano Juan Valentín Plaza, los dos de Zapotlán de la Cal. Al verlos, Felipe Santiago sonríe. Si el sargento supiera cómo se pelean, buscaría separarlos. Sus pleitos son divertidos, no hay día en que el escribano no le reproche al alcalde por haberlo puesto a leer la carta en el cabildo. El alcalde se defiende y reclama al escribano el haber mentido en las declaraciones, cargándolo de culpas, cuando fue el cabildo el que decidió que Zapotlán de la Cal estaría del lado del indio Mariano. Verlos juntos, ver cómo se retan y los intentos que hacen por librar la mano presa, hace olvidar al anciano la gravedad de Pedro Antonio García.

La carreta se detiene. Se alcanza a ver la sombra de un pueblo y los reos deben bajar. Es necesario entrar a él formados de dos en dos, escoltados por la caballería, señalados por el rojo color de sus ropas y el escándalo de trompetas y tambores.

—¡Llegamos a Zapotlán de los Tecuejes! —grita el sargento.

Pedro Antonio García se forma como todos y echa a andar.

Felipe Santiago sabe que algo anda mal, el alcalde de San Luis de Cuagolotán trastabilla algunas veces y otras levanta tanto las piernas y cabecea, que causa risa en los niños que los van siguiendo. A ratos, la pulsera de metal que los une se tensa como si Pedro Antonio quisiera detenerse.

—Tenga ánimo —le aconseja.

—Siento que me revientan... las sienes —responde, y se traga su voz la estridencia de los tambores.

Hasta entonces nota Felipe Santiago el rostro amoratado del alcalde. Con desesperación levanta la mano libre, hace señas a los que van a caballo.

—¡Alto! ¡Qué pasa! —grita el sargento y se detiene la comitiva.

—¡Don Pedro Antonio está muy malo! —alerta el viejo.

El sargento Juan José Cosío recuerda haber leído en los expedientes que lleva, que Pedro Antonio García había aprovechado una de sus altas fiebres para fingir que había perdido la razón. Lo hizo tan bien que engañó a todos. Fue hasta que dos guardias escucharon una plática que tuvo con su esposa, que se descubrió el engaño.

—¿Es el alcalde de San Luis? —pregunta molesto.

—Sí, él mero es.

—Entonces que siga andando. Ya agarró la maña de hacerse el enfermo. ¡Eh!, ¡tú!, ¡muévete!, ¿no oyes?

Pedro Antonio García se desploma, sus ojos agrandados miran al cielo.

Manuel Monrroy y Riquelme, teniente del pueblo de Zapotlán de los Tecuejes, escribe con letra dispareja: "Certifico en cuanto puedo, debo y Dios me permite, que en esta tarde, sábado cinco de febrero de 1803, murió de muerte natural Pedro Antonio García, indio alcalde del pueblo de San Luis...".

Temprano, entre cornetas y tambores los presos dejan el pueblo. El viejo Felipe Santiago Jiménez recuerda a los alcaldes muertos: Desiderio Maldonado, José Andrés López, Felipe Velázquez, Nicolás García, Manuel Antonio de la Cruz..., a todos ellos ha de sumarse ahora Pedro Antonio García. Sólo quedamos once de más de trescientos indios presos, piensa, y sonríe con amargura al darse cuenta de que el sacrificio de tan pocos ha servido para salvar pueblos completos. Cuántos llegaron amarrados hasta Guadalajara, ahora son menos de una docena los que con él buscan llegar a la ciudad de México. Trata de no mover las manos apresadas al frente con unas esposas que todavía ayer apresaban la muñeca derecha del alcalde de San Luis de Cuagolotán. Mira el camino árido. Cierra los ojos, como si quisiera llevarse en las pupilas la imagen de un montículo de tierra seca que tiene encajada una cruz, hecha con dos palos chuecos, en cuyo centro él mismo clavó una flecha adornada con plumas de colores.

Juan Bautista Rubio

32

JUAN BAUTISTA RUBIO es obligado a ser testigo, junto con sus hermanos y su madre, de la ejecución de la sentencia. El polvo apenas le permite respirar, apenas le permite ver a los hombres que con mazos, troncos, porras y picos derriban paredes de adobe y convierten en terrones, trozos de madera y tepalcates lo que fue la casa de su padre, Juan Hilario Rubio. Los golpes sordos llegan a sus oídos, las partículas de tierra seca le irritan la garganta y él se aguanta las ganas de toser.

Su madre está llorando, la sostienen Marcelino Seráfico y José Tomás. Alrededor de ella, alrededor de su falda están tres hermanos pequeños, el mayor tendrá diez años, pero siente el mismo miedo que los demás. A un lado, las cuatro muchachas se abrazan y lloran también. Juan Bautista los mira de reojo, ésa es su familia, él es el mayor, ellos son todos los hijos por los que su padre trabajó.

Uno de los alguaciles se fija en él. Juan Bautista mira de reojo al hombre enjuto, vestido de negro. Medias oscuras le cubren pies y piernas, los pantaloncillos bombachos le llegan a la rodilla. Ahora lo ve de frente, lo escudriña, tiene ojos de cuervo que quieren picotearle los pensamientos, tiene labios finos que se despliegan en una sonrisa de satisfacción.

Un tepalcate delgado y curvo, fragmento de lo que fue una

teja, cae junto a sus pies, distrayendo sus pensamientos. Con la punta del huarache, Juan Bautista Rubio lo va acercando y espera con paciencia el momento para recogerlo sin ser notado. Lo esconde rápidamente en la faja con que detiene sus calzones de manta y continúa mirando la destrucción. Ese trozo de barro guarda el sudor y los esfuerzos de Juan Hilario, quizá tocó ese barro y en él están las marcas de sus manos, podría guardarlo, como un recuerdo.

Juan Bautista Rubio siente agradecimiento por el licenciado Anastasio Reynoso, que abogó mucho por ellos para que pudieran dejar Guadalajara y regresar a Tepic. Volvieron caminando, tardaron casi diez días en llegar, con María Gertrudis Real trepada en el lomo de un burro que el licenciado les consiguió. Vio reír y llorar a su madre cuando cargó de nuevo a sus hijos pequeños, cuando abrazó fuerte a las dos niñas y las dos jovencitas que se habían hecho cargo de la casa, los dos años que ellos tuvieron que pasar entre interrogatorios y cárceles. Ya se acabó lo malo, piensa, sólo le falta tragarse la angustia y la rabia de ver cómo destruyen la casa en que creció contento.

Del hogar sólo quedan montículos de tierra que los hombres tratan de emparejar y aplanar con palas y piedras. Aquí y allá están regadas astillas de lo que fueron las vigas de madera que sostenían el techo y llegaron a sostener cunas y hamacas. Aquí y allá quedan los tonos rojizos de lo que fueron las tejas. Estaba orgulloso de su casa. En el pueblo de indios era de las pocas con techo de teja, y se distinguía desde lejos por no llevar el copete de zacate que tenían casi todas. Su padre era adobero y poco a poco fue haciendo las tejas que entre todos le ayudaron a colocar. Le maravillaba que no dejara pasar el agua en tiempos de lluvia. En noches de tempestad lo arrullaba un líquido tintineo.

Juan Bautista Rubio recuerda los edictos que aparecieron en Tepic, en ellos, uno por uno, para señalarlos, para avergonzarlos, estaban los nombres de los doce sentenciados que se llevaron a México. Pero al inicio, con letras grandes, el nombre de su padre. "Declaramos a Juan Hilario Rubio, ya difunto, autor principal del alboroto. Por traidor e infame se le ocuparán todos sus bienes a favor de la Real Cámara. Y para que no quede memoria de su vil persona y detestable intento, mandamos que se demuela y asole su casa y en esa tierra se siembre sal". Tuvo ganas de arrancarlos, de gritar que ya dejaran en paz la memoria de su padre, pero lo contuvo el gesto desolado de su madre. Nadie les dirige la palabra, el temor hace que se cierren puertas y sonrisas, caminan por las calles como si fueran apestados. Van a perder también el pedazo de tierra, este espacio que les prestaba la comunidad para que lo sembraran y vivieran, éste, en el que estaba una casa que ya no existe. Lugar triste. María Paula de los Santos nunca va a regresar a su casa, a su cocina que se ha caído a pedazos.

Los alguaciles dan la orden de que se continúe con los árboles. Los hombres toman hachas y tiran el aguacate que daba sombra al patio. Caen las ramas, las hojas tiesas y grandes con que le daban sabor a los frijoles cocidos en olla; cae el tronco en que su madre amarraba el telar de cintura y por las tardes se ponía a tejer. Arrastran por el suelo los trozos del limonero y un dulce olor a azahares le acaricia la nariz. Se derrumba con estruendo el alto árbol de mango del que caían los frutos en días de tormenta. Recuerda que él y sus hermanos corrían a juntarlos sin importarles la lluvia. El guayabo que marcaba el límite de la propiedad se desmigaja blandamente. Está cayendo la cerca de cañas que separaba su casa de la de María Paula de los Santos. Casa de la que salieron todos los males y todas las esperanzas, la tarde en que esa vieja mulata fue a buscar a su padre.

Todo está en el suelo. Polvareda y recuerdos se le atoran en la garganta. No quedaron en pie ni las varas llenas de espinas de las que brotaban rosas. Los mazos siguen aplanándolo todo, levantando nubes de polvo que provocan la tos de sus hermanos. Lo que fue su casa es ahora un llano desolado.

Paciente, esperando con resignación, está formado en la calle un rebaño de bueyes. Son muchos, aguardan con ojos mansos a que los libren de la pesada carga de costales que han venido jalando en carretas. Carretas hasta el tope, en que se enciman costales gordos y duros que han traído desde San Blas.

Los alguaciles dan la orden de que siembren la sal. Avanzan las carretas jaladas por bueyes y de cada una son bajados infinidad de costales. Al vaciarlos en el terregal se van formando graciosos montículos albos. Es tanta la sal que el aire se puebla de olores marinos y la imaginación de Juan Bautista se pierde entre el mar, las olas, y el grito agudo de gaviotas y garzas. Brilla la sal tocada por el sol de la tarde. Aunque es bella, raspa con sus piedrecillas filosas los talones desnudos de los reos de las cárceles de Tepic, que desbaratan los montículos y la esparcen pareja en el terreno llano. Juan Bautista Rubio siente compasión por esos presidiarios que, al arrastrar el grillete que les atenaza el tobillo, caminan rengueando. Cuánto sabe él de trabajos forzados. Sal y más sal. La manos de los presos se parten de tanto abrir costales, sangran de tanto tocar sus granos, se cansan de golpear y golpear con palas tratando de endurecerla. Pequeños hilos rojos chorrean por los dedos y son absorbidos por el blanco color de luna llena de la sal.

Los alguaciles inspeccionan la distribución, hunden varas en la capa blanquísima, hasta estar seguros de que la sal es tanta que el terreno no volverá a hacer crecer ni una hierba. Cuando tienen la seguridad, sonríen satisfechos.

Un escribano se ha puesto a anotar cada una de las acciones. Están cayendo las sombras de la tarde, pero parecen respetar el terreno que, aún con poca luz, resplandece con inusual blancura. Parece que un pedazo de luna se ha desprendido del cielo para caer ahí. Juan Bautista recuerda las noches de luna en que con sus padres y hermanos jugaba a esconderse atrás de los árboles, y un eco de lejanas risas sorprende sus oídos.

El escribano muestra el papel a los alguaciles y todos lo rodean, lo firman, parecen seis cuervos abalanzándose sobre un cadáver. Uno de los justiciales levanta la voz.

—Se ha dado cumplimiento al castigo que la Real Audiencia de Guadalajara dictó contra Juan Hilario Rubio que, aunque difunto, fue hallado culpable de ser el autor principal de la sublevación de los indios. Por traidor e infame se le ocuparon todos sus bienes, para que no quede memoria de su vil persona, se ha demolido su casa y toda su tierra se ha sembrado con sal. Por la gracia de Dios, se ha servido a Nuestro Soberano, don Carlos IV.

Casi ya no hay luz. Los capataces se alejan llevando a los reos amarrados. Se escucha el esfuerzo de los reos al caminar arrastrando el grillete. Se alejan los hombres que representan a la justicia, delante de ellos, van dos criados con lámparas encendidas iluminándoles el camino. María Gertrudis Real ha dejado de llorar.

Por ser el mayor de los hermanos, Juan Bautista ha decidido llevarse a su madre y a los hermanos pequeños a su casa. José Tomas se hará cargo de las cuatro hermanas, que podrán ayudar a su esposa, enferma desde hace tiempo. Juan Bautista recuerda el pedazo de teja, la siente en la faja y su mano la presiona. Es el mejor recuerdo que pudo guardar de Juan Hilario Rubio.

José Lorenzo Cervantes

33

EL ESCRIBANO JOSÉ LORENZO Cervantes escucha las campanas de la catedral que llaman a la primera misa. Imagina a las mujeres, cubiertas con rebozos, a los hombres, embozados en sus largas capas, acudir presurosos al tempranero llamado de Dios.

Se sienta sobre el jergón que le sirve de cama y cobija. Sabe que afuera, muy cerca, está la catedral y frente a ella, una plaza enorme y redonda, que alcanzó a ver cuando lo conducían, junto con sus diez compañeros, a la Real Cárcel de la ciudad de México en que ahora está detenido. La claridad comienza a darle forma a las cosas. Ya distingue las sombras de los que aún duermen, tirados en el suelo, y escucha algunos ronquidos, pero logra percibir el llanto apagado del que duerme a su derecha, dándole la espalda. Le sorprende darse cuenta de que se trata del alcalde de Huaynamota, que siempre ha demostrado un firme carácter. Lo justifica: estará pensando en su mujer, que se quedó diciéndole adiós en las afueras de Guadalajara. Se queda inmóvil, tratando de que el hombre que llora no lo descubra. Mira con desaliento la angosta galera en donde habrán de esperar a que estén listos los trámites de su traslado a Veracruz. ¿Qué es Veracruz? ¿Una cárcel?, ¿un pueblo?, ¿un lugar a la orilla de algún camino? Ese nombre significa el destino final, y espera que Veracruz sea un lugar que les permita sobrevivir.

Le asombró esta ciudad llamada México. Nunca imaginó que barrios miserables, retorcidas callejas, altares pobres, plazas, tendajones, puentes sobre acequias hediondas y rostros malintencionados les salieran al paso al entrar por una de sus garitas. Conforme avanzaba la cuerda, mejoraba la apariencia de casas y fachadas, hubo calles más limpias, más amplias, que permitían el tránsito de carruajes y carretelas.

José Lorenzo Cervantes necesitaba conocer la plaza de Santo Domingo, por eso, días antes, se arriesgó a pedirle al sargento Juan José Cosío que, si pasaban por ahí, le hiciera el favor de indicárselo.

—¡Plaza de Santo Domingo! —gritó el sargento al pasar frente a lo que parecía el amplio patio de numerosos portales. —La Santa Inquisición —complementó señalando hacia el lado izquierdo, y José Lorenzo Cervantes alcanzó a ver un edificio de muchísimas ventanas, construido con piedra rojiza y piedra negra.

Volvió a mirar la plaza, le pareció pequeña para ser ése el lugar donde hacía muchos años habían quemado al rey Nayar. Le pareció mínima para la dignidad de ese gran Señor. Siendo niño, cuando después de cenar los mayores se sentaban alrededor de los rescoldos, algunas veces los escuchó hablar de ese Rey, dueño y señor de una gran cueva secreta, a donde iban los indios de la sierra a rendirle culto y dejarle ofrendas. Uno de sus tíos abuelos tenía el honor de cuidarlo. Cueva que el tío barría diariamente. Ningún español debería sospechar la existencia de esa oquedad a la que iban sigilosos los indios. Pero los descubrió un sacerdote y los trató de idólatras y pidió que destruyeran esa horrenda momia y los extraños regalos con que estaba rodeada. Los cuidadores lo dejaron hablar hasta que se le acabó la saliva. Lo sacaron del lugar con los ojos vendados y borraron todos los caminos hacia la cavidad. Un día irrumpieron los soldados, hirieron a los cuidadores y sin respeto tomaron el cuerpo cargado de collares de turquesa y jade, de pulseras y sartales de oro, le tiraron el penacho de plumas y se lo llevaron lejos. Los cuidadores no quisieron separarse del que consideraban su Dios e imploraron que también se los llevaran a ellos. El sagrado cuerpo del monarca llegó hasta México, a una plaza que se llamaba

Santo Domingo, donde los jueces de la Santa Inquisición ordenaron que se le prendiera fuego y se castigara a los cuidadores con azotes y cárcel. Ardió el rey Nayar una mañana triste... Cuando después de muchos años pudo regresar el tío abuelo, les contó sobre la gran desgracia sucedida en la plaza de Santo Domingo, y se fue a morir de tristeza en la cueva vacía. Desde entonces, los oídos de José Lorenzo Cervantes persiguen la historia del rey Nayar, por eso miró la plaza despaciosamente, sin dejar de avanzar al ritmo de tambores. Se ha prometido que, cuando obtenga su libertad, regresará a contarles a todos sus parientes cómo es la plaza de Santo Domingo.

Respetuoso del llanto del alcalde de Huaynamota, José Lorenzo Cervantes vuelve a recostarse. Nunca pensó que por saber leer y escribir sufriría tanto castigo. Fue un viernes, sí, un viernes dos de enero cuando un muchacho fue a avisarle que lo llamaba su alcalde Felipe Velázquez. Amanecía. Se lavó el rostro y las manos, se mojó el pelo y fue a ver para qué lo requerían. Felipe Velázquez ya había reunido a los ancianos principales en el patio de su casa, le pidió que leyera una carta que venía de Tequepexpan, por cordillera. Lo hizo. Largo rato se quedaron pensativos. Luego, muchos empezaron a mostrar su alegría, alguno dijo que al fin llegaba el Rey esperado y debía prepararse. José Lorenzo Cervantes no sabía para qué, había visto reuniones de su alcalde y los viejos, pero no lo llamaban a participar. Dijeron que era necesario llamar a los alcaldes de Xala de Arriba y Xomulco, junto con sus ancianos principales.

A media mañana estaban todos ahí. Leyó otra vez la carta, la leyó todas las veces que le pidió Felipe Velázquez que lo hiciera, porque él estaba para obedecerlo. Cuando se dio cuenta, se le había contagiado del entusiasmo de los tres pueblos. Sentía gusto al saber que irían a Lo de Lamedo, pero antes, debían entregar la carta a Juan Crisóstomo Domínguez, el alcalde de Ahuacatlán.

José Lorenzo Cervantes, escribano de Xala de Abajo, recuerda que su alcalde Felipe Velázquez, muerto en prisión, ni siquiera logró llegar a Guadalajara, porque no pudo recuperarse de los golpes que recibió cuando querían hacerlo declarar. Siente gratitud por él, recuerda el ardor con el que habló de hacerle caso al Rey Indio, que por fin llegaba. Dejó de ser el hombre avejentado y flaco en que lo había transformado un dolor de riñones, para convertirse en un Felipe Velázquez decidido y joven que pocos conocían. Sintió admiración por su alcalde, obedeció cuando él le ordenó que mandara la carta a Ahuacatlán. Sin pensar en las consecuencias anotó: "Recibí la noticia y orden de nuestro Rey, yo, Felipe Velázquez, como alcalde actual, obedezco lo mandado y estoy pronto. Siga esta carta con el mayor sigilo".

Fueron las palabras "mayor sigilo", las que interpretó como maliciosas el fiscal Fernández Munilla, para él, esas palabras hablaban también de un plan trazado meses atrás. De nada valió el pacto de silencio que hicieron los tres pueblos. Fue por esas dos palabras que lo sentenció con más dureza que a los demás. Ni siquiera el escribano Juan Francisco Medina, autor de las seis cartas, fue castigado así. Sólo él y el alcalde José Pascual Ramos, el que huyó de Lo de Lamedo dejando solo a su pueblo, están condenados a ocho años.

La luz ya permite adivinar el color de las cosas. Están despertando los demás presos y pronto, junto con la tenue claridad, llegará también la voz cruda y el chicote de los galereros, ordenando levantarse. Pronto, multitud de presos serán sacados del palacio virreinal para llevarlos a trabajar a los obrajes, al barrido de calles, al arreglo de fuentes o caminos del bien público, pero a ellos, "los once rebeldes de Tepic", los dejarán en la galera, desesperándose, viendo pasar la lentitud del día, imaginado como son las calles, las plazas, las fuentes de esta ciudad que los atrapó en su cárcel. Ellos están de paso, van camino a Veracruz, sólo esperan a que las autoridades designen a los que habrán de conducirlos, a que alisten las esposas con las que otra vez les inutilizarán las manos, para dejar la ciudad de México.

La mañana se esfuerza por iluminar la galera. Un repiqueteo de campanitas hace que todos se acerquen a las rejas. Vienen los cocineros cargando un tambo grasiento y otro ennegrecido por tanto tizne. Por entre las rejas sacan los reos las manos, mostrando sus dos jícaras. En una cae una plasta de frijoles fritos y tres tortillas, en la otra, chorros de café negro. Se alejan cocineros y soldados después de cumplir con la obligación del desayuno.

Anochece, maldiciones y quejas llenan de nuevo las galeras, han vuelto los presos sometidos a trabajos forzados. Golpean con sus jícaras las rejas exigiendo la cena y los hace callar el zumbido de los látigos que se enredan como enojadas víboras en los barrotes. Brotan ahora gritos de júbilo: cargando tambos grasientos y tiznados, se acercan los cocineros.

Es de noche, cae una lluvia tenaz y fuera de temporada. José Lorenzo Cervantes observa al viejo alcalde de Xala de Arriba, Luciano Trinidad. Sentado a la luz de una vela de sebo, parece un ídolo de piedra morena. Le agrada ese alcalde. Lo conoce desde hace muchos años porque Xala de Abajo y Xala de Arriba son tan cercanas que apenas las divide una pendiente. Recuerda la vez en que él y el alcalde se emborracharon y Luciano Trinidad le contó su vida. Al viejo le preocupa saber en qué día nació, no conformarse con intuir que fue en junio, julio o agosto. Vino al mundo en pleno tiempo de aguas, cuando su madre fue a lavar a un arroyo y se soltó un aguacero que la hizo buscar refugio debajo de unos sauces. Nacer en plena tormenta justificó siempre su gusto por el agua y el lodo. Su madre decía que con cada trueno Luciano Trinidad se sacudía en el vientre causándole dolores de cintura. Después del fogonazo de una centella nació él, debajo de los sauces, junto al agua oscurecida que corría buscando cauce.

Desde chico le interesó saber su edad. Cuando el abuelo le dijo que se veía como un muchacho de diez años, hirió con diez rayas la corteza de un higuerón que daba sombra a su casa. Desde entonces, cada año, en lo peor de la tormenta, cuando la madre y la abuela salían con un cuchillo a hacer la señal de la cruz para cortar la tempestad, él salía también a marcar una raya más en el árbol. Una vez pidió a un sacerdote que contara todas las cicatrices de la higuera. Eran treinta y nueve.

De niño soñaba a una mujer vestida con ropas de agua. Ropa traslúcida de la que brotaban chorros que anegaban el suelo. A su paso crecían las hierbas y se volvía fresco el aire. La soñó mucho. En uno de esos sueños ella le dijo que nunca le pasaría algo malo en tiempo de lluvias, porque sus hijas lo cuidaban. Se las mostró: eran muchas, tenían forma de pequeñas nubes blancas. Mis hijas son sesenta, por eso te digo que vivirás sesenta años, le confió. Fue cuando él quiso saber su edad y le preguntó al abuelo y empezó a marcar rayas en la carne de la higuera.

El sacerdote de Xala supo de sus sueños y dio por hecho que se le había aparecido la virgen de San Juan de los Lagos. Cuando le enseñaron una imagen de yeso de esa virgen, Luciano Trinidad se dio cuenta de que no era ella, pero dijo que sí, por miedo al religioso. Intuyó que veía a la madre del agua, madre a la que todavía adoran los indios, madre a la que empezó a llevar ofrendas hasta una cueva en medio de la sierra. Eran treinta y nueve las rayas de la higuera, pero todavía hizo doce más, y en una pared de la cárcel de Guadalajara pintó otras dos con trozos de carbón. Una tarde se acercó a preguntarle cuanto era treinta y nueve, más doce, más dos y cuantas rayas faltaban para ajustar sesenta. Él le respondió que cincuenta y tres. Luciano Trinidad supo de golpe que le quedaban siete años de vida.

El escribano José Lorenzo Cervantes mira desde las rejas de la enorme celda el patio lleno de sol de la prisión. Cómo quisiera estar afuera, calentarse espalda, piernas y manos, con esa alegre claridad. Si le permitieran salir, se tiraría boca arriba en las baldosas, ignorando a vigilantes, para disfrutar de la tierna quemadura del sol. Junto a sus diez compañeros de causa, siente que el frío le muerde los huesos. Todos están pegados a la reja, mirando, deseando que algún rayo de sol equivoque el rumbo y entre a la helada galera.

El viejo Felipe Santiago habla al escribano Juan Francisco Medina, dice que logró convencer al guardia para que les diera papel y un poco de tinta. Ya pueden escribirle al Virrey la carta de la que tanto han platicado. El virrey José de Iturrigaray está en ese mismo palacio, a sólo unos patios de ellos. Hará falta convencer a un guardia de que la haga llegar.

Todos olvidan al sol, miran al anciano caminar hacia sus mínimas pertenencias y sacar de ellas una hoja, un frasco y una maltrecha pluma de ave, que entrega a Juan Francisco Medina.

—Escriba la carta a nombre de todos, usted es de buena letra y tiene luz de entendimiento —lo halaga.

Se miran. Esa carta representa una esperanza de ser escuchados. Deja de importarles el frío, piensan en lo que habrá de decir, piensan en que es la única posibilidad de que el virrey Iturrigaray sepa de ellos.

Juan Francisco Medina, el escribano de Tepic, acaricia la hoja, siente su textura y, sin esperarlo, recuerda a Gertrudis Feliciana, su esposa, se acuerda del espanto que llevaba en los ojos cuando fue a despedirlo el día que salió en collera a Guadalajara. Recuerda a los tres pequeños hijos aferrados a las enaguas de ella, a los tres mayores, mirando con miedo el aro de cuero que le rodeaba el cuello.

—Dicen que te llevan lejos —se quejó ella.

—Soy inocente, me soltarán, es obligación de los escribanos hacer lo que les pide su alcalde —respondió para dejarle una esperanza.

—Fue malo que sepas letras. Si nomás arreglaras zapatos seríamos contentos. En cuanto te suelten, regresa...

—Te prometo que volveré rápido...

Juan Francisco Medina inhala profundo. Muchas de las esposas de los presos se fueron siguiendo las cuerdas de reos que avanzaban despacio, otras buscaron con quién encargar a los hijos y partieron después, pero Gertrudis Feliciana, creyó la promesa y se quedó en Tepic, cuidando a seis hijos, ejerciendo el trabajo de zapatero que él le había enseñado.

Más de dos años preso. Poco a poco se vació la cárcel de Guadalajara. Indios contentos caminaron de prisa hacia la puerta que al abrirse les mostró la libertad. Él siguió esperando, con la fe puesta en la defensa que hacía el licenciado Anastasio Reynoso. Cada noche después de regresar de los trabajos forzados, se dejaba caer en el jergón y pedía a la virgen de Talpa un día más, sólo uno, el definitivo, ése en que los llamarían para decirles que eran libres, que podían irse.

Más de dos años de encontrar en los patios los mismos rostros, los mismos tobillos que arrastraban una bola de fierro, hasta que sólo quedaron en su galera once pares de ojos, once miradas. Cuando al iniciar febrero fueron llevados a una sala de la Real Audiencia, la ansiedad le secaba la boca. Escuchó su nombre, los seis años a que estaba condenado en San Juan de Ulúa y un coraje sordo le agrió el rostro. Entendió que estaba en manos de jueces españoles y para ellos, los indios eran nada. Al día siguiente le quitaron los grilletes. Juan Francisco Medina, acostumbrado a la bola de hierro, sintió el pie extrañamente ligero. Los formaron en cuerda y echaron a caminar, alejándolos cada vez más de sus costumbres, de las comunidades que defendieron con su silencio. Entraron a una ciudad grande y desconocida. Son los de Tepic, murmuraban los que formaban valla para verlos pasar y...

—¿No me oye, don Juan Francisco? —pregunta el viejo Felipe Santiago. El escribano regresa a su realidad.

Discuten, uno arrebata a otro la palabra hasta que arman el discurso y se ponen de acuerdo en lo que debe decir la carta, Juan Crisóstomo Urbina es elegido para dictarle lo que entre todos consideran importante:

—Excelentísimo señor, yo, Juan Francisco Medina, a nombre de todos mis hermanos, indios tributarios del pueblo de Tepic, comprendidos en la causa de alzamiento de dicho pueblo, decimos que hemos padecido ya dos años en la Real Cárcel de Corte de Guadalajara y no se nos ha reconocido ese dilatado tiempo. Antes de pedírsenos las pruebas, ya el fiscal nos había condenado a seis y ocho años de cárcel. De todo nos hallábamos ignorantes hasta el primero de febrero, un día antes de que nos trajeran a esta ciudad que llaman México, que fue cuando supimos que unos íbamos por seis años y otros por ocho a Veracruz. Si no se nos hubiera aliviado trayéndonos en bagajes lo más del camino, ninguno de nosotros hubiera llegado vivo. Sin embargo, nos hallamos accidentados. A nuestro abogado no se le hizo saber la sentencia. Si María Santos, siendo la principal se dio libre, igualmente un señor español comprendido en la misma causa, esperamos de la gran bondad de vuestra excelencia, para que se sirva ponernos un abogado que oiga nuestros descargos. Esperamos se digne Vuestra Excelencia oírnos, para que nuestras personas no padezcan mayores trabajos y desdichas innecesarias. Juramos no ser de malicia.

Así está bueno, fírmala tú, Juan Francisco.

—Hay que ver que se la entreguen al Virrey.

—Quiera Dios que nuestra carta le ablande el corazón.

Francisco Javier Borbón

34

En la sala de Justicia de la Real Audiencia de Guadalajara están reunidos el regente y los oidores. El reloj mueve perezosamente sus péndulos, un sonido de campanas indica que son las diez de la mañana del 19 de febrero de 1803. Sentado al frente de su pequeña mesa, listo el papel, la tinta y las plumas, aguarda el escribano Andrés Arroyo y de Anda.

Desde la tarima en que está su mesa y su confortable silla, el regente Francisco Saavedra mira a los tres oidores de negra toga y gesto solemne.

—Señor relator de oficio, ya puede usted dar los antecedentes que fueron motivo para que estemos aquí, en la sala de Justicia de esta Real Audiencia, con el gran encargo de ejercer la justicia a nombre de nuestro monarca —dice el regente Francisco Saavedra, con voz grave, también adecuada al momento. Alguaciles y oficiales lo observan.

Con rapidez, un hombre delgado y pequeño se pone de pie. Su negra barba le toca el pecho adornado de encajes blancos. Toma los papeles que dejó en la mesa y lee en voz alta el resumen de los motivos.

—Con fecha doce de febrero, Su Alteza, el Excelentísimo virrey, don José de Iturrigaray y Arostegui, que Dios guarde muchos años, envió a esta Real Audiencia de Guadalajara un documento en que pregunta si haciendo uso de sus vicerregias facultades y en prevención de la Real Orden, puede él indultar a todos o alguno de los reos acusados de la sublevación dada en Tepic y sus alrededores. Nos hemos reunido, porque toca a los magistrados deliberar sobre el asunto.

El oidor Manuel Silvestre Martínez se pone de pie y hace una inclinación de cabeza ante el regente indicando que desea intervenir. El regente Saavedra alarga el brazo, concediéndole la palabra.

—Sí, sí puede nuestro Excelentísimo Virrey hacerlo, pero toca en suerte que los reos han salido en cuerda para México desde el tres de febrero. Irán quizá a mitad de camino, por lo que no está en las capacidades del tribunal suspender la ejecución como quiere Su Excelencia —lo dice en tomo lastimoso, para dejar claro que siente tristeza de que el documento no hubiera llegado con anterioridad.

Ahora pide la palabra el oidor Juan Antonio de la Riva. Es el más joven de todos ellos, sus ojos verdosos se mueven con inquietud.

—No obstante, si Su Majestad, en uso de sus vicerregias facultades quiere aminorar la pena, puede hacerlo.

—Puede hacerlo es cierto, su cargo le concede ese derecho —se inmiscuye el oidor Manuel del Campo.

—Puede ejecutarlo y ya lo ha hecho —puntualiza el regente Francisco Saavedra.

Los oidores se miran sin comprender totalmente.

—Lo ha hecho, en el concepto de que a petición suya y también del anterior virrey, don Félix Berenguer de Marquina, se han puesto en libertad a todos los indios que resultaban menos culpables, a excepción, claro está, de los considerados con mayor malicia, que son precisamente los doce que se enviaron en cuerda. En la libertad de los menos culpables puede verse la indulgencia de Su Majestad —aclara el regente.

—Tiene razón Su Señoría, con indulgencia se les ha tratado.

—Entonces, se concluye que hicimos bien el procedimiento.

—Sí, porque nos correspondía hacer con ellos un ejemplar, para escarmiento de los que piensen alborotarse o desconocer al Rey.

—El ejemplar está hecho, tiene orden quien los conduce de

hacerlos sufrir los accidentes del camino, pero sin permitir que mueran de fatiga.

—Necesario es que lleguen maltratados a México, pero con salud suficiente para seguir el camino a Veracruz, a las fortificaciones de San Juan de Ulúa.

—Entonces, señores, hemos hecho lo adecuado al caso. Nos resta comunicarlo al excelentísimo virrey José de Iturrigaray, remitirle la causa formada de los indios, con copia de la sentencia y copia de la Real Orden del veintisiete de julio de 1802. Le comunicaremos que ya los reos salieron a cumplir sus condenas y no puede este tribunal suspender su ejecución —concluye el regente Francisco Saavedra, complacido de que la tardía carta del Virrey no permita más perdones a quienes él considera indios peligrosos y cabezas del movimiento.

—El Virrey verá que hicimos todo lo que estuvo en nuestras manos por cumplir sus órdenes —dice el oidor Manuel del Campo, en tono satisfecho.

—Señor escribano, sólo aguardamos a que termine usted de elaborar la respuesta al Virrey, para firmarla.

Mientras espera en la antecámara, el fiscal de lo criminal, Ambrosio de Zagarzurrieta, lee detenidamente los documentos que envió la Real Audiencia de Guadalajara, como respuesta a lo solicitado por el virrey José de Irurrigaray. Ha hecho un análisis del caso y, en lugar de enviarlo, ha decidido entregarlo personalmente. Nervioso, quiere comprobar que no haya equivocaciones en su interpretación. Abre los ojos más de la cuenta, buscando distinguir con claridad, a través de los espejuelos, la letra alta, delgada y pareja del escribano Andrés Arroyo y de Anda. Al no lograrlo, saca de la bolsa de cuero en que guarda sus papeles una lupa grande, enmarcada en cobre y centra su atención en los caracteres. Mes de marzo, a punto de primavera, el calor y la luminosidad se cuelan por el ventanal abierto. Ambrosio de Zagarzurrieta se inclina sobre los documentos, lee y reflexiona sobre la mala suerte que han tenido los reos de Tepic. Cuando llegó a Guadalajara la solicitud del Virrey para perdonarlos, ellos ya venían hacia México, y no pudo ese tribunal hacer nada por suspender la ejecución.

Un criado se acerca y le dice que el Virrey lo espera. Rápidamente se incorpora, se quita los espejuelos y se talla los ojos, que le arden desde el día anterior. Cómo quisiera estar en su casa para bañarlos con un tibio té de manzanilla.

El Virrey lo recibe tras del bufete, se pone de pie para tenderle una mano amistosa. Zagarzurieta la estrecha y le mira el rostro, los ojos pequeños y vivaces, los labios delgados que siempre lucen una maliciosa sonrisa, la blanca peluca, con un solo rol a la altura de las orejas, que recoge atrás con un gran moño negro le dan un aire de simpatía. Tres tantos de documentos saturan el bufete. Piensa que el secretario ya debía de haberlos clasificado de acuerdo con los cuatro órdenes de gobierno para entregar a los asesores de Justicia, Policía, Real Audiencia y Guerra los correspondientes. Hay un dejo de cansancio en los ademanes del Virrey, es comprensible, piensa, su cargo no solamente implica tertulias y saraos, son múltiples los problemas que aquejan su gobierno. Llegan a sus manos desde solicitudes para aumentar alcabalas, hasta aburridísimos informes de lejanas dependencias y a todo debe responder.

—Su Excelencia, como fiscal del crimen estoy aquí para hablar de lo sucedido con la solicitud que usted hizo a la Real Audiencia de Guadalajara, sobre los indios que promovieron la sublevación en Tepic.

—Bien, ¿y qué me responden? Recuerdo que pedí que les perdonaran.

—La Real Audiencia contestó que no se podía suspender la ejecución de la pena, porque los reos ya no estaban allá. Le envían copia de la causa, también de la Real Orden y de las sentencias de once de los reos, ya que uno murió de camino.

—Entonces, ¿no puedo perdonarlos?

—Excelencia, sus vicerregias facultades le permiten hacerlo, pero cuando su petición llegó a Guadalajara, ya los indios habían tomado el camino a México. Le mencionan que si quiere perdonar, le conforme saber que ya lo ha hecho, pues han salido en libertad los menos culpables.

—No me convence esa interpretación. Qué contrariedad. Estoy claro que puedo perdonarlos. No es pretexto que los reos vinieran hacia México, debieron obedecerme, pararlos a mitad de camino de ser necesario. Pareciera que alguien no desea que yo ejerza mis facultades —reclama el Virrey que, al mirar por la ventana, ha visto los portales del mercado del Parián y recordado que esa mañana se encontraron ahí más pasquines en que lo acusan de vender puestos públicos. Le molestan esos papeles, le irrita que quieran inmiscuirse en lo que él emprende, y que le cuestionen lo que decide. Ningún pasquín lo hará abstenerse de vender puestos públicos, considera una necesidad juntar mucho dinero para tener una vejez tranquila y cómoda cuando deje de ser Virrey y regrese a Cádiz, su tierra natal, a la casona que lo aguarda allá. El pasquín mencionaba que aprendió bien el oficio de mercader que ejercía su padre, hábil en los negocios. En lugar de ofensa, tomará el comentario como un halago y dejará de enojarse. No deja de mirar hacia el mercado, de donde emanan olores a verdura y fritangas.

—Ambrosio de Zargazurrieta se alarma ante el enojo del Virrey, y aclara:

—Usted puede perdonarlos, pero a estas alturas resultará complicado, en cambio, usted puede aminorarles la pena sin ninguna dificultad. Le es dable usar la piedad para variarles el destino, que son las terribles fortificaciones de Veracruz, donde siempre se enviaba a los indios. Ha de saber que el vómito prieto que ahí se padece acaba con los miserables presidiarios. Condenarlos a San Juan de Ulúa es enviarlos a una muerte segura. Por esa causa, la Real Sala de Justicia de México ya no los destina allá.

—¿A dónde los destina entonces?

—A las obras del puerto de Acapulco o del camino real de Xalapa. Es mejor castigarlos dentro de la provincia, que contribuyan en la creación de caminos o dejarlos aquí, en la ciudad, en los obrajes o las obras públicas. De acuerdo con la *Ley 8ª*, Título 4°. Libro tres, de la *Recopilación de Indias*, los indios deben reducirse y atraerse al real servicio con suavidad y paz, y los virreyes pueden otorgarles algunas libertades, y perdonar delitos de rebelión no graves —dice el fiscal del crimen, y aspira con amplitud el aire tibio que entra por uno de los ventanales, y que trae el aroma de las rosas que se han abierto en el jardín.

—¿Se les ha tratado con benignidad?

—Así ha sido. Vea Su Excelencia que ninguno de ellos tuvo que enfrentar pena de muerte, atendida la gravedad de su delito. Ya están aquí, a unos pasos de nosotros, en la Real Cárcel, y el indio Juan Francisco Medina le pide clemencia en nombre de todos. Mire usted la carta que envió —informa mostrándosela.

—No dispongo de tiempo para leerla, sólo dígame qué piden.

—Los once indios, porque uno murió en el camino, están inconformes con la condena, se quejan, le suplican que les ponga un abogado, alguien que los escuche, se consideran inocentes.

—Lo de siempre, no hay reo que acepte su culpa. Quiero terminar este fastidioso asunto, amigo Zargazurrieta, nos espera una espléndida comida que servirán en cuanto me vean llegar. Es justo olvidarse unos momentos de los problemas, ¿no cree? Usted será hoy mi invitado. Dicte rápido a mi secretario la petición para aminorar la pena y cambiar el destino de los reos, luego nos iremos al comedor.

El secretario de cámara escribe lo que le dicta el fiscal del crimen, su mano se desplaza lentamente sobre el papel, atenta a ganchillos y adornos. El virrey José de Iturrigaray los mira. Ya quiere firmar y sellar la orden e irse al gran comedor, donde lo espera la música suave, la virreina rodeada por damas y caballeros de la corte, con sus pelucas y perfumes, con sus sonrisas y graciosas anécdotas que le hacen olvidar por dos horas el difícil trabajo de gobierno. Vuelve a mirarlos y se desespera, ya quiere saborear el rojizo vino, las tiernas palomas en salsa de nuez, y la crujiente hogaza de pan.

—En uso de mis vicerregias facultades, yo, el virrey José de Iturrigaray, dispongo: que en el caso de los indios de Tepic, acusados de sublevación, se les aminore la condena, y los sentenciados a seis años, cumplan sólo seis meses, mientras que los condenados a ocho años, lo hagan sólo por ocho meses. También dispongo que se les varíe el destino que traían de San Juan de Ulúa por el de Xalapa, donde serán ocupados en la construcción del camino real —dicta el fiscal del crimen y escribe el secretario de cámara.

Cuando el fiscal de lo civil, Francisco Javier Borbón, recibió la propuesta de Ambrosio de Zagarzurrieta, fiscal del crimen, para favorecer a los reos de Tepic, se molestó. Pero cuando recibió la proposición del virrey Iturrigaray de aminorar las condenas, bajándolas de años a meses y además cambiándoles el destino por otro menos tortuoso, se escandalizó. Buscando tratar el asunto directamente con el Virrey, le pidió audiencia.

Sentado en un mullido sillón de la antecámara, aguarda a ser recibido. Uno de los lacayos le informa que el Virrey lo espera y mientras avanza trata de ordenar una a una sus ideas.

—Su Majestad, le agradezco la distinción de recibirme —dice al entrar, desplegando una gran caravana.

—Nada que usted no merezca, señor Francisco Javier de Borbón. Por la nota que recibí, a usted lo mueve un asunto urgente, ¿puedo saber de qué se trata?

—Claro que sí Su Majestad, es sobre los indios acusados de sublevación en Tepic.

—Ah, ya. Ya le he dado curso a ese asunto. Cambié por meses los años de prisión a que se condenó a esos infelices. Tampoco irán a San Juan de Ulúa, sino a Xalapa.

Francisco Javier Borbón palidece. No es posible que el Virrey diga así, tan a la ligera, como si fuera una gracia, que redujo las penas a los que resultaron culpables de sublevación. ¿Dónde tiene la cabeza? ¿Cómo marcarle los errores sin que piense en intromisiones?

—¿Le preocupa algo señor fiscal? Hable, me gustaría escucharlo.

—Su Majestad debe considerar que si la Real Audiencia impuso a los reos fuertes condenas es porque halló en ellos complicidad o intención que merece ser castigada. Piense, Su Excelencia, que el delito de desconocer a nuestra amado rey don Carlos IV es enorme. Sé que pensó en indulgencias, pero yo quiero recordarle que ya la Real Audiencia había tenido consideraciones debido a la calidad miserable de los delincuentes.

—Entonces, usted considera que obré mal.

—¡Dios me libre de creer eso! —exclama el fiscal, que siente peligrosas las palabras del Virrey. Nadie ni un ministro de la realeza o de la Iglesia puede decir que un Virrey se equivoca sin pagar las consecuencias de su atrevimiento. Encuentra la forma de decirlo de otro modo:

—Vea, Excelencia, que los indios son taimados. Todos supusimos en los rebeldes rusticidad e ignorancia, pero no pusimos los ojos en que se organizaron y estaban dispuestos a cometer el nefando crimen de desconocer al Rey. Aunque las confesiones lo oculten, la sublevación fue algo muy meditado. No estoy de acuerdo en la aminoración de penas, esos indios merecían pena de muerte sólo por platicar en cabildos la conveniencia de coronar un rey indio.

—No lo había pensado de esa manera.

—He de decirle que entre las personas pudientes que habitan esta ciudad, se comenta que la condena no llegó al nivel del castigo que merece un crimen de tanta abominación. Vea entonces: si usted aminora la pena, está dando pauta a que crean que, para usted, es de poca importancia que se desconozca al Rey.

—¡Nunca fue ésa mi intención!

—Porque usted es leal, incapaz de hipocresía. ¿No ha pensado, Su Excelencia, en que se tomará como halago a Nuestro Soberano el que usted deje caer sobre los responsables de sedición el justo castigo?

—Debo reconocer que no lo razoné así, sino que me moví de acuerdo con sentimientos humanitarios.

—Lo sé. Pero usted sabe que los criollos andan molestos, alegando derechos a que se sienten privados y más de alguno ha dado un susto a las milicias. Si su bondad le hace tener muchas consideraciones, cualquiera, no importando el tamaño de su crimen, se creerá en derecho de que Su Excelencia lo indulte. Además, acaba de pasar el escándalo de ese que se dice rey Mariano Primero y que se creyó que era el buscado indio Mariano.

—Dígame, ¿se le pudo probar que es Mariano, ese que llaman Tlaxcalteco y Máscara de oro?

—Nada de eso, Excelencia. El tal Mariano primero resultó un pobre chiflado. Desde la edad no coincidían: el Tlaxcalteco era joven y éste es un viejo mayor de cincuenta años. Ese hombre está fatuo, Su Majestad, totalmente perdido en locuras. Resultó ser hijo natural de una mujer de nombre María Rita Cuadros, del Nuevo Reino de León y un vagabundo con aires de rey...

—Pero, se comprobó de cierto que no es el Mariano que se quiso coronar.

—Así es, Su Señoría. En la Real Cárcel se hizo un careo colocándose por un lado a los presos de Tepic y por el otro al pobre loco. Los de Tepic juraron no conocerlo y Mariano Primero, que en realidad se llama Juan José García, tampoco los conocía. El asunto quedó en un susto y nada más.

—Me intriga que el verdadero Mariano siga desaparecido. Tengo la certeza de que existió, como la tienen los encargados de justicia de Guadalajara, pero lo hemos buscado por cielo y tierra sin dar con él. ¿Qué se habrá hecho? ¿Estará escondido, esperando otra oportunidad para sembrar alborotos? ¿Era un pordiosero que jugó con la credulidad del indio que se sentía su mensajero? Creo que nunca vamos a saberlo —reflexiona preocupado el Virrey. Mariano, el Tlaxcalteco o el Máscara de oro pueden existir o no, pero eso no es lo importante, sino que encarnan el descontento de los indios. El descontento de los criollos tiene otros nombres, lo mismo que el de los esclavos y hasta el de algunos españoles que pretenden independizarse de España, pero todos esos nombres hacen que crujan los cimientos del Virreinato. Un territorio tan amplio que abarca Arizona, Nevada, Nuevo México, la Vieja California, la Alta California, Texas, además del Reino de México, el de Nueva Vizcaya, el de la Nueva Galicia, el Nuevo Reino de León, Nuevo Santander y la Capitanía General de Yucatán, es demasiado grande para poderse controlar por un solo hombre. Se irá desmoronando, perdiendo pedazos como ha perdido la Florida y Luisiana. Muchas circunstancias le hacen creer que el fin del imperio español está cerca y a él le ha tocado ser de los últimos virreyes. Cualquier día, un grito de independencia será capaz de tirar el castillo de naipes en que se sostiene y... Aparta los temores sacudiendo la cabeza y explica:

—No sabría decirle qué fue de María, Majestad, pero, regresando al descontento de los criollos, a las sospechas que podría provocar el que usted sea magnánimo con los que quisieron desconocer al Rey, yo le aconsejaría más dureza en ese asunto.

—Lo entiendo, pero he de decirle que estuvo aquí don Ambrosio de Zagarzurrieta y he firmado un papel en que concedo a los indios la aminoración de la pena. Ya no puedo cambiar mi opinión.

—Tengo copia de ese documento, por eso es que me he atrevido a visitarle. Se me ha ocurrido una solución que podría servir. Lo deja a usted como Virrey de buenos sentimientos, que a todos nos consta que lo es, y da a nuestro amado Rey la importancia que merece.

—Qué solución es ésa...

—Envíeme un documento a mí, como fiscal de lo civil y otro a don Ambrosio de Zagarzurrieta, diciéndonos a nosotros y demás autoridades que aminora la pena, pero no se dará libertad a los once indios sino hasta que se reciba la soberana resolución de Su Majestad, don Carlos IV, reconociéndolos como libres.

—¡Excelente!, me deja a mí como un Virrey de buenas intenciones.

—Y le hace ver al rey don Carlos IV lo importante que para usted es su aprobación en la causa de los que lo quisieron desconocer.

El virrey José de Iturrigaray sonríe, libre ya del peso de sus acciones. También lo hace el fiscal Francisco Javier Borbón, quien sabe que una autorización del Rey puede tardar meses, quizá años en llegar a la Nueva España.

Diego García Conde

35

El teniente coronel Diego García Conde, director de las obras del Camino Real de Veracruz, recibe a once indios castigados por sublevarse en Tepic. Lo hace de mala gana. Se los envían para que los ponga a trabajar en la construcción de ese camino y, aunque su trabajo consiste en recibir presos de todos lugares, vigilarlos y castigarlos para que realicen trabajos forzados, considera que estos once de Tepic serán una carga más a sus obligaciones. Los mira con fastidio, se ven cansados de tanto viaje, como si hubieran recorrido la Nueva España a pie. La mayoría son viejos, flacos y desgarbados, algunos tienen manchas blancuzcas en rostro y brazos, lo que indica debilidad en la sangre, gente que puede enfermarse en cualquier momento.

El envío le disgusta, pero nunca se negaría a recibirlo. El coronel Pedro de Alonso se los entrega esposados de dos en dos, junto con copias de documentos firmados por los ministros de la Real Audiencia de Guadalajara y la Real Audiencia de México. También le da copia de una recomendación que hace el virrey José de Iturrigaray: "México, diez de junio de 1803. Los reos van para ser castigados, nueve de ellos por seis meses, y los dos restantes por ocho meses de trabajos forzados en la construcción de caminos, pero, como pide el fiscal del crimen y el fiscal de lo civil, aunque se cumpla la condena, no se dará libertad a estos once indios, sino hasta que se reciba la soberana resolución de Su Majestad don Carlos IV, reconociéndolos como libres"

—Teniente coronel, quedan los presos a su cargo. Los recibí yo de manos del cabo primero del real cuerpo de artillería, don José Osornio y se los entrego en cabal salud. Incorpórelos al trabajo y no olvide que responde por ellos —le advierte el coronel Pedro de Alonso, antes de quitar a los presos las esposas que los atan por parejas.

El teniente coronel mira a los reos, greñudos, sucios de polvo y con ropas rojas que indican su condición de presos. Descubre al más viejo de todos, indio alto y flaco, de largos mechones canosos.

—Tú, ¿cómo te llamas y cuántos años tienes?

—Soy Felipe Santiago Jiménez, Su Mercé, he de andar en los sesenta y cinco años —dice, intentando sonreír.

—Eres hombre ya muy viejo, no creo que me sirvas ni que aguantes estos trabajos, pero te advierto que con azotes te haré levantar cuando te derrengues como si fueras mula cansada.

—Es más corrioso de lo que Su Mercé se piensa —opina un mulato de músculos aún firmes y piel oscurecida.

—Nada te ha preguntado a ti, acostúmbrate a que no puedes hablar cuando no se te diga. —Son indios, están presos, nada valen.

El mulato baja los ojos.

—Teniente coronel García, me marcho, he cumplido mi deber de entregarle a los presos.

—Ah, sí, coronel, buen viaje, me haré cargo.

Cuando el coronel Pedro de Alonso se marcha, el teniente coronel Diego García Conde vuelve a mirar a los once indios y trata de calcular edades, sólo hay dos que parecen tener menos de cuarenta años. Uno es de cabello hirsuto y los ojos muy vivos, el otro es el mulato al que regañó por entrometerse. Le interesa el mulato:

—Dime cómo te llamas y a qué te dedicabas.

—Soy Juan Crisóstomo Urbina, Su Merced. Antes era escribano y también cantor de iglesia en mi pueblo, en Xalisco, de onde soy.

—Aquí no ocupo que escribas ni que cantes, sino que apresures las manos y el cuerpo, que cargues piedras, troncos, maderas y costales de tierra, que manejes palas y barretas, que tengas fuerza para apisonar caminos, ¿entendiste?

—Entendí, Señor.

El teniente coronel Diego García Conde se encuentra con la sonrisa de uno de ellos, joven aún, pero muy delgado.

—Y tú, ¿de qué te ríes?

—Tengo contento, señor, ya aguantamos llegar hasta acá, ya sabemos ónde trabajar y qué hacer. Menos de un año nos queda de padecer, luego nos darán libres y volveremos a nuestras casas —aclara el escribano José Lorenzo Cervantes. Irónico, el teniente coronel sonríe, está seguro de haber visto, a ojo de pájaro, entre los papeles que le entregaron, la recomendación de que, cumplida la sentencia, los reos no regresen a su lugar de origen, para evitar que propicien nuevas sublevaciones.

—Bien, por hoy les doy descanso, desde mañana los integro en una cuadrilla. Saldrán cuando está amaneciendo y regresarán cuando casi no haya luz, estén atentos al grito de los galereros —ordena.

Molesto, se aleja de la prisión pensando que deberá destinar a cinco de sus hombres a la vigilancia de los recién llegados.

En la galera, expuesto a la voracidad de los mosquitos, el escribano Juan Francisco Medina da manotazos tratando de ahuyentarlos. Sus compañeros, vencidos por el viaje y el sueño permiten que los colmen de ronchas, a él lo desespera el zumbido con que los insectos se lanzan al ataque. Sin embargo sonríe, está contento, de nuevo está contento y se acuerda con alegría de las noches de Tepic, en que alegrado por vino mezcal barato se iba cantando hasta llegar a su casa. Pronto podrá ver a Gertrudis Feliciana que seguramente habrá aprendido a remendar zapatos con rapidez y habilidad. Pronto verá también a sus seis hijos y se sorprenderá de encontrarlos tan crecidos. El castigo lleva más de tres años, quizá dure cuatro, pero qué importa si al fin logrará ser libre y regresar con ellos.

Está contento porque cree que logró ser útil, que fue su carta, escrita con tanta sinceridad y angustia, la que conmovió al virrey José de Iturrigaray de que se volvieran meses de cárcel los que iban a ser años. Mientras la escribía mantuvo la esperanza de convencerlo. Entendió que era la única oportunidad que tenían de ser notados, y escogió palabras y frases que hiló hasta lograr una carta conmovedora. Los demás reconocen que le deben la disminución de la pena y se lo demuestran con sonrisas o pequeñas ayudas. Se siente parte del grupo, ya no está enojado, ya no maldice la memoria de Juan Hilario Rubio ni la máscara de oro del indio Mariano.

Trae en los ojos todos los paisajes recorridos desde Tepic, desde Guadalajara, pero hay un predominio de los últimos, los del camino de México a Veracruz. Salieron de la ciudad de México por el Oriente, dejando atrás barrios miserables. A veces caminando, a veces sentados en los tablones de un carretón tirado por mulas, siempre de dos en dos, atravesaron los oscuros bosques de Río Frío y se acercaron despacio a una enorme mujer de sal hecha volcán, a quien le cuidaba el sueño, echando fumarolas, otro volcán. Siguieron de frente, asombrados por la magnitud de lo que parecía una montaña y que era en verdad la pirámide de Cholula. Pasaron pueblos como San Martín, donde la gente vivía de hacer rebozos, y una ciudad muy grande, muy limpia que se llamaba Puebla y que tuvieron que bordear, porque estaba prohibido que la atravesaran indios. Cuántos lugares sombríos y arenosos para llegar a Amozoc y ver las cimas desnudas de La Malinche. Bosques de pinos, sucesión de barrancas, maizales enanos, órganos chaparros y agaves gigantescos. Al fin atravesaron el desierto de Perote, donde sólo crecían nopales y tolvaneras, para salir de nuevo a la poderosa vegetación de la zona templada y ver, al fondo, el pico nevado del Orizaba. Se quedó atrás la ciudad de Perote con sus noches heladas, avanzaron por desfiladeros salvajes y campos de lava fría: dos semanas después, el Cofre de Perote y el Pico de Orizaba insistieron en acompañarlos hasta que llegaron a esta ciudad que se llama Xalapa y que se tiende al sol como mujer contenta.

El teniente coronel Diego García Conde observa la cuadrilla formada por los de Tepic. Vigilados por cinco capataces trabajan sin quejarse, sobreponiéndose a la fatiga y eso le sigue sorprendiendo. No importa que sean tan viejos como Felipe Santiago, que casi se revienta cargando piedras ni que caminen rengueando como lo hace José Jacinto Ramírez, el alcalde de San Andrés, que se salvó de las fiebres que lo atacaron en Guadalajara, pero quedó medio sordo y medio mudo ni que estén locos como José Pascual Ramos, al que ha sorprendido platicando con el fantasma de su mujer, que se llamaba María Crisanta y murió de parto, todos trabajan como si hubieran nacido para crear caminos. Siente piedad por José Pascual Ramos. En las tardes, cuando les autorizan a que se sienten a comer entre el zacatal de los lomeríos o a la sombra de algún un árbol, el alcalde de Xalcocotán ofrece primero el abollado plato de fierro al aire, invitando a su muerta a que pruebe el caldo grasoso en que se ocultan granos de arroz, alguna verdura o un pescuezo de pollo.

Intuye que entre todos hicieron un pacto, por eso ninguno se queja, ninguno se niega al trabajo ni se finge enfermo como los demás reos. Adivina que exageran el cumplimiento para que les tengan consideraciones y les permita irse en cuanto cumplan la condena. Hoy los ha visto nerviosos, impacientes, mirando al camino como si esperaran algo. Entonces recuerda que casi es fin de año, que ya se han cumplido los seis meses y nueve de ellos esperan distinguir en el camino al encargado de liberarlos.

Otra vez el calor, la humedad, las tormentas que se desploman con rabia sobre la espalda de los castigados. Otra vez el lodo que les atrapa los pies y hace más pesado el grillete. El teniente coronel Diego García Conde sigue reportando que "los sublevados de Tepic son obedientes y respetuosos de mi autoridad". Como muestra de confianza les ha quitado un capataz y sólo distrae a cuatro de sus hombres vigilándolos.

No sabe a cuál de ellos se le ocurrió, pero uno de los escribanos, uno de los que saben escribir dio a un soldado que tenía la encomienda de ir a México un sobre con muchas cartas y algunas monedas para pagar servicio de correo. En México, el soldado lo envió para Tepic, lo sabe porque eso dice una de las cartas que agradece la acción del soldado. La sacó del sobre dirigido a Juan Francisco Medina, escribano de Tepic, en que vienen mensajes para muchos de los presos. Padres, esposas o hermanos contrataron a tinterillos y les dictaron lo que necesitaban decir. Le molesta la acción y piensa castigarlos destruyendo las cartas. Nadie se dará cuenta si no las entrega. Las lleva a su oficina y pasa la tarde leyéndolas, parecen guiones de alguna tragedia: "Mis hijas y yo estamos faltas de amparo, expuestas a la mendicidad y en todo este dilatado tiempo no paramos de rezar porque ya tengas tu libertad", dice la carta que envía la esposa de Juan Crisóstomo Urbina. "Danos algún consuelo, mándanos decir cuándo es el término de tus penalidades", pide a José Lorenzo Cervantes su anciano padre. "No dejo de pedirle a los fuertes espíritus de la tierra que encaminen tus pies para acá", lee al final de la carta dirigida a Tiburcio Clemente, el alcalde de Zapotlán de la Cal. "La gente de por acá te quiere, sabe que nada dijiste para ayudarnos a todos", menciona el hermano de Onofre de los Santos, el alcalde de Tequepexpan. Guarda las cartas dentro del sobre, ha decidido entregárselas y decirles que aprovechen el paso de los carreteros que se prestan a llevar y traer correspondencia. Suspira, ha pasado un año, todos han cumplido la condena, y aún no llega la resolución del rey Carlos IV, que es el requisito para ponerlos en libertad.

—Tengo a mi cargo a los de Tepic desde hace cuatro años, ¿todavía no han enviado la orden de liberarlos? —pregunta el teniente coronel Diego García Conde.

—No, esa orden debe venir del Rey y quizá Nuestro Soberano ha olvidado esas pequeñeces —le responde el director del presidio de Paso de las Ovejas, hasta donde ha avanzado la construcción del camino.

—Qué desconsideración, nueve de esos indios han cumplido ocho veces la sentencia por la que venían, los otros dos, José

Pascual Ramos y Lorenzo Cervantes lo han hecho ya seis veces, y la carta del Rey no llega.

—A quién le importa un indio más o un indio menos, hombre, deje de preocuparse por cosas sin importancia y siga haciéndolos trabajar como siempre. Pero yo a usted lo llamé porque estoy enterado de que les permite enviar y recibir cartas.

—Sí, lo he hecho, son muy trabajadores y bien merecen ese premio.

—¿Está usted loco? No entiendo cómo puede confiar en ellos. ¿No ve que fingen obediencia y sumisión, que al primer descuido intentarán escaparse con el mismo sigilo con que intentaron antes desconocer a nuestro amado Soberano?

—No creo que sea el caso, ya llevan cuatro años conmigo y nunca...

—Porque no les ha dado oportunidad, un indio nunca es de confiar. Está usted mal, teniente coronel. Sólo porque lo aprecio voy a entregarle este sobre con cartas para esos naturales, si por mí fuera, las hubiera roto. Convendría saber qué contienen, no vaya a ser algún plan para escapar y luego...

—Pierda cuidado, las revisaré—promete el teniente coronel y se aleja con el sobre en la mano. Se las entregará al término de la jornada, piensa, para que junto con el descanso les lleguen también noticias y recuerdos.

Reciben el sobre, piden permiso para leerlas en el patio, en la claridad que aún le queda a la tarde. Él se los permite. Le ha tocado al escribano Juan Valentín Plaza repartirlas, los escribanos se ensimisman, los que no saben leer aguardan a que Juan Valentín Plaza lo haga. El escribano de Zapotlán de la Cal lee en voz alta, las cartas son casi mensajes, pocas palabras para alcanzar a pagárselas al tinterillo que las escribe. Los indios escuchan callados, en cuclillas, ansiosos. Han formado un círculo y, al verlos, el teniente coronel Diego García Conde los imagina reunidos para cabildo. Se le ocurre que así, con esa misma ansiedad han de haber leído la carta del indio Mariano, esperando como ahora esperan la hora de su libertad. Juan Valentín Plaza entrega a cada uno el pedazo de papel que va leyendo y los presos lo doblan cuidadosamente para guardarla en la faja. Cuando la luz ya no permite leer, van ordenados hacia su galera, en algunos rostros se adivinan alegrías o tristezas, pero en todos, como sobre una máscara, puede advertirse la desesperación.

El teniente coronel Diego García Conde se ha puesto a pensar que los indios de Tepic han cumplido ya cinco años de prisión. Cinco años que han pasado lentamente, como las lluvias, que hacían más difícil el trabajo entre barrizales, o como la época de cosecha en que las procesiones de arrieros y carreteros que iban a los pueblos grandes con enormes cargas de naranja los saludaban. Imagina al rey Carlos IV en alguno de sus palacios, bailando en un amplio salón con la reina y las damas de la corte, sin suponer que en Paso de Ovejas hay once indios que esperan con ansiedad que él les dedique unos cuantos renglones.

Seis años de trabajos forzados y la carta no llega, piensa y se desespera el teniente coronel Diego García Conde. En un arrebato, quizá debido a un deseo inconsciente de ponerlos a prueba, detiene las cuadrillas y manda a los de Tepic por maderas, al montecillo que se ve casi a una legua, todos con su machete, todos sin el grillete en el pie y vigilados por un solo capataz. El capataz se niega a ir, pero los ojos duros de su superior lo obligan a obedecer.

Allá, a la distancia, un capataz con el rifle listo, pero completamente solo, a merced de once indios y once machetes, desconfía. Allá, a la distancia, las mínimas figuras de once indios talan árboles para cumplir con el encargo de madera. Aquí, junto a él, la alarma de los demás capataces y el mudo asombro de los otros reos. Hay un momento en que los ve lejos, muy lejos y se arrepiente. Son muchos indios y un solo guardia. Trata de adivinar el momento en que atacarán al capataz y echarán a correr. El miedo cosquillea en sus corvas quitándole fuerza a sus piernas. ¿Por qué lo hizo? ¿Que dirá a sus superiores? ¿Cómo justificará la fuga? El sudor le escurre por el cuello y moja la espalda tensa. Ha cometido un grave error. Mira a sus capataces y les ordena que estén alertas, que no dejen de mirar hacia el montecillo en que los once indios, con hachas, cortan troncos de árbol y la silueta de un capataz se mueve sobre un caballo. Traga saliva al ver que regresan. Expectantes, los demás reos mueven la cabeza desaprobando esa acción.

—Idiotas, váyanse, lárguense ya —murmura alguno con dientes apretados mientras las figuras de once lejanos indios se van acercando hasta tener de nuevo rostro, ojos, palabras.

—¿Ónde soltamos los troncos, señor teniente? —pregunta el alcalde de Tequepexpan, Onofre de los Santos.

Caen, caen a la orilla del camino los troncos que les mordían los hombros y que el teniente coronel no ha podido decir dónde dejarlos.

—Les di la oportunidad de que se fueran, ¿lo entendieron? —pregunta Diego García Conde sin importarle ya quién lo escuche.

—Nos dio a escoger entre seguir esperando o andar fugados. Nada sacamos de huidos, sufriendo que no nos hallen. No nos han dado libres, por eso no nos fuimos, debemos esperar la carta del Rey. Los indios también tenemos honor —contesta Onofre de los Santos.

—Es bueno que hayan aprendido a ser honrados, que sepan que es del rey de España del que depende la vida tranquila o el castigo. Creo que entendieron ya que Mariano el Tlaxcalteco, ese Rey de la Máscara de oro no existió, fue sólo un rumor al que le dio vida su credulidad.

Todos aceptan las palabras con un movimiento de cabeza, pero Onofre de los Santos las recibe a disgusto. Han platicado los once mientras los demás reos duermen y la alta luna deja caer su luz por las ventilas. Para todos, el Máscara de oro sigue siendo una verdad y una esperanza, alguien que va a regresar para ofrecerles la libertad. El falso fue Mariano, quizá un limosnero o un loco que logró convencer a Juan Hilario para que el viejo le pusiera una máscara dorada y arrastrara a los pueblos al sacrificio. Han platicado, piensan que ahora, a finales de 1808, puede estar cercano el tiempo de la guerra, quizá muchos ya estén planeando cómo sublevarse, como lo hacían ellos en sus cabildos, en las cuevas, en lo más oscuro de las barrancas, quizá falta poco para que alguien levante a los pueblos con un grito de independencia. Muchos se sienten viejos para seguirlo y pelear, pero los más jóvenes, como Juan Crisóstomo Urbina, José Lorenzo Cervantes, Tiburcio Clemente y Juan Valentín Plaza, han dicho que si alguno se atreviera a levantar pueblos al grito de ¡mueran los gachupines!, se irían con él, para acabar de una vez con los españoles, para ver crecer libres a sus hijos. Sólo él, Diego García Conde, y el licenciado Anastasio Reynoso, se salvarían de su furia.

Es enero de 1809, la confianza que el teniente coronel Diego García Conde tiene a los once indios de Tepic, es total. Los ha dejado a cargo de la galera, sin más escolta que un cabo y un soldado. Les ha perdonado el trabajo de aplanar caminos y ahora se encargan de poner orden entre los reclusos.

El teniente coronel observa el nerviosismo de los indios de Tepic, sabe que algo esconden, algo acuerdan las miradas que cruzan entre ellos. Vigila la formación de los reos que van al trabajo forzado cuando el escribano Juan Crisóstomo Urbina se acerca. Saca de entre sus ropas unos papeles y se los muestra. Él mira con extrañeza los pliegos. Es una carta de tres hojas y está dirigida al virrey José de Iturrigaray. La toma y lee: "Los indios tributarios del pueblo de Tepic rendidamente decimos que con fecha 2 de febrero de 1803, fuimos sentenciados unos a seis y otros a ocho años de presidio. Pero se dignó Vuestra Excelencia reducirla a seis y ocho meses, destinándonos a las obras del camino Real de Veracruz. Cinco años once meses contamos hasta esta fecha y en todo este dilatado tiempo no se nos ha aplicado la gracia que a los demás le es concedida, de rebajarles la tercera parte del tiempo de sus condenas, siendo muy notorio lo irreprochable de nuestra conducta, desempeñando con la mayor exactitud los encargos…".

—Por esta carta se noticiará el Virrey que le estamos pidiendo nuestra libertá. Pero ocupamos que Su Mercé diga que en todo ese tiempo nos hemos portado bien —lo interrumpe el mulato.

—Ésa es la verdad, ¿por qué no la he de decir?

—Veces que los gachupines desprecian a los indios.

—Yo no, ¿qué quieres que haga?

—Que diga lo bien portado de nuestra conducta.

—Lo haré, me llevo la carta, te la regreso con esas anotaciones.

Juan Crisóstomo Urbina siente miedo de que el teniente coronel, al igual que el Rey, se olvide de la carta, del papel especial que tanto les costó conseguir.

—La ocupamos pronto —dice, dudando en entregársela.

—Mañana la tendrás.

Esa noche, en las galeras, once indios no pueden dormir. Las sombras se alargan innecesariamente. Algunos suspiran, tarda mucho en llegar el amanecer hasta Paso de las Ovejas.

El teniente coronel despierta y lee la carta, en ella, aunque se pide con base en derecho, se plasma la desesperación de los reos por la situación miserable en que se encuentran sus familias. Hasta ahora piensa que no dio importancia al tiempo de sus condenas. Los que venían por seis meses y llevan casi seis años, han cumplido doce veces la condena, los que venían por ocho meses la han cumplido ya en nueve ocasiones. Era mejor la primera condena, que los dejaba libres al término de años, porque les hubieran rebajado una tercera parte y serían libres desde hace mucho, era mejor esa opción y no este perdón a medias que les consiguieron, en que siguen necesitando la autorización del Rey para salir. La carta del Rey sigue sin llegar y cada que un ciclo más se cumple, los siente más ansiosos, más desesperados.

Decidido a ayudarlos, escribe en el margen izquierdo de la carta que le dio Juan Crisóstomo. "Los once han acreditado una conducta irreprochable en la obra del camino. Trabajan casi sin vigilancia y están presos sin tiempo señalado para salir, los considero muy acreedores a que se les de la gracia que solicitan".

Envía la carta a la Real Audiencia de México, es una misiva que lleva en sus tres hojas once esperanzas. "Vuestra Excelencia nos proteja con su Superior amparo, concediéndonos la gracia y dándonos la libertad, pues no dudamos que compadeciéndose de nuestras miserias, se servirá mandar hacer como pedimos".

Cuando la petición llega a México, el fiscal de crimen y el fiscal de lo civil vuelven a acordarse de aquellos a los que llamaban "los rebeldes de Tepic". Abren el expediente y encuentran la recomendación del virrey José de Iturrigaray: "No se les ponga en libertad, hasta la aprobación de Su Majestad, sin importar que el tiempo de sentencia aplique". Algo recuerdan ellos, algo sobre una carta que el Rey envió por septiembre de 1805 y que se refería a la causa de estos indios. Encuentran la copia que hizo un escribano, está dirigida al presidente de la Real Audiencia de Guadalajara, don José Fernando Abascal y Souza. En ella, desde Madrid, el rey Carlos IV aprueba la aminoración de la pena. ¿Por qué don José Fernando Abascal no dio oídos a la petición del Rey?, ¿por qué no se les dejó en libertad si hacía cuatro años que estaba autorizado?, se preguntan. Una especie de remordimiento los hace agilizar trámites, tener prisa, revisar libros, hacer que el Virrey intervenga en el caso. Apuradamente escribe don José de Iturrigaray al director de la prisión de Paso de las Ovejas: "En esa atención, se servirá vuestra Excelencia declarar que los reos Juan Francisco Medina, Felipe Santiago, Juan Bautista Rodríguez, Juan Crisóstomo Urbina, José Pascual Ramos, Luciano Trinidad, José Jacinto Ramírez, Juan Valentín Plaza, José Lorenzo Cervantes, Onofre de los Santos y Tiburcio Clemente, han cumplido su tiempo, y deben ser puestos en libertad".

Empieza la mañana cuando se abren las puertas de la prisión de Paso de las Ovejas. Ese miércoles catorce de junio de 1809, desde el patio central de la cárcel, mientras supervisa la formación de los reos que llevará al trabajo forzado, el teniente coronel Diego García Conde ve salir a once hombres que han ganado su libertad. Son once indios que han vuelto a vestir sus calzones y sus camisas blancas. La luz exterior parece devorar sus siluetas. Cuando las puertas se cierran, el teniente coronel empieza a preguntarse quién reemplazará a los que estaban encargados de las galeras. Afuera, indios hombres libres se pierden en el camino que va a la ciudad de México, buscando la manera de regresar a Tepic.

Huichol, La Rebelión del Máscara de Oro
de Queta Navagómez, se terminó de imprimir
en agosto de 2010 en Litográfica Ingramex, S. A. de C. V.,
Centeno 162-1, Col. Granjas Esmeralda,
C.P. 09810, México, D.F.
Asesoría literaria: Magdalena González Gámez